त्यागवीर स्वतंत्रता सेनानी

पं. लखनलाल मिश्र

त्यागवीर स्वतंत्रता सेनानी

पं. लखनलाल मिश्र

संपादक

रमेश नैयर

प्रभात प्रकाशन

प्रकाशक • **प्रभात प्रकाशन प्रा. लि.**
4/19 आसफ अली रोड,
नई दिल्ली–110002

संस्करण • 2025
मूल्य • चार सौ रुपए
मुद्रक • सीता फाईन आर्ट, प्रा॰ लि॰, दिल्ली

Tyagveer Swatantrata Senani : PT. LAKHANLAL MISHRA
Ed. Shri Ramesh Nayyar ₹ 400.00
Published by Prabhat Prakashan Pvt. Ltd., 4/19 Asaf Ali Road, New Delhi-2
e-mail: prabhatbooks@gmail.com ISBN 978-93-5266-450-4

दो शब्द

कई बार वर्तमान उदास करता है। लगता है, धन का लोभ, पद की लालसा और सबको पीछे ढकेलते हुए बहुत आगे निकल जाने की हवस मनुष्य को हलकान किए जा रही है। अनेक संवेदनशील व्यक्ति इससे व्यथित होते हैं। कुछ तो चारों तरफ अँधेरा पसरते हुए देखने लगते हैं। अनेक भीरू व्यक्ति अवसाद के अँधेरे में फिसलते मालूम होते हैं, फिर भी ऐसी अकर्मण्य भीड़ में कोई खड़ा होकर यह प्रयास नहीं करना चाहता कि इस सारे परिदृश्य को बदलने के लिए कुछ किया जाए। कुछ लोग एकजुट हों और अपने स्तर पर किसी चेतना की शुरुआत करें। सौभाग्य से कुछ ऐसा करते भी हैं, क्योंकि उन्हें मालूम है कि जब-जब अंधकार पसरता है, लोभ, भोगवाद, ईर्ष्या-द्वेष तथा अपराध का विस्तार होता है, तो यों ही हाथ-पर-हाथ रखे रहने से काम नहीं चल सकता। ऐसे में किसी एक व्यक्ति का भी उठ खड़ा होना यह संदेश देता है कि एक सकारात्मक सिलसिला शुरू करने का वक्त आ गया है। ऐसे में कवि दुष्यंत की ये पंक्तियाँ स्मरण हो आती हैं, ''हो गई है पीर पर्वत सी पिघलनी चाहिए, इस हिमालय से कोई गंगा निकलनी चाहिए। मेरे सीने में नहीं तो तेरे सीने में ही सही, हो कहीं भी आग लेकिन आग जलनी चाहिए।'' ये पंक्तियाँ लिखी तो आजादी के बाद गई हैं, परंतु प्रेरक तो हर दौर में रही हैं।

यह शाश्वत सत्य है कि प्रत्येक युग में लोभ, अहंकार, ईर्ष्या-द्वेष, हिंसा और अपराध मानव समाज में सिर उठाते रहे हैं। त्रेता में यही हुआ, द्वापर में यही हुआ और कलयुग के कई कालखंडों में ऐसा होता आया है; परंतु

एक सच यह भी है कि जब-जब इन व्याधियों की अति होने लगती है तो कोई-न-कोई पराक्रमी मनुष्य अंधकार और अत्याचार के विरुद्ध उठ खड़ा हुआ है। त्रेता में श्रीराम हुए तो द्वापर में श्रीकृष्ण। उन्होंने चेतना का शंखनाद किया और अनाचार के प्रतिकार के लिए एक-एक कर व्यापक जनसमूह उनके पीछे खड़ा हो गया। आधुनिक इतिहास में भी बार-बार इसी प्रकार अंधकार के विरुद्ध प्रकाश के शलाका पुरुष चैतन्य होते रहे। अनाचार के विरुद्ध संघर्ष का शंखनाद करते रहे और फिर उनका अनुसरण करते हुए समाज में सकारात्मक परिवर्तन के लिए लोग एकजुट होते चले गए। सोने की चिड़िया कहे जानेवाले वैभवशाली और विश्व में ज्ञान के प्रकाश का विस्तार करनेवाले भारत पर बार-बार अनेक दिशाओं से आक्रमण होते रहे। भारत को राजनीतिक दासता में बाँधने में भी कुछ शक्तियाँ सफल होती रहीं। फिर भी भारत में स्वतंत्र-चेतना रह-रहकर करवटें बदलती रही। भारतीय स्वतंत्रता आंदोलन में मंगल पांडे से लेकर लोकमान्य बालगंगाधर तिलक और महात्मा गांधी तक देश में जो ज्योति-पुंज दीप्तिमान हुए, उन्होंने जन-जन में स्वतंत्रता प्राप्ति की भावना जाग्रत् की। एक विशाल और प्रबल स्वतंत्रता आंदोलन देश के कोने-कोने में करवटें बदलने लगा। सामान्यतः समाज का एक विशाल वर्ग हाथ-पर-हाथ रखे निश्चेष्ट पड़ा रहता है। बहुतेरे हैं, जो संत तुलसीदास की इस चौपाई को रटते रहते हैं, ''कोऊ नृप होइ हमें का हानि, चेरी छाँड़ न होइहैं रानी'', परंतु इन्हीं यथास्थितिवादी और सुविधाभोगी लोगों की भीड़ में दुष्टों की दमन और साधुजनों के परित्राण के लिए कोई-न-कोई महापुरुष साहस जुटाकर परिवर्तन का शंखनाद करता है।

प्रथम स्वतंत्रता संग्राम से भी एक वर्ष पूर्व 1856 में छत्तीसगढ़ के सोनाखान में वीर नारायण सिंह ने ब्रिटिश साम्राज्य को ललकारते हुए मृत्यु का वरण करना पसंद किया था। उनकी प्रेरणा से चैतन्य हो उठे इस अंचल में लोक जागरण का एक सिलसिला शुरू हो गया। बालगंगाधर तिलक का आह्वान 'स्वतंत्रता मेरा जन्मसिद्ध अधिकार है और मैं उसे प्राप्त करके रहूँगा' घर-घर में गूँज उठा। तिलक के पश्चात् सन् 1920 में महात्मा गांधी का रायपुर आगमन हुआ और उससे एक विशाल जन आंदोलन छत्तीसगढ़

में हिलोरें लेने लगा। गांधीजी उसके बाद एक बार और छत्तीसगढ़ पधारे। गांधीजी का आंदोलन अहिंसक था; परंतु उनकी अहिंसा किसी भीरू की नहीं, परंतु परमवीर की अहिंसा थी। गांधी के सविनय अवज्ञा और अंग्रेजो भारत छोड़ो आंदोलन ने विद्यार्थियों से लेकर शासकीय अधिकारियों तक में यह प्रेरणा जाग्रत् कर दी कि देश को यदि स्वतंत्र करना है तो सरकारी पदों का भी परित्याग करना पड़ेगा। समूचे छत्तीसगढ़ में अबाल-वृद्ध नर-नारी देश की आजादी के लिए आंदोलित हो उठे। विद्यार्थियों ने भी स्वतंत्रता आंदोलन में बढ़-चढ़कर हिस्सा लेना शुरू कर दिया। जब उन्हें दंडस्वरूप सरकारी स्कूलों और कॉलेजों से निकाला जाने लगा तो स्वतंत्रता सेनानियों की प्रेरणा से समाज में उनके लिए ऐसे विद्यालय एवं महाविद्यालय खोले जाने लगे, जिनमें सरकार के कोपभाजन बने विद्यार्थी अपनी शिक्षा जारी रख सकें। सौभाग्य से उन प्रेरक दिनों के साक्षी और स्वतंत्रता आंदोलन में सक्रिय रहे बहुत थोड़े से लोग अब भी जीवित हैं। जो चले गए, उनकी कीर्ति की आभा अभी तक अक्षुण्ण है। उन्हीं यशस्वी विभूतियों की शृंखला में श्री लखनलाल मिश्र का नाम भी श्रद्धापूर्वक लिया जाता है। मिश्रजी के त्याग पर चर्चा करते समय इस तथ्य का उल्लेख करना समीचीन होगा कि अपने शासकीय पद के प्रतीकों का समर्पण करने के बाद वे राष्ट्रचेतना और लोक जागरण में जुट गए।

गांधीजी के नेतृत्व में जब स्वतंत्रता आंदोलन निर्णायक चरण में था, तब मूरा गाँव के प्रतिष्ठित और संपन्न मालगुजार परिवार में जनमे और अपने अध्यवसाय से पुलिस अधकारी के रूप में प्रतिष्ठित हुए पं. लखनलाल मिश्र के अंतस में भी राष्ट्रप्रेम की ज्वाला जाग्रत् हो उठी थी। लंबे समय तक उनके मानस में यह द्वंद्व चलता रहा कि पुलिस अधिकारी के पद और प्रतिष्ठा के मोह-जाल में बँधे रहें अथवा एक बार साहस जुटाकर सारा सुख-वैभव त्यागकर गांधी की आजादी की लड़ाई के सिपाही बन जाएँ। इस मनोद्वंद्व में उन्हें लगा होगा, "तू मौन त्याग कर सिंह नाद/रे तपी! आज तप का न काल/नवयुग शंख ध्वनि जगा रही/तू जाग, जाग, मेरे विशाल।" उस समय वे दुर्ग में पुलिस अधिकारी के रूप में पदस्थ थे। ट्रेन से आई.सी.एस. अधिकारी रहे श्री आर.के. पाटिल का आगमन हुआ। तब तक श्री पाटिल भी

स्वतंत्रता आंदोलन के गांधीमय रंग में रम चुके थे। वे खादी के वस्त्र धारण करने लगे थे। श्री लखनलाल मिश्र ने पुलिस अधिकारी की बेल्ट और कैप उतारकर श्री पाटिल को समर्पित करते हुए स्पष्ट कर दिया कि आज से वे भी ब्रिटिश सरकार की चाकरी छोड़कर भारत के विराट् स्वतंत्रता आंदोलन में सम्मिलित हो रहे हैं। श्री पाटिल ने उनके इस त्याग से अभिभूत होकर उन्हें मंगलकामनाएँ दीं। रेलवे प्लेटफार्म पर उपस्थित विपुल जन समुदाय ने तुमुल नाद में 'महात्मा गांधी की जय, पाटिल साहब की जय, पं. लखनलाल मिश्र की जय' के नारे लगाने शुरू कर दिए। स्वतंत्रता की कामना जन-जन में हिलोरें लेने लगी थी। पं. मिश्र के त्याग का यह प्रथम प्रत्यक्ष प्रमाण था। इसके बाद की गाथा इस पुस्तक के शेष पृष्ठों में वर्णित है। इस पुस्तक को तैयार करने में अनेक स्वनामधन्य सरस्वती पुत्रों का स्वतःस्फूर्त योगदान रहा है। उन सबका साधुवाद।

पं. लखनलाल मिश्र का मानना था कि जिन मूल्यों के संबंध की अपेक्षा आप समाज से करते हैं, उनकी शुरू अपने घर से ही की जानी चाहिए। श्री गणेशशंकर मिश्र और उनके परिवार से मेरे संबंध लगभग तीन दशक पुराने हैं। आपसी बातचीत में वह अपने पिता की उन बातों का उल्लेख करते, जिनकी छाप इनके व्यक्तित्व के निर्माण पर पड़ी, श्री लखनलालजी ने उनसे व्यक्तिगत बातचीत में अथवा उन्हें लिखे जानेवाले पत्रों में तीन बातें अपने आचरण में उतारने को प्रेरित करते रहते थे। वे तीन बातें थीं—

1. कभी पद का मद तुम पर हावी न होने पाए,
2. किसी दूसरे का पैसा तुम्हारी जेब में न आए, और
3. कभी किसी गरीब और निर्बल की हाय न लेना।

श्री लखनलाल मिश्र की चर्चा करते समय राष्ट्र कवि रामधारी सिंह दिनकर की इन प्रेरक पंक्तियों का स्मरण हो आता है—

"समर शेष है नहीं पाप का भागी केवल व्याध
जो तटस्थ हैं समय लिखेगा उनका भी अपराध"

छत्तीसगढ़ का पौरुष तिलक और गांधी के प्रति संपूर्ण श्रद्धा रखते हुए भी दिनकर की इन पंक्तियों को समवेत स्वर में आज भी गाता है : "रे, रोक

युधिष्ठिर को न यहाँ/जाने दे उसको स्वर्ग धीर/पर, फिरा हमें गांडीव गदा/ लौटा दे अर्जुन भीम वीर/कह दे शंकर से आज करें/वे प्रलय नृत्य फिर एक बार/सारे भारत में गूँज उठे हर-हर बम का महोच्चार।''

इस पुस्तक के लेखन के प्रति समर्पण भाव से अथक प्रयास करते रहे स्व. लखनलाल मिश्रजी के सुपुत्र आइ.ए.एस. अधिकारी श्री गणेश शंकर मिश्र का अवदान अविस्मरणीय रहेगा। जब कभी भी स्वतंत्रता आंदोलन और मानवता के वैभव की चर्चा होती है तो श्री गणेश शंकर मिश्र की भावना रहती है—वंदना के इन स्वरों में एक स्वर मेरा मिला लो। मुझे स्मरण है कि जब श्री मिश्र बस्तर में कलेक्टर और बाद में कमिश्नर थे, जो उन्होंने कार्यालय कार्य आरंभ करते समय प्रत्येक कर्मचारी-अधिकारी के लिए गांधीजी के प्रिय भजन 'वैष्णव जन तो तैने कहिए, जो पीर पराई जाने रे' के वादन और श्रवण की परंपरा आरंभ की। कार्यालय आरंभ होते ही सर्वप्रथम वह भजन बजाया जाता। सभी अधिकारी-कर्मचारी स्वतःस्फूर्त खड़े होकर उसे गुनगनाते। राष्ट्रचेतना और संवेदनशीलता की इस परंपरा का निर्वाह श्री गणेश शंकर पदोन्नत होकर जिस-जिस विभाग के प्रमुख का दायित्व सँभालते, वहाँ भी अपने सहयोगियों को इस परंपरा के अनुसरण के लिए प्रेरित करते। उसे सर्वत्र अनुकरणीय बताते हुए उच्च स्तर पर उसका स्वागत किया गया था। आशा है, यह पुस्तक नई पीढ़ी के लिए प्रेरणा का स्रोत बनेगी। जो आजादी अथक बलिदानों से प्राप्त हुई, उसे अजर-अमर रखने में सहभागी बनेगी। विश्व बिरादरी में भारत को सबल, समृद्ध और वैभवशाली शक्ति के रूप में स्थापित करने में सक्रिय योगदान देगी।

हार्दिक मंगलकामनाओं सहित,

—रमेश नैयर

लक्ष्मण : रामस्य बहिर्आत्मा

॥ एक ॥

किस्सा मुख्तसर है कि पांडवों ने जब अपना राजमहल बनाया तो कौरवों को भी निमंत्रण दिया था। दुर्योधन को जहाँ दीवार दिखाई देती, वहाँ कुछ नहीं होता था। जहाँ खाली स्थान दिखाई देता या दरवाजा, वहाँ दीवार से उसका सिर टकरा जाता था। जहाँ पानी दिखाई पड़ता, वहाँ होता था पत्थर और जहाँ पत्थर दिखाई देता, वहाँ होता था पानी। मेरे साथ भी ऐसा ही हो रहा है। जब मुझे इस पुस्तक की भूमिका लिखने के लिए निमंत्रित किया गया तो मुझे लगा कि प्रतिपाद्य व्यक्तित्व कोई इतिहास निर्माता तो नहीं हैं। उनमें कौन सी और कैसी विशेषताएँ ढूँढ़ी जा सकती हैं ? लेकिन अब लग रहा है कि इतिहास निर्माता होने से ज्यादा कारगर भूमिका निर्माण के इतिहास के सिपाही की होती है। जो साधारण दिखाई देता है, दरअसल वही असाधारण होता है। महानता कोई आरोपित गुण नहीं, अंतर्निहित शक्ति या जिजीविषा होती है। उसे समझना या महसूस करना एक वैज्ञानिक प्रक्रिया है, अन्यथा महापुरुषों के गुण गायन के बहाने लोग अपनी प्रशंसा ज्यादा करते हैं। मैं लखनलालजी मिश्र को जानता जरूर था, लेकिन उनके कर्मठ जीवन से सहकार मेरा नहीं रहा है। हो भी कैसे सकता था ? वे मेरे पिता से भी लगभग चार वर्ष बड़े थे।

॥ दो ॥

लखनलाल मिश्र का जन्म 1909 में हुआ था। यह इतिहास का अद्‌भुत संयोग है कि 1909 में ही महात्मा गांधी ने बीसवीं सदी की सबसे महत्त्वपूर्ण

किताब 'हिंद स्वराज' लिखी थी, जो एक तरह से भारतीय संविधान से भी अधिक महत्त्वपूर्ण है। लोहिया ने कहा है कि व्यक्ति का हो, न हो, इतिहास का पुनर्जन्म तो होता ही है। हिंद स्वराज से जिस व्यक्ति का जन्म वर्ष संपृक्त हो, वह इतिहास का संयोग ही नहीं है। उनके जीवन की अन्य महत्त्वपूर्ण घटनाएँ भी इस तरह की संपृक्तता से अलग नहीं हैं। यह एक सुखद संयोग और संकेत रहा है कि अपनी तमाम प्रदर्शनीय उग्रता के बावजूद लखनलाल मिश्र अंततः गांधी विचारों में समाहित हो गए। आगे चलकर उन्होंने महात्मा गांधी के सपनों का भारत बनाने के संकल्प को अपने गाँव में अमलीजामा पहनाया। इन संभावनाओं का खाका गांधी ने 'हिंद स्वराज' में सबसे पहले खींचा था। अंग्रेजियत से छुटकारा पाने के वे सबसे बड़े पैरोकार थे। अंग्रेजियत से अर्थ अंग्रेजों की संस्कृति, सभ्यता, भाषा और सोच से नहीं था। गांधी प्रथमतः और मूलतः मशीनी सभ्यता के खिलाफ थे। मनुष्य यदि मशीनों का गुलाम होकर बाकी मनुष्यों का शोषण करने लगे तो यह गांधी को कुबूल नहीं था। अपना आधा जीवन भी पूरा नहीं करते लखनलाल मिश्र को गांधी के संदेशों का मर्म अंतर की गहराई में पैठकर समझ आ गया था। वही उनका भविष्य और भवितव्य बना।

॥ तीन ॥

हर व्यक्ति की उभरती कंटूर कथाओं में महानता और व्यापकता के बीजाणु छिपे हो सकते हैं। यदि उनकी अनदेखी कर दी जाए तो प्रतिपाद्य व्यक्ति को केवल विशेषणों के ढेर के तले दबाना जैसा काम रह जाता है। व्यक्तित्व के क्रमिक विकास की घटनाओं की पृष्ठभूमि में कई मनोवैज्ञानिक कारण छिपे ही होते हैं। उनकी अनदेखी करने से उसे इतिहास के चश्मे से जाँच करने के बदले दंतकथाओं का नायक बना देना होता है। एक भूमिपुत्र की जिंदगी की कथा को समेटने की कशिश में यह भूमिका लिखने का दायित्व मुझे दिया गया है। मुझे नहीं लगता कि उन तमाम परिस्थितियों, आंतरिक दबावों और परिघटनाओं को उनके जीवन के आकलन से बेदखल कर दिया जाए, जिनका समुच्चय उनके व्यक्तित्व के निर्माण के लिए बुनियादी

अवधारणाओं की तरह उस तरह टकरा रहा होगा जैसे समुद्र अपने किनारों पर आकर धरती से टकराता है। 'हिंद स्वराज' (1909) के प्रकाशन वर्ष में जन्मे लखनलाल मिश्र के जीवन में 1920 का वर्ष गांधी के नेतृत्व सँभालने के दौर के साथ-साथ उनके उपनयन संस्कार का भी रहा होगा। उनके बालिग होने के वर्ष 1930 में भारतीय स्वतंत्रता आंदोलन का भी एक तरह से बालिग होकर स्वत: स्फूर्त होना सिद्ध हुआ। यह असहयोग आंदोलन की शुरुआत का भी वर्ष था। जीवन के उद्दाम वेग में एक शिक्षित और समर्थ नवयुवक के प्रवेश करने के चारों ओर उन राष्ट्रीय घटनाओं का लिहाफ रहा है, जिनकी अनदेखी करने से इस व्यक्ति को समाज संदर्भित नहीं बनाया जाता। छत्तीसगढ़ में भी आजादी के जनयुद्ध की दस्तकें ही दस्तकें लखनलाल मिश्र के जीवन में मध्यांतर आने तक सुनाई पड़ी ही थीं। यह पूर्ण स्वराज के उद्घोष का वीर युग शुरू हुआ था। उस युवा की जिज्ञासाओं को कैसी जानकारियाँ मिली होंगी, इसका विश्वसनीय ब्योरा तो नहीं बनाया जा सकता। यह अनुमान जरूर किया जा सकता है कि वह अपने चारों ओर घट रहे सामाजिक कोलाहल के प्रति बेखबर तो नहीं रहा होगा।

॥ चार ॥

बीसवीं सदी के शुरुआती दशकों के एक शिशु के जीवन में तब सांस्कृतिक इलाका कहलाता छत्तीसगढ़ उसे अपनी पूरी दुनिया की तरह लगता रहा होगा। सघन वनों, आदिवासी जीवन, संचार तथा यातायात के साधनों के अभाव, अशिक्षा और अंग्रेजी हुकूमत द्वारा किए जा रहे शोषण जैसे कई कारणों से छत्तीसगढ़ बाकी हिंदुस्तान के लिए एक अजूबा, रहस्यमय और किंवदंती बना क्षेत्र भी घोषित किया जाता रहा है। यह छत्तीगसढ़ का विरला सौभाग्य है कि भारतीय आजादी के अरुणोदय तथा आधुनिक भारत के सबसे संघर्षधर्मी सांस्कृतिक सामाजिक योद्धा विवेकानंद अपनी किशोर अवस्था में दो वर्ष से अधिक तक रायपुर में ही रहे थे। लखनलाल मिश्र के युवा वर्षों में विवेकानंद का यश भूकंप की तरह पूरे विश्व को दस्तक देता हुआ इतना ख्यातनाम तो रहा होगा कि उस छात्र को विद्रोही वेदांती से

भारतीय जनआंदोलन की और छत्तीसगढ़ से संपृक्तता की जानकारी हो गई होगी। भारतीय स्वतंत्रता के पहले जनयुद्ध में मेरठ में मंगल पांडे द्वारा ब्रिटिश हुकूमत के खिलाफ लावा बनकर इतिहास की पोथी में दर्ज होने की तिथि के पहले रायपुर जिले की सोनाखान जमींदारी के आदिवासी मालगुजार नारायण सिंह ने आर्थिक कारणों से ग्रामवासियों को बचाने के लिए अंग्रेजी सल्तनत के खिलाफ बगावत का बिगुल बजाया था। उन्हें कथित तौर पर दिसंबर, 1856 में ही उस जगह गोलियों से उड़ा दिया गया था, जहाँ आज रायपुर का जयस्तंभ स्थित है। लोकजीवन से झरती हुई नारायण सिंह की शौर्य कथा कहीं न कहीं से किशोर होते लखनलाल मिश्र को सुनाई जरूर पड़ी होगी।

॥ पाँच ॥

रायपुर जिले की धमतरी तहसील में कंडेल नामक गाँव के मालगुजार छोटेलाल श्रीवास्तव प्रगतिशील विचारोंवाले व्यक्ति थे। वे 1906 से ही स्वदेशी आंदोलन में सुंदरलाल शर्मा और नारायणराव मेघावाले वगैरह के सहयोगी थे। कंडेल में सत्याग्रह छेड़ने का प्रमुख कारण किसानों से जबरदस्ती और गैर-कानूनी ढंग से राजस्व की वसूली रहा है। नहर विभाग के कर्मचारियों ने गाँव के लोगों पर आरोप लगाया था कि उन्होंने नहर से सिंचाई के लिए पानी का उपयोग किया है। गाँववालों ने इस झूठे आरोप का पुरजोर खंडन किया, लेकिन अंग्रेज नौकरशाही ने गाँववालों की एक न सुनी और उन पर 43003.00 रुपए नहर टैक्स लादकर वसूली के लिए कुर्की वारंट जारी कर दिए। ग्रामीणों में इस कार्यवाही से असंतोष की आग भड़क गई। सबने संगठित होकर इस अन्याय का सामना करने का निश्चय किया। कंडेल नहर-सत्याग्रह अपने उग्र और जटिल रूप में चल रहा था। उस समय सत्याग्रह के नेताओं ने आवश्यक समझा कि सत्याग्रह विधा के प्रणेता महात्मा गांधी से इस संबंध में परामर्श किया जाए तथा आवश्यक हो तो इसे अखिल भारतीय रूप प्रदान किया जाए। सत्याग्रह के प्रमुख संचालक पंडित सुंदरलाल शर्मा को गांधीजी से परामर्श के लिए कलकत्ता भेजा गया। कलकत्ता में उन की गांधी से भेंट नहीं हो सकी। दक्षिण भारत के किसी स्थान पर ही यह भेंट हुई। सुंदरलाल

शर्मा ने उन्हें कंडेल नहर-सत्याग्रह की जानकारी दी तथा उनसे धमतरी आने का अनुरोध भी किया। इस प्रकार वे पं. सुंदरलाल शर्मा के आग्रह पर 20 अथवा 21 दिसंबर, 1920 को कलकत्ता से रायपुर आए। उनके साथ अली-बंधुओं में मौलाना शौकत अली भी थे।

॥ छह ॥

तब तक गांधीजी बेहद लोकप्रिय हो चुके थे। रायपुर की जनता ने उनका अविस्मरणीय उत्साह से स्वागत किया। गांधीजी को देखने अपार जनसमूह एकत्रित हुआ। रायपुर में विशाल सार्वजनिक सभा में उनका भाषण हुआ। वह स्थान गांधी चौक कहलाने लगा है। गांधी चौक न केवल रायपुर, बल्कि समूचे छत्तीसगढ़ की सार्वजनिक गतिविधियों का केंद्र बन गया। गांधीजी के नेतृत्व में चलनेवाले दो दशक से भी अधिक के राष्ट्रीय संग्राम का संचालन गांधी चौक से होता रहा है। यही वह वर्ष था, जब अल्पवय के लखनलाल मिश्र को पढ़ाई के लिए रायपुर की पाठशाला में भरती किया गया था। गांधीजी ने अपने भाषण में असहयोग के महत्त्व पर प्रकाश डाला। उन्होंने कहा था कि यदि प्रत्येक भारतवासी स्वतंत्रता के लिए सर्वस्व न्योछावर करने को तैयार रहे तो स्वराज्य का लक्ष्य बहुत दूर नहीं रह सकता। यह कैसे माना जा सकता है कि इस ऐतिहासिक घटना के बेशुमार चश्मदीद गवाहों में लखनलाल मिश्र का नाम नहीं होगा। संभवतः उन्होंने गांधीजी को देखा और सुना ही होगा। नेताओं के लिए गांधी कुतुबनुमा थे और जनता के लिए चुंबक।

रायपुर से गांधीजी धमतरी और कुरुद गए। रास्ते में पड़नेवाले सभी गाँवों में विशाल जनसमूह ने उनका स्वागत किया। महात्मा गांधी की जय और भारत माता की जय के नारे वातावरण में गूँजते रहे। धमतरी पहुँचने पर गांधीजी का अतिशय उत्साह से स्वागत हुआ। सफल कंडेल सत्याग्रह तब तक समाप्त हो चुका था। धमतरी की जनता विजयी सत्याग्रहियों के रूप में सत्याग्रह-आंदोलन विधा के जनक का स्वागत कर रही थी। सभास्थल के प्रवेशद्वार पर भीड़ इतनी अधिक थी कि गांधीजी का उसमें प्रवेश करना ही कठिन था। गांधीजी ने अपने भाषण में असहयोग और सत्याग्रह की बात

लोगों को समझाई। गांधीजी के भाषण का जनता पर बड़ा प्रभाव पड़ा। अनेक लोगों ने वकालत छोड़ दी और अनेक लोगों ने आजीवन खादी पहनने का व्रत लिया। धमतरी से गांधीजी कंडेल ग्राम भी गए। इस अवसर पर वे कुरुद भी गए। वहाँ भी उनका उत्साहपूर्ण स्वागत किया गया।

॥ सात ॥

इन्हीं दिनों जबलपुर कांग्रेस अधिवेशन के बाद अगला अधिवेशन मई, 1922 में रायपुर में हुआ। रविशंकर शुक्ल स्वागताध्यक्ष थे। इस अवसर पर एक ऐसी घटना घटी थी, जिसकी सारे देश में चर्चा रही और महात्मा गांधी ने भी 'नवजीवन' में उस पर टिप्पणी लिखी। अधिवेशन के कारण रायपुर और छत्तीसगढ़ की जनता में उत्साह की अभूतपूर्व लहर फैल गई थी। शासन इस उत्साह को देखकर बहुत आशंकित और उत्सुक था कि सम्मेलन में क्या कार्यवाही होती है। जानकारी लेने के मकसद से रायपुर के कलेक्टर और पुलिस अधीक्षक ने शुक्ल से अधिवेशन के पाँच प्रवेश-पत्र माँगे। स्वागत-समिति ने नियम बनाया था कि अधिवेशन में प्रवेश या तो टिकटों से होगा या विशेष अनुमति-पत्रों द्वारा। इस नियम के तहत अधिकारियों से कह दिया गया कि वे टिकट खरीदकर ही अधिवेशन में प्रवेश कर सकते हैं। निरंकुश और मदांध शासन भला यह कब सहन कर सकता था। उसने निश्चय किया कि बल-प्रयोग के जरिए वह अधिवेशन में प्रवेश करेगा।

यह खबर होने पर अधिवेशन के शुरू होने पर पंडाल के बाहर स्वयंसेवक तीन-तीन कतारें बनाकर खड़े हो गए। सामनेवाली पंक्ति में ही रविशंकर शुक्ल और वामनराव लाखे एक-दूसरे का हाथ पकड़कर खड़े हो गए। पुलिस अधिकारियों ने जबरदस्ती घुसना चाहा तो इन दोनों ने उन्हें रोका। इससे चिढ़कर रविशंकर शुक्ल को तत्काल गिरफ्तार कर लिया गया और हथकड़ी डालकर सारे रास्ते प्रदर्शन करते हुए कोतवाली ले जाया गया। जनता पुलिस की ज्यादती से उत्तेजित हो उठी। संघर्ष की विषम स्थिति निर्मित हो गई। माधवराव सप्रे, वामनराव लाखे तथा ई. राघवेंद्र राव आदि नेताओं ने जनता को समझा-बुझाकर नियंत्रण में नहीं रखा होता तो अनर्थ हो सकता था।

दूसरे दिन भी पूरे शहर में तनाव रहा। अधिकारियों को सम्मेलन स्थल पर रोकने के अपराध में जेल जाने के लिए लगभग दो सौ स्वयंसेवक तैयार हो गए। अधिकारियों को यह मानने के लिए बाध्य होना पड़ा कि वे टिकट लेकर प्रवेश करने को तैयार हैं। इन दो दिनों में शुक्लजी के साथ निर्दय व्यवहार किया गया। उसके विरोध में रायपुर के सशस्त्र पुलिस के सोलह सिपाहियों ने त्याग-पत्र तक दे दिए। यह घटना भी किशोर लखनलाल मिश्र की जानकारी की परिधि के बाहर नहीं रही होगी, जिसने पूरे देश को ही झकझोर दिया था। पुलिसकर्मियों की अन्याय के प्रति प्रतिक्रिया का बीजारोपण समझने के लिए यह घटना बेहद प्रासंगिक है, क्योंकि यह शायद पहला दृष्टांत था जब पुलिसकर्मियों की देशभक्ति का संकेत उन्हें अनायास मिला था।

॥ आठ ॥

स्वाभाविक ही था कि यह घटना सारे देश में चर्चा का विषय बनी। प्रदेश की विधानसभा में इस पर स्थगन-प्रस्ताव रखा गया और कड़े शब्दों में सरकार की निंदा की गई। खुद गांधीजी ने इस घटना पर 'नवजीवन' में यह टिप्पणी लिखी—

"रायपुर, मध्यप्रांत जिला परिषद् के समय पुलिस की असाधारण तैयारी होना, वहाँ के पुलिस अधिकारियों का परिषद् के मंडप में जबरन घुसने का प्रयत्न करना, शांतिपूर्वक इसका प्रतिकार करते हुए स्वयंसेवकों के कप्तान पं. रविशंकर शुक्ल का गिरफ्तार कर लिया जाना, उनके हाथों में हथकड़ी भर देना, परिषद् के जलसे को सार्वजनिक सभा करार देने और मुफ्त में टिकिट लेकर अंदर जाने के विषय में मजिस्ट्रेट का जिद पकड़ना, पीछे से मजिस्ट्रेट आदि का टिकिट खरीदकर परिषद् में जाना और अंत को 24 घंटे बाद शुक्लजी को रिहा कर देना, ये सब बातें इस बात को साबित करने के लिए पर्याप्त हैं कि कानून और शांति की दुहाई देनेवाली और उसके नाम पर हजारों बेगुनाहों को अपना बंदी बना लेनेवाली नौकरशाही खुद कानून और शांति की कितनी परवाह करती है तथा लोगों में अकारण अशांति फैलाने का बीज बोती है। इससे यह भी प्रत्यक्ष हो जाता है कि वर्तमान नौकरशाही नहीं,

बल्कि जनता ही सच्ची शांति की इच्छुक है। रायपुर के जन-समाज ने इस सनसनी के मौके पर जो शांति और साहस का परिचय दिया है, वह वर्तमान ज्ञान और बलमूलक शांत, गंभीर शांति का सच्चा अर्थ प्रकट करता है।''

॥ नौ ॥

एक साधारण आदमी की स्तुति नहीं की जा सकती, लेकिन इतिहास की होती है। लखनलाल मिश्र ने 1928 में मैट्रिक का इम्तिहान पास किया। 1928 का वर्ष भारतीय राजनीति में सबसे ज्यादा उथल-पुथल का रहा है। खुद जवाहरलाल नेहरू ने अपनी 'आत्मकथा' में लिखा है कि भारतीय राजनीति में 1928 का वर्ष अनेक महत्त्वपूर्ण घटनाओं के कारण इतिहास के मोड़ के रूप में याद किया जाएगा। इसी वर्ष भारतीय क्रांतिकारियों के सिरमौर चंद्रशेखर आजाद और भगत सिंह ने अंग्रेजी हुकूमत की नाक में दम करने का उत्कर्ष हासिल कर लिया था और उनकी क्रांतिधर्मिता लोकप्रियता की परवान चढ़ी थी। कांग्रेस में भी युवा नेतृत्व तेजी से उभर रहा था। खुद जवाहरलाल नेहरू और सुभाषचंद्र बोस को उनके क्रांतिकारियों को दिए गए समर्थन के कारण कांग्रेस की अग्रिम पंक्ति के नेता हो जाने का सुयश मिला था। बाद में नेहरू और बोस कांग्रेस के अध्यक्ष भी युवावस्था में ही बन गए थे। यह संभव नहीं है कि युवा लखनलाल मिश्र एक मेधावी छात्र होने के नाते इन घटनाओं के प्रति गाफिल या बेखबर रहे हों। चरित्र निर्माण में जिन घटनाओं और पृष्ठभूमि का असर होता है, वे ही व्यक्तित्व की बुनियाद होती हैं। उथल-पुथल के ऐसे ही समय फ्रांस की राज्य क्रांति के संदर्भ में अमर कवि वड्र्सवर्थ ने भी कहा है, 'Bliss was in that dawn to be alive, but to be young was very heaven.'

(उस अरुणोदय में जीवित रहना ही भाग्यशाली था, लेकिन युवा होना तो स्वर्ग के सुख के समान था।)

॥ दस ॥

1928 में ही साइमन कमीशन भारत आया। उसके सभी सदस्य गोरे अंग्रेज ही थे। कांग्रेस ने धरने और प्रदर्शनों के जरिए इस कमीशन का बहिष्कार

करने का ऐलान किया। साइमन कमीशन 30 अक्तूबर को लाहौर पहुँचा। लाला लाजपत राय की अगुआई में विशाल प्रदर्शन हुआ। भगत सिंह और उनके साथियों ने भी उसमें प्रतिभागिता की। पुलिस ने लाठीचार्ज करने का आदेश दिया। पुलिस सुपरिंटेंडेंट स्कॉट ने लाला लाजपत राय के सिर पर लाठियों की बौछार कर दी। इस कारण उनकी मृत्यु 17 नवंबर को हो गई। क्रांतिकारी युवकों ने लाला लाजपत राय की मौत और राष्ट्र के अपमान का बदला स्कॉट की हत्या करने के साथ लेने का निश्चय किया। 17 दिसंबर, 1928 को भगत सिंह, चंद्रशेखर आजाद, राजगुरु और सुखदेव ने जे.पी. सांडर्स की गोली मारकर हत्या कर दी। जे.पी. सांडर्स को स्कॉट समझकर भूलवश मार दिया गया। सांडर्स की हत्या के तुरंत बाद राजगुरु और भगवतीचरण वोहरा की पत्नी दुर्गा, (जो खुद भी क्रांतिकारी थीं) के साथ भगत सिंह कलकत्ता पलायन कर गए। यह घटना पूरे देश में बिजली की तरह कौंध गई। युवकों में इस घटना के कारण अतिरिक्त उत्साह भर गया। कम्युनिस्ट पार्टी ने एक ऐतिहासिक हस्तक्षेप दर्ज किया। पचास हजार मजदूरों ने विशाल प्रदर्शन के बाद कांग्रेस के पंडाल में अपनी माँग रखी कि उसे इसी सत्र में डॉमिनियन स्टेट्स स्वीकार करने के बजाय, पूर्ण स्वतंत्रता की माँग रखनी चाहिए। कांग्रेस के लाहौर अधिवेशन में यह माँग 31 दिसंबर, 1929 को स्वीकार भी की गई। भगत सिंह का चरित्र तो किंवदंतियों के नायकों से भी ज्यादा पौरुषमय प्रसिद्ध हुआ।

॥ ग्यारह ॥

मजदूर आंदोलन के उभरते स्वरूप तथा कम्युनिस्टों के बढ़ते दबदबे को रोकने के लिए ब्रिटिश सरकार दमनकारी पब्लिक सेफ्टी बिल और ट्रेड डिस्प्यूट बिल सेंट्रल लेजिस्लेटिव असेंबली दिल्ली में लेकर आई। क्रांतिकारियों ने निर्णय लिया कि दोनों दमनकारी विधेयकों को असेंबली में पारित कराए जाने तथा कम्युनिस्ट और मजदूर नेताओं की गिरफ्तारी के विरोध में असेंबली में प्रतीकात्मक तौर पर बम फेंका जाए। बम फेंकने से आशय किसी की हत्या करना नहीं, केवल चेतावनी देना था कि अंग्रेज अपनी हरकतों से बाज आएँ। योजनानुसार 8 अप्रैल, 1929 को भगत सिंह और बटुकेश्वर दत्त ने असेंबली

में दो बम फेंके। गंभीर रूप से कोई घायल भी नहीं हुआ। उन्होंने असेंबली में पर्चे भी फेंके। वे इस बात का ऐलान करते थे कि उन्होंने बम क्यों फेंके। उन्होंने भागने की कोशिश भी नहीं की। शांतिपूर्वक अपनी गिरफ्तारी दी। सांडर्स वध और सेंट्रल असेंबली में बम फेंकने जैसे दोनों कृत्यों ने भगत सिंह और उनके साथियों को जनता का हीरो बना दिया। असेंबली बम केस की सुनवाई 7 मई, 1929 को शुरू हुई। अदालत के अंदर प्रवेश करते भगत सिंह और बटुकेश्वर दत्त ने नारे लगाए—'इनकलाब-जिंदाबाद! मजदूर वर्ग जिंदाबाद' और 'साम्राज्यवाद का नाश हो।' ये तीनों ही नारे अगले वर्षों में देश ब्रिटिश न्यायालयों और जेलों में दुहराता रहा। ये नारे देश- विदेश में लाखों लोगों द्वारा बार बार लगाए जाते रहे और स्वतंत्रता आंदोलन की विरासत का एक अभिन्न अंग बन गए। 6 जून, 1929 को भगत सिंह और बटुकेश्वर दत्त ने न्यायालय के समक्ष सेंट्रल असेंबली में बम फेंके जाने के अभियोग का बचाव प्रस्तुत करते हुए ऐतिहासिक बयान दिया। उन्होंने क्रांति शब्द की स्पष्ट और प्रेरणास्पद व्याख्या की। 12 जून, 1929 को असेंबली बम केस में अदालत ने भगत सिंह और बटुकेश्वर दत्त को अंडमान में आजीवन कारावास की सजा सुनाई।

॥ बारह ॥

इसी दौरान पुलिस ने सांडर्स वध के बारे में कई पुख्ता जानकारियाँ हासिल कर ली थीं। भगत सिंह, राजगुरु, सुखदेव और कई अन्य क्रांतिकारियों पर ऐतिहासिक द्वितीय लाहौर षड्यंत्र केस का मुकदमा चलाया गया। 10 जुलाई, 1929 को मुकदमा शुरू हुआ और 7 अक्तूबर, 1930 तक चला। 13 सितंबर, 1929 को अपनी भूख हड़ताल के चौंसठवें दिन क्रांतिकारी जतिन दास एक शहीद की मौत मरे। लाहौर की मुख्य सड़कों पर उनके शव को लेकर बहुत बड़ा जुलूस निकाला गया। वह बाद में एक सार्वजनिक सभा में तब्दील हो गया। 19 अक्तूबर, 1929 को सुभाषचंद्र बोस की अध्यक्षता में दूसरी पंजाब स्टूडेंट्स कॉन्फ्रेंस लाहौर में हुई। जेल से भगत सिंह ने एक छोटा संदेश कॉन्फ्रेंस के लिए भेजा, जिसे पढ़ा गया। श्रोताओं ने इसका जोरदार स्वागत किया, क्रांतिकारियों ने अदालत में ही यादगार दिवस मनाया। 19 दिसंबर, 1929 को उन्होंने 'काकोरी

दिवस' मनाया और फाँसी पर चढ़े अपने साथियों को श्रद्धांजलि अर्पित की। 21 जनवरी, 1930 को उन्होंने अदालत में लाल रूमाल बाँधकर लेनिन दिवस मनाया। 1930 को उन्होंने मई दिवस मनाया। 7 नवंबर, 1930 को अक्तूबर क्रांति की वर्षगाँठ पर उन्होंने सोवियत संघ को बधाई संदेश भेजा। 1930 में स्वाधीनता संग्राम के संदर्भ में इस तरह की कई ऐतिहासिक घटनाएँ हुई। दिसंबर, 1929 में लाहौर कांग्रेस के आह्वान पर 26 जनवरी, 1930 को राष्ट्रीय ध्वज फहराकर स्वतंत्रता दिवस मनाया गया। सविनय अवज्ञा आंदोलन 12 मार्च से 6 अप्रैल, 1930 तक महात्मा गांधी के दांडी मार्च और नमक सत्याग्रह से शुरू हुआ। 18 अप्रैल, 1930 को सूर्यसेन उर्फ मास्टर दा और उसके साथियों तारकेश्वर दस्तिदार, निर्मल सेन, गणेश घोष, अनंत सिंह, अंबिका चक्रवर्ती, लोकनाथ बाल, कल्पना दत्त, प्रीतिलता वाडेदर और इंडियन रिपब्लिकन आर्मी के बालक सुबोध राय ने बंगाल में ऐतिहासिक चिटगाँव शस्त्रागार पर हमला किया और अंग्रेजों के विरुद्ध आमने-सामने की लड़ाई लड़ी। इन क्रियाकलापों के कारण अंग्रेजों ने भयंकर दमनचक्र चलाया। गिरफ्तार हो चुके भगत सिंह तिलमिला उठे। फिर भी 4 अक्तूबर, 1930 को अपने पिता के नाम एक खुला पत्र लिखा। 'मेरा जीवन इतना मूल्यवान नहीं है, जितना आप समझते हैं। कम से कम मेरे लिए इस जीवन का इतना महत्त्व नहीं है कि इसे सिद्धांतों की अमूल्य निधि को बलिदान करके बचाया जाए।' 7 अक्तूबर, 1930 को लाहौर षड्यंत्र केस पर बने विशेष ट्रिब्यूनल में भगत सिंह, राजगुरु और सुखदेव को मौत की सजा दी गई। इन बहादुर नौजवानों की फाँसी की सजा रद्द करने की माँग देशभर में गूँज उठी।

॥ तेरह ॥

इन्हीं दिनों रायपुर में एक महत्त्वपूर्ण राजनीतिक सम्मेलन हुआ। इसका नेतृत्व पंडित रविशंकर शुक्ल के हाथों में था। यह एक अद्भुत सफल आयोजन था। सम्मेलन संबंधी गोपनीय सूचना तब के रायपुर स्थित डिप्टी कमिश्नर ने उच्चाधिकारियों को देते हुए यह चेतावनी भी दी थी कि मामला अब सरकार के हाथ से बाहर जा रहा है। नवंबर, 1929 में सेंट्रल प्राविंसेस और

बरार के नाम से कहलाते तब के प्रदेश के युवकों का एक विशाल सम्मेलन नागपुर में हुआ था। उसकी अध्यक्षता युवकों के प्रेरणास्रोत सुभाषचंद्र बोस ने की थी। कुछ महीनों बाद ऐसा ही दूसरा सम्मेलन सुभाष बाबू की अध्यक्षता में ही अमरावती में किया गया। राष्ट्रीय आंदोलन से जुड़ी खबरों को लेकर तब के सीमित संख्या के समाचार-पत्र भी इतने कृतघ्न नहीं थे कि छत्तीसगढ़ के आत्मिक केंद्र रायपुर में समाचारों को भेजने में कोताही या लापरवाही करें। मार्च, 1929 में ही कुख्यात साइमन कमीशन प्रदेश की राजधानी नागपुर में भी आया था। उससे सीधा मुकाबला युवकों और छात्रों के संगठनों ने अंग्रेजी संगीनों के सामने अपनी छाती अड़ाकर किया था। कैसे माना जाए कि युवकों के आह्वान की अंतर्ध्वनियाँ और प्रतिध्वनियाँ छत्तीसगढ़ की धरती में नहीं सुनी गई होंगी। युवकों के आंदोलन की अपील सभी स्कूलों और कॉलेजों को खासतौर पर भेजी गई थी। 1930 के बाद सभी शैक्षणिक संस्थानों में ब्रिटिश हुकूमत के खिलाफ छात्रों में राजनीतिक चेतना का सैलाब आ गया था। कई कॉलेज तो महीनों के लिए बंद भी हो जाते थे। छात्रों के साथ कंधे-से-कंधा मिलाकर श्रमिक यूनियनों के संघर्ष भी इन्हीं दिनों मुखर होते रहे, जिनकी लोकजीवन से विस्मृति नहीं हो सकती थी।

॥ चौदह ॥

रायपुर के सफल राजनीतिक सम्मेलन के बाद पंडित जवाहरलाल नेहरू की गिरफ्तारी की खबर पूरे देश में फैल गई। जबलपुर में कांग्रेस का विशाल सम्मेलन प्रतिरोध की सघन भावना के साथ फिर आयोजित हुआ। इस केंद्रीय आंदोलन का केंद्रीय स्वर रायपुर स्थित अनाथालय के उन छात्रों का था, जिन्हें रविशंकर शुक्ल वह अमर गीत गाने के लिए अपने साथ ले गए थे। छत्तीसगढ़ के एक अज्ञात शिक्षक द्वारा लिखे गए इस राष्ट्रगीत का कुछ अंश ही इतिहास के पृष्ठों में फड़फड़ा रहा है। उस गीत ने राष्ट्रीय आंदोलन की धमनी में रक्त का संचार किया था। कोई कैसे मानेगा कि रायपुर के अनाथालय के छात्रों द्वारा प्रस्तुत किए गए इस पौरुषमय आचरण की अनुगूँज भी छत्तीसगढ़ में युवक लखनलाल मिश्र ने नहीं सुनी होगी। वह गीत इस तरह था—

"उठो, उठो हे भारतवासी, ऋषियों की प्यारी संतान।
स्वतंत्रता के महासमर में, हो जाओ सहर्ष बलिदान।
उतरेगा जो आज समर में, वही वीर है मरदाना।
रणभेरी बज चुकी वीरवर, पहनो केशरिया बाना॥
साठ बरस के बढ़े गांधी, देव बढ़े जाते हैं आज।
तुम तो किंतु युवक कहलाते, उर में तनिक न आती लाज।
इस विडंबनामय जीवन से तो अच्छा है मर जाना।
रणभेरी बज चुकी वीरवर, पहनो केशरिया बाना॥"

॥ पंद्रह ॥

यदि अन्य सैकड़ों घटनाओं को छोड़ भी दिया जाए तो भी 1939 में जबलपुर के निकट त्रिपुरी में हुए कांग्रेस के ऐतिहासिक अधिवेशन की धमक से इतिहास आज बेखबर नहीं है। उसमें युवकों के जननायक सुभाषचंद्र बोस गांधीजी की असहमति के बावजूद भारी बहुमत से कांग्रेस अध्यक्ष निर्वाचित हुए थे। उन्होंने गांधी के उम्मीदवार पट्टाभि सीतारमैया को गांधी के खुले समर्थन के बावजूद हरा दिया था। तब तक लखनलाल मिश्र पुलिस की नौकरी में आ चुके थे। इस आधार पर भी उनके लिए सरकारी स्रोतों से सूचनाओं के आदान-प्रदान का नियति ने समीकरण लिख दिया था। उग्र होते कांग्रेस के राष्ट्रीय नेतृत्व ने विशेष परिस्थितियों में भारत और मध्य प्रदेश के केंद्र जबलपुर का युवाशक्ति के उद्‌भव और पराक्रम के प्रदर्शन और विस्तार के लिए चयन किया होगा। इस बात से युवा पुलिस अधिकारी लखनलाल मिश्र पूरी तौर पर परिचित रहे होंगे। डायरी लिखने की विधा शासकीय सेवकों की दिनचर्या में अमूमन लोकप्रिय नहीं होती। वे अपनी गौण और गुमनाम भूमिका लिये इतिहास में दफन हो जाते हैं। यदि प्रामाणिक सूचनाओं के स्वाभाविक स्वीकार के साथ उन्होंने उस वक्त के कांग्रेस जनआंदोलन की अपने निजी अनुभव के आधार पर बारीकियों का आकलन किया होता तो प्रामाणिक इतिहास लेखन को विश्वसनीय सामग्री का एक और सहारा मिला होता। सुभाष बोस किंवदंतियों के दंतनायक की तरह आज तक लोकप्रिय हैं।

त्रिपुरी सम्मेलन उनकी लोकप्रियता का शिखर रहा है। उनके व्यक्तित्व के ज्वालामुखी का लावा छत्तीसगढ़ में पुलिस की नौकरी कर रहे एक नवयुवक अधिकारी के जेहन का अंश नहीं बना होगा। इसे इतिहास बारीक जानकारियाँ नहीं होने पर भी मानने से इनकार क्यों करेगा।

अर्थशास्त्र, समाजशास्त्र, मनोविज्ञान वगैरह को हम अमूमन किसी मध्यवर्ग के नेता के व्यक्तित्व के आकलन में संदर्भित नहीं करते। लखनलाल मिश्र भारत के उन महत्त्वपूर्ण परिवारों के सदस्य नहीं थे, जिनके बारे में कहा जाता है कि वे मुँह में चाँदी की चम्मच लिये पैदा हुए। जब मैं आजादी के संघर्ष के इतिहास की ओर देखता हूँ तो दयानंद सरस्वती, रामकृष्ण परमहंस और लोकमान्य तिलक आदि के कुछ ज्येष्ठ अपवादों को छोड़कर (जो उन्नीसवीं सदी के उत्तरार्ध के पूर्व पैदा हुए) मोटे तौर पर उन्नीसवीं सदी के सातवें से लेकर दसवें दशक के मध्य देश ने अहम नेता पैदा किए हैं। इनमें सबसे ज्येष्ठ रवींद्रनाथ टैगोर (1861) और सबसे छोटे सुभाषचंद्र बोस (1897) हुए हैं। मुझे लगता है कि 1857 का स्वतंत्रता संग्राम लगभग एक सदी से अधिक पीड़ा सहती जनता के गुस्से का इजहार था। वह ऐतिहासिक क्रिया, लेकिन रुकी नहीं होगी। इस वजह से उस वक्त के भारत के युवक युवतियों में भी आजादी की इच्छा का सैलाब उफन रहा होगा। उसका लगभग अंतिम पड़ाव 1942 का 'भारत छोड़ो' आंदोलन था। यह देखना दिलचस्प है कि बीसवीं सदी की सूची में उनकी तुलना के उतने बड़े और ज्यादा महापुरुषों का नाम नहीं दिखता है। ऐसा नहीं है कि बीसवीं सदी बाँझ या निपूती है। महापुरुषों की तुलना भी नहीं करनी चाहिए, लेकिन निरपेक्ष दृष्टि से यह कहा जा सकता है कि इस सदी के पहले दशक में भारत की आजादी की एक दिशा निर्धारित हो गई थी। इसलिए बीसवीं सदी ज्यादातर सिपाहियों, कार्यकर्ताओं और सेनानियों की सदी है। वह उन्नीसवीं सदी के उत्तरार्ध में जनमे जननायकों से प्रेरणा ग्रहण करती है। लखनलाल मिश्र भी उसी दशक में पैदा हुए, जिसमें लालबहादुर शास्त्री, डॉ. लोहिया, भगत सिंह, चंद्रशेखर आजाद, द्वारिका प्रसाद मिश्र वगैरह पैदा हुए। इसलिए इन समवयस्क राष्ट्रीय नेताओं का असर उनके जीवन पर पड़ा ही होगा।

॥ सोलह ॥

भारतीय स्वतंत्रता आंदोलन का चरमोत्कर्ष 1942 के 'भारत छोड़ो' आंदोलन में पहुँचा था। कांग्रेस के बंबई अधिवेशन में राष्ट्रपिता ने 'भारत छोड़ो' का कालजयी नारा दिया था। ब्रिटिश हुकूमत की चूलें इस नारे से हिल गई थीं। वह भारत ही नहीं, दुनिया के उन सभी गुलाम मुल्कों की ओर से दिया गया समवेत आह्वान था, जहाँ यूनियन जैक के टर्राने के कारण यह तंज गूँजता रहता था कि ब्रिटिश हुकूमत में सूरज कभी अस्त नहीं होता। स्वाभाविक ही देश को 'भारत छोड़ो' आंदोलन ने झिंझोड़कर रख दिया था। तत्कालीन मध्य प्रदेश में भी इसकी धड़कन सबको सुनाई पड़ती थी। प्रदेश की राजधानी होने के कारण नागपुर को इस बात का श्रेय गया कि उसने मुकम्मिल आजादी के संघर्ष में छत्तीसगढ़ सहित महाकोशल और विदर्भ के इलाकों को भी लगातार प्रेरित कर ऊर्जावान बनाए रखा। रविशंकर शुक्ल, द्वारकाप्रसाद मिश्र आदि नेताओं की अगुवाई में आंदोलन की रूपरेखा नागपुर में बैठकर तय होनी थी। दोनों नेता बंबई से नागपुर के लिए ट्रेन द्वारा रवाना हुए। टिकट खिड़की से टिकट खरीदते रविशंकर शुक्ल को द्वारिकाप्रसाद मिश्र ने विनोद में कहा कि आप टिकट नागपुर की लेकर व्यर्थ धन बरबाद न करें। मध्य प्रदेश की सरहद में घुसते ही जो पहला स्टेशन पड़ता है, वहीं तक की टिकट लें। लिहाजा रविशंकर शुक्ल ने मलकापुर स्टेशन की टिकट ली। सुबह ट्रेन वहाँ पहुँचते ही दोनों को पुलिस ने गिरफ्तार कर लिया।

यह प्रसंग इस अर्थ में रेखांकन योग्य है कि भारत छोड़ो आंदोलन के संदर्भ में पुलिस की साम्राज्य के प्रति कर्तव्यपारायणता, सजगता और स्वतंत्रता संग्राम सैनिकों के प्रति बरती जानेवाली निष्ठुरता की अनावश्यकताओं से पुलिस का अधिकारी होने के कारण लखनलाल मिश्र को भी गुजरना पड़ा होगा। ऊहापोह, संशय, विरोधाभास और आत्मसंघर्ष के इन क्षणों में संभावित निर्णय उनकी विचारशीलता के गर्भगृह में पक रहा होगा। उसका ही तो प्रस्फुटन कुछ ही वर्षों में नियति ने उनके लिए मुकर्रर कर रखा था। तनाव के ऐसे क्षणों में कर्तव्यपारायणता और न्यायोचितता के द्वंद्व को संतुलित करने की मनोवैज्ञानिकता के क्षणों में व्यक्ति की परीक्षा होती है। इसी दिन तड़के भारतीय राष्ट्रीय कांग्रेस

के शीर्ष नेता महात्मा गांधी, मौलाना आजाद, सरदार पटेल, जवाहरलाल नेहरू और सरोजिनी नायडू सहित कार्यसमिति के बीस अन्य सदस्य भी अंग्रेज हुकूमत द्वारा गिरफ्तार कर लिये गए। 9 अगस्त, 1942 की सुबह पूरे भारत में सूर्य की किरणों ने देशवासियों का आजादी के पाथेय तक पहुँचने का आखरी पौरुषमय आह्वान किया था, जो अगले पाँच वर्षों में दुनिया के नक्शे में सबसे बड़े लोकतंत्र का सूर्योदय करनेवाला था। 1942 के विशाल जनआंदोलन में आदिवासी इलाकों की बहुत महत्त्वपूर्ण भूमिका थी। मध्य प्रदेश में संभवत: बैतूल में सबसे ज्यादा प्रखर आंदोलन हुआ था, जहाँ आदिवासी स्वतंत्रता संग्राम सैनिकों की शहादत भी हुई। बैतूल के अतिरिक्त मंडला, जबलपुर, नागपुर, रामटेक, चंद्रपुर जिले के चिमूर, वर्धा जिले के आष्टी, वर्धा जिले के याओली वगैरह से स्वतंत्रता सैनिकों और पुलिस के साथ लगातार झड़पें हो रही थीं। पुलिस का अपना एक आंतरिक सूचनातंत्र वायरलेस के सहारे भी होता था। इसलिए यह भी समझ लेना चाहिए कि पुलिस अधिकारी लखनलाल मिश्र को जो सूचनाएँ मिल रही होंगी, वे सूचना प्रेषक अधिकारियों द्वारा ब्रिटिश हुकूमत की ताबेदारी बजाने के कारण अतिरंजित प्रकृति की होती होंगी।

एक नैष्ठिक भारतीय पुलिस अधिकारी को देश की आजादी के हिंसक और निर्णायक हो रहे संघर्ष के क्षणों में भावना के अतिरिक्त नीरक्षीर विवेक के इस्तेमाल की जरूरत महसूस होती होगी। बैतूल के घोड़ाडोंगरी रेलवे स्टेशन पर हुई आगजनी के कारण सैकड़ों लोग गिरफ्तार किए गए। मंडला में उत्साही भीड़ ने सरकारी दफ्तरों के रिकॉर्ड नष्ट कर दिए तथा रेल और तार के संचार काट दिए। पुलिस की गोलीबारी में एक नौजवान उदयसिंह जैन की मृत्यु हुई। जबलपुर में भीड़ को तितरबितर करने के लिए आँसूगैस छोड़नी पड़ी और कर्फ्यू लगाया गया। इसके बावजूद भीड़ ने दूरसंचार व्यवस्था को क्षतिग्रस्त कर दिया, बल्कि एक पुलिस चौकी पर धावा बोल दिया। रामटेक में भी सत्याग्रहियों को गिरफ्तार कर ले जा रही ट्रेन पर हमला कर यात्री डिब्बों को नष्ट कर दिया गया और सत्याग्रहियों को छुड़ा लिया गया। चिमूर और आष्टी में भी विद्रोह कर रहे लोगों ने आरक्षी केंद्रों में ही आग लगा दी। दुर्भाग्यवश वहाँ उपस्थित पुलिस अधिकारी जल जाने के कारण

मारे गए। प्रतिक्रिया में पूरा इलाका सेना के हवाले कर दिया गया। सेना ने जो बर्बरतापूर्वक कार्यवाही की, उसका कोई सानी नहीं मिलता। याओली में भी हिंसक वारदातें नहीं थमीं। वहाँ भी कई सत्याग्रहियों की मौतें हुईं और बड़ी संख्या में लोग घायल हुए। राजधानी का केंद्र नागपुर इन सब घटनाओं से अछूता नहीं रहा। इतवारी रेलवे स्टेशन के गोदाम और पोस्ट ऑफिस को आग के हवाले कर दिया गया। कई पुलिस चौकियों को जनआक्रोश का शिकार बनाया गया। भीड़ ने जिला न्यायालय के भवन पर भी अस्थायी रूप से कब्जाकर वहाँ तिरंगा ध्वज फहरा दिया। दो दिनों तक नागपुर में ऐसा लगा; मानो आजादी आ गई है। यह बात छत्तीसगढ़ के एक युवा पुलिस अधिकारी को अच्छी तरह मालूम थी। वह अंग्रेजी हुकूमत की पुलिसिया नौकरी में अपने उस स्वतंत्र व्यक्तित्व का आत्मसाक्षात्कार नहीं कर पा रहा था, जो उसकी ग्रामीण सादगी से उपजे नैतिक संस्कारों का अक्स था। इस तरह 1942 का जनआंदोलन एक अर्थ में सत्याग्रहियों बनाम ब्रिटिश हुकूमत की समर्थक सेवादार पुलिस के बीच का द्वंद्व भी था। लखनलाल मिश्र पुलिस अधिकारी होने के कारण बेहद मानसिक ऊहापोह में रहे होंगे। मध्यवर्ग के एक जिम्मेदार पारिवारिक सदस्य होने के नाते उन पर गृहस्थी का बोझ था। इस व्यावहारिक सच से उनका मुँह मोड़ना मुश्किल था। इसके समानांतर देश की आत्मा उनको चारों ओर हो रही घटनाओं के नेपथ्य से पुकार रही थी। जीवन की मजबूरियाँ व्यावहारिकता की वेशभूषा में आती हैं। जीवन के आदर्श उससे पूरा तामझाम नोचकर फेंक देने का आह्वान करते हैं। व्यक्ति यदि खुदगर्ज नहीं हो तो निर्णय लेने में अमूमन कठिनाई नहीं होती, लेकिन जीवन के सत्य के दो विपरीत ध्रुवों पर एक साथ जीवनयापन करना कुदरत के करिश्मे से भी ज्यादा कठिन काम है। ऐसे में व्यक्ति को कभी न कभी निर्णय लेना होता है। मैं समझता हूँ 1942 से 1945 के बीच का तीन वर्षों का समय लखनलाल मिश्र के जीवन का सबसे दुर्धर्षमय समय रहा होगा। फोड़ा जब अंदर-ही-अंदर पकता है, तब देह को बहुत दुःख और दर्द देता है। शल्यक्रिया ही उसे निजात दिलाती है। वह समय उनके जीवन में बाद में आने आने को था। उनको ये भी सूचनाएँ रही होंगी कि 1942 के जनयुद्ध के

उत्साही नवयुवकों ने पुर्तगाली आधिपत्य के गोवा बंदरगाह से हथियारों का जखीरा लाने की कोशिशें की थीं। कुछ भारतीय अधिकारी, जो रियासतों की सेवा में थे, वे भी सत्याग्रहियों के मददगार थे। उनकी मदद से धार में आयुध कारखाना भी लगा लिया गया था। नरसिंहपुर के एक इंजीनियर ने कराची जाकर सेबोटॉज करने की ट्रेनिंग भी ली थी। कई चुस्त-चपल भद्र लड़कियाँ फर्राटेदार अंग्रेजी बोलती हुईं सत्याग्रहियों की मदद करती पुलिस की आँखों में धूल भी झोंकती रहीं। इस तरह की गतिविधियों से छत्तीसगढ़ भी अछूता नहीं रहा होगा। छत्तीसगढ़ नाम ही तमाम रियासतों का संकुल ही है।

॥ सत्रह ॥

सूचना है कि रायपुर के जिस सरकारी हाई स्कूल में उन्होंने शिक्षा पाई, वहाँ मध्य प्रदेश ही नहीं, देश के प्रसिद्ध फौजदारी अधिवक्ता सरदार राजेंद्र सिंह उनके साथ पढ़ते थे। भारत के कार्यकारी राष्ट्रपति और मुख्य न्यायाधीश मोहम्मद हिदायतुल्ला उसी स्कूल के विद्यार्थी थे और उनसे चार वर्ष बड़े थे। अपनी आत्मकथा 'माई ओन बॉसवेल' में हिदायतुल्ला लिखते हैं कि स्कूल में सरदार राजेंद्र सिंह के पिता सरदार ईश्वर सिंह हमारे शिक्षक और हेड मास्टर भी थे। वे कड़े अनुशासन के बड़े हिमायती थे और पढ़ाई के स्तर के भी। जाहिर है लखनलाल मिश्र उसी स्कूल के वंशज थे और इसलिए अनुशासन और अध्यवसाय उनके चरित्र के स्फुलिंग हो गए थे। हाई स्कूल के पहले लखनलाल मिश्र रायपुर के ही राष्ट्रीय विद्यालय में पढ़ चुके हैं और ब्राह्मणपारा मुख्यालय वाली छात्रों की 'वानर सेना' के सक्रिय सदस्य रहे हैं। ग्रामीण जीवन की सादगी में पढ़ने के बाद आजादी का जज्बा भरता राष्ट्रीय विद्यालय का संस्कार और प्रसिद्ध अनुशासन प्रिय शिक्षकों की देख-रेख में किशोरावस्था की बौद्धिक ट्रेनिंग के बाद भारतीय राजनीति के उस दौर में वे ईविंग क्रिश्चियन कॉलेज इलाहाबाद पहुँचे। इलाहाबाद का माहौल जवाहरलाल नेहरू से लेकर चंद्रशेखर आजाद तक के प्रभाव में विस्तृत है। छत्तीसगढ़ में लगातार अकाल पड़ने की पुरानी परंपरा और इतिहास है। तब सिंचाई के साधन नहीं थे, हालाँकि अब भी साधनों की ही सिंचाई है। इसलिए

मध्यवर्ग के उस नवयुवक को इंटरमीडिएट की पढ़ाई के बाद इलाहाबाद से घर लौटना पड़ा। मैं समझता हूँ यह उनके जीवन का सबसे बड़ा दुर्भाग्य या उस पर अकाल की छाया थी। यदि अकाल ने उनकी कॉलेज की पढ़ाई को काल कवलित नहीं किया होता तो पूरी पढ़ाई करते-करते छत्तीसगढ़ ने या तो देश को एक बेहतर बुद्धिजीवी दिया होता अथवा भारतीय आजादी का एक बड़ा राष्ट्रीय स्तर का सिपहसालार। तब उन्हें मजबूरी में पुलिस की नौकरी नहीं करनी पड़ती, जो उन पर तेरह वर्ष लदी रही। वह भी ऐसी नौकरी, जिससे जनित व्यवस्था पर कटाक्ष करते हुए अकबर इलाहाबादी कहते थे, "अकबरा मेरे करें कत्ल का दावा किस पर, वो ही कातिल, वो ही शाहिद वो ही मुंसिफ ठहरे"

॥ अठारह ॥

पुराने आई.सी.एस. अधिकारी और बड़े देशभक्त रामराव कृष्णराव पाटील को हार पहनाने के बाद नौकरी छोड़ने की घटना का बार-बार जिक्र होता है। वह एक भूकंप या विस्फोट रहा होगा, लेकिन अंदर-ही-अंदर इटली के ज्वालामुखी विसूवियस की आग की तरह देशभक्ति की कोई अग्नि जल रही होगी, जो 15 दिसंबर, 1945 को फूट निकली। वह भी सरदार पटेल की पुण्यतिथि का दिन है, जो 1950 में आया। यहाँ ठहरकर उनकी मजबूरियों के पंद्रह वर्षों के भारतीय इतिहास के कालखंड अर्थात् 1930 से 1945 के बीच के समय को खँगालना होगा। एक नवयुवक जो चंद्रशेखर आजाद और भगत सिंह से केवल दो वर्षों छोटा हो, वह समकालीन जीवित इतिहास का अनिवार्य हिस्सा नहीं बन पाने की विडंबना झेल रहा हो, क्योंकि वह मध्यमवर्ग का है, क्योंकि उसका परिवार खेती पर निर्भर है, जो इंद्र पर निर्भर है, क्योंकि ग्यारह वर्ष में उसका बाल विवाह कर दिया गया है, क्योंकि उसे पुलिस की नौकरी करने की मजबूरी हो गई है, क्योंकि उसका परिवार बढ़ रहा है और उस पर निर्भर है, हालाँकि वह पुलिस की नौकरी में रहकर भी अपशब्दों का व्याकरण नहीं पढ़ या गढ़ पाता है। इसलिए कुंठा, पराजय, हताशा और मजबूरी के पंद्रह युवा वर्ष कुरबान करने के बाद वह केवल उस

केंचुल को ही उतार सकता है, जो अंग्रेज की है। उस जहर को नहीं, जो भारतीय आर्थिक, पारिवारिक, सामाजिक परिस्थितियों ने उसकी जिंदगी में भर दिया है। लखनलाल मिश्र नौकरी में रह ही नहीं सकते थे। रामधारी सिंह दिनकर ने शायद उन जैसे लोगों के लिए ही लिखा है, 'जो तटस्थ रहेंगे समय लिखेगा, उनका भी इतिहास।' इसलिए मेरा यह मानना है कि लखनलाल मिश्र का नाम मध्यवर्ग के उस प्रतिनिधि के रूप में इतिहास में दर्ज होना चाहिए, जिससे कुदरत ने नेता, शहीद या अमर होने का मौका जबरिया छीन लिया था। लखनलाल मिश्र संभावनाओं के जननायक बनकर हमें इतिहास में अपना मूल्यांकन करने की चुनौती देते हैं।

॥ उन्नीस ॥

अब यहाँ ठहरकर फिर देखना होगा कि यदि कोई नवयुवक लगभग पैंतीस वर्ष की उम्र में अपने परिवार की जिम्मेदारियों के साथ 15 दिसंबर, 1945 को सरकारी नौकरी छोड़ता है और वह भी भारत माता और महात्मा गांधी की जय बोलने के बाद तो वह अपना क्या भविष्य देख पाया होगा? वह गांधी का युग था और नेहरू, पटेल, राजेंद्र प्रसाद और मौलाना आजाद जैसे उनके सिपहसालारों का। चार माह पहले ही 1945 के उसी वर्ष अग्निमय ऊर्जा के नायक सुभाषचंद्र बोस हवाई दुर्घटना के शिकार हुए। लखनलाल मिश्र के इलाहाबाद से लौटते ही भगत सिंह और उनके साथियों को फाँसी और चंद्रशेखर आजाद को इलाहाबाद में ही शहादत मिली थी। अपने व्यक्तित्व, कदकाठी, स्वभाव और चरित्र को देखते लखनलाल मिश्र कभी भी कॉमरेड बन सकते थे, लेकिन अकाल की विभीषिका ने उन्हें लील लिया। अपने विवेक से शायद उन्होंने समझा होगा कि गांधी के सिपहसालारों से जरूर उम्मीद की जा सकती है। छत्तीसगढ़ के बड़े नेता भी तब (मोटे तौर पर जो 1871 से 1885 के बीच पैदा हुए थे) उम्मीद जगाते रहे होंगे। बाद में विद्रोही तेवर लिये छत्तीसगढ़ के किसानों को लेकर डॉ. खूबचंद बघेल के साथ जो आंदोलन उन्होंने किए और जेल की सजा काटी, वह तो एक फीका, धुंधला संस्करण है, उनके संघर्ष का। वह तो लखनलाल मिश्र के उस व्यक्तित्व का

परिचय है, जिसके दहकते कोयले पर राख पपड़िया गई थी। उसे हालात की फूँक मारे बिना देखा ही नहीं जा सकता था।

॥ बीस ॥

लखनलाल मिश्र के व्यक्तित्व के एक अद्भुत हिस्से की ओर जब ध्यान जाता है तो लगता है कि छत्तीसगढ़ में शायद गांधी के ग्राम स्वराज का उनसे बड़ा कोई क्रियान्वयनकर्ता नहीं हुआ होगा। यह छत्तीसगढ़, बल्कि रायपुर के रामदयाल तिवारी थे, जिन्होंने गांधीवाद पर अपना अद्भुत विषद ग्रंथ लिखा है। यह सुंदरलाल शर्मा थे, जिन्होंने गांधी की प्रतीक्षा करते-करते कंडेल में सफल नहर सत्याग्रह कर दिखाया, लेकिन यह अकेले और पहले लखनलाल मिश्र थे, जिन्होंने गांधी के रचनात्मक कार्यों को अपने ग्राम मूरा में अमलीजामा पहनाया। गांधी कहते थे, 'मैं ऐसा गाँव चाहता हूँ, जहाँ नमक को छोड़कर सबकुछ उत्पादित होना चाहिए।' लखनलाल मिश्र को इस बात का श्रेय गांधीवाद के इतिहास में मिलना चाहिए, जब उन्होंने कहा कि मैं ऐसा गाँव चाहता हूँ, जहाँ नमक और मिट्टी का तेल छोड़कर सबकुछ उत्पादित हो और उन्होंने यह उत्पादितकर दिखाया। मैं उनकी स्मृति के साये तले खड़े होकर गांधीजी से कहना चाहूँगा कि बापू को नमक के साथ मिट्टी का तेल भी जोड़ लेना चाहिए था। गाँव में सिली चमड़े की चप्पलों और जूतों को पहनते जब लखनलाल मिश्र का जिक्र होता है, तब प्रसिद्ध फिल्म निर्माता निर्देशक श्याम बेनेगल की याद आती है, जो (हमारे) दुर्ग जिले की चंदखुरी में बनी भदई बेहद पसंद करते थे। ग्राम स्वराज या बापू के रचनात्मक आर्थिक कार्यक्रम पर गाल बजानेवाले नेताओं की देश में कब कमी रही है ? लेकिन पाश्चात्य सभ्यता की ईंट-से-ईंट बजानेवाली गांधी शैली के लखनलाल मिश्र में गांधी के व्यक्तित्व के पसीने की भी गंध पसर-पसर जाती है।

अपने अंतिम दिनों में दिए गए इंटरव्यू में कैंसर जैसी बीमारी से जूझते हुए भी उन्हें एक-एक बात याद थी। **यह केवल स्मरण शक्ति का कमाल उनके उस इंटरव्यूकार ने समझा, जिसने स्मृति-ग्रंथ का संपादन भी किया है।** यादों को खँगालना तब संभव होता है, जब हमारा यादों में विश्वास हो

कि वे इस लायक जरूर हैं कि उन्हें सहेजकर मस्तिष्क में रखा जाए। स्मृतियाँ और श्रुतियाँ भारतीय मनीषा का आधार रही हैं। लिखने की कला का विकास और प्रचलन तो बहुत बाद में हुआ और वह भी भारत के बाहर से। इस तरह लखनलाल मिश्र मनीषाकार थे, जो स्मृतियों को भविष्य की स्लेट पर इबारत की तरह लिखना चाहते थे। ऐसे ही व्यक्ति इतिहास गढ़ते हैं। कुछ लोग इतिहास लिखते हैं और बाकी लोग इतिहास पढ़ते हैं।

॥ इक्कीस ॥

मैंने उनके ज्येष्ठ पुत्र का संस्मरण पढ़ा है। उनका तथा उनके कनिष्ठ पुत्र का मैं वर्षों से अभिन्न रहा हूँ। उनके अनुसार उनके पिता कुटुंबपाल या परिवार पोषक की अद्‌भुत भूमिका में रहे हैं। विश्वविख्यात विदुषी जर्मेन ग्रीयर ने लिखा है कि यह भारत है, जहाँ तीन-तीन पीढ़ियों के साथ रहते संयुक्त परिवार की प्रथा के कारण दुनिया में सबसे ज्यादा सुखी और स्नेहशील लोग हैं। यहाँ इसी से मानसिक विकारों के रोगी कम होते हैं। अब दुर्भाग्य से ये बीते दिनों की बातें हो रही हैं। मैंने ऑक्सफोर्ड विश्वविद्यालय के परिसर के एक प्राध्यापक को विश्वविद्यालय द्वारा आवंटित रिहायशी मकानों के सामने लगी पट्टिका देखी है। उनमें यह नहीं लिखा है कि यहाँ आज कौन रहता है। उसमें यह लिखा था कि आज तक इन भवनों में कौन-कौन रहा है। इसलिए जो अंतिम आवंटी प्रोफेसर था, उसका नाम सबसे नीचे है। वह उस फेहरिस्त में ऊपर कहीं किसी कालजयी नाम को देखता होगा तो झुरझुरी होती होगी। यदि मूरा के पैतृक भवन में पंडित रामबगस मिश्र से लेकर पीयूष मिश्र तक सभी वंशजों का नाम किसी नाम पट्टिका पर लिख दिया जाए तो मैं समझूँगा कि हम भारतीय परंपरा को अब भी भूले नहीं हैं।

॥ बाईस ॥

लखनलाल मिश्र का एक और अद्‌भुत, मौलिक और प्रयोगशील विचार, जिसका समानांतर अब तक मैंने कहीं देखा और सुना भी नहीं है, एक पत्र है, जो उन्होंने अपनी पुत्र वधू प्रीति को लिखा है, जिसमें उन्होंने यह कामना की

है कि वे उसकी कोख से पुनर्जन्म लेना चाहते हैं। बहू को अपना राजनीतिक सलाहकार बनाते हमने कमलापति त्रिपाठी को देखा है। बहू को अपना उत्तराधिकारी बनाते हमने उमाशंकर दीक्षित को देखा है। सास सोनिया गांधी भी कभी बहू थीं, लेकिन जो कामना लखनलाल मिश्र ने की है, **वह हमारे लिए समाजशास्त्रीय शोध का विषय है।** यह फिकरा हम अमूमन सुनते हैं कि बेटी तो बेटी है और चाहे कुछ हो, बहू तो बस बहू है, लेकिन लखनलाल मिश्र ने बहू को अपनी संभावित माँ का दरजा दिया और इसके लिए उन्होंने अपनी माँ की स्मृति तक से न तो अनुमति माँगी और न ही क्षमा। यह परिवार की समरसता का एक अद्‌भुत और मौलिक गुण होने के अतिरिक्त उनके व्यापक सोच का फलक है, **जो समाजशास्त्र और मनोविज्ञान के विद्यार्थी के लिए चुनौती है।** मैंने तो ऐसा अभिनव संकल्प आज तक नहीं सुना है, जब कोई अपने लिए माँ की कोख का चयन करे। वे अपने सबसे छोटे पुत्र को दाऊ कहते थे और उसकी पत्नी को दाई। इन संबोधनों को कहने का उनका सपना मानवीय रिश्तों की कोख का एक नया अध्याय लिखता है।

॥ तेईस ॥

यह एक योगी की भी कथा है, जिसका मौन में विश्वास रहा होगा कि वह सौ वर्ष जिएगा। इसलिए उन्होंने अपने जीवन को इसी तरह विभाजित किया था और संभवतः अध्यात्म उनमें जिस तरह पसर रहा था, उसके चलते वे पूरी तौर पर संन्यस्त भी हो सकते थे। उनका साईं बाबा में विश्वास कबीर की प्रकृति का इनसान उनमें ढूँढ़ता है। इस तरह यह एक साधारण आदमी की कथा है, जिसमें सब कुछ असाधारण है। यह एक विरल व्यक्ति की कथा है, जो जटिल चुनौतियाँ जीवन को देता है। यह एक समाज की मध्यवर्गीय इकाई की कथा है, जो समाजशस्त्र के सामने यक्ष प्रश्न उपस्थित करती है। यह एक कर्म कथा है, जो भक्ति और ज्ञान कथाओं से किसी बात में कमतर नहीं है। मैं समझता हूँ कि व्यक्तित्व के आकलन के लिए विशेषणों की जरूरत नहीं होनी चाहिए। लखनलाल मिश्र संज्ञा थे, लेकिन अपने स्नेहिल गुणों के कारण सर्वनाम हो गए थे। वे निर्भीक, साहसी, देशभक्त, दयालु और उदार जैसे विशेषण भी

रहे होंगे, लेकिन उनके अंदर जो मनुष्य धीरे-धीरे विकसित होता रहा और जिसने चुनौतियों के चलते अपना आपा नहीं खोया, बल्कि उनके सहकार से एक नए संघर्षशील मनुष्य का परिष्कार करता रहा, समास का वह प्रतीक उनमें जिएगा। वे एक प्रवक्ता हैं, उन जैसे अनगिनत मध्यवर्गीय भारतवासियों के, जिन पर इतिहास या भूगोल ने थोड़ी भी कृपा की होती तो इस पुस्तक की यह भूमिका देश का कोई शीर्ष नेता लिख रहा होता। वाल्मीकि को 'राम, राम' कहना नहीं आया तो वे 'मरा मरा' कहते भी आखिर 'राम, राम' कह पाए। हम भी 'मूरा, मूरा' कहते-कहते आखिर 'रामू, रामू' तो कह पाएँगे, **जो इस परिवार के मुखिया पं. रामबगस मिश्र का पुकारने का नाम हो सकता है।** पिता राम और पुत्र लखन। रामस्य बहिर्आत्मा लक्ष्मणः।

(कनक तिवारी)
(वरिष्ठ अधिवक्ता)
हाईकोर्ट बिलासपुर (छत्तीसगढ़)

अनुक्रम

प्रारंभिक जीवन : पं. लखनलाल मिश्र

हजारों साल नर्गिस अपनी बेनूरी पे रोती है
बड़ी मुश्किल से होता है, चमन में दीदावर पैदा

परिवार, समाज एवं राष्ट्र को मन-प्राण से चाहनेवाले लोग युगपुरुष होते हैं। धरती अनेक पुत्रों को जन्म देती है, लेकिन उन्हें पूर्ण समर्पण के साथ चाहनेवाले पुत्र बड़ी मुश्किल से पैदा होते हैं। नर्गिस की यह कामना, जो उसकी बेनूरी को दूर कर सके, तब पूरी हो जाती है, जब कोई नजरवाला उसे पहचान लेता है। उस नजरवाले की कामना और इंतजार में वह हजारों वर्षों तक अपनी बेनूरी का दर्द लिये, समय का इंतजार करती है। ऐसे व्यक्ति के आ जाने पर, जो उसके नूर की पहचान कर सके, वह स्वयं धन्य हो जाती है और वह दीदावर, वह महापुरुष समाज एवं राष्ट्र में एक तारा बनकर उभर जाता है। छत्तीसगढ़ के ऐसे ही स्वतंत्रता संग्राम नक्षत्र का नाम हैं—पं. लखनलालजी मिश्र। जिन्होंने बिना यश एवं प्रभुत्व की कामना किए अनवरत अपने दिल में राष्ट्र प्रेम का दीपक तन्मयता से जलाए रखा एवं समय आने पर प्रत्यक्ष रूप से अनवरत स्वतंत्रता का अलख जगाता रहा। उनके जीवन के आयाम बदलते रहे। उनकी भूमिका बदलती रही, पर नहीं बदला उनका राष्ट्रप्रेम। नहीं बदला उनका व्यक्तियों से प्रेममय व्यवहार।

पं. प्रहलाद मिश्र ग्राम मूरा के मालगुजार थे। उस समय उनकी गिनती छत्तीसगढ़ के सर्वाधिक प्रभावशाली जमींदारों में होती थी। पं. प्रहलाद मिश्र के चार पुत्र थे, जिनका नाम क्रमशः रामबगस, रामचरण, रामभरोसा एवं झब्बू

लाल मिश्र था। ज्येष्ठ पुत्र रामबगस मिश्र के घर में ग्राम मूरा में छत्तीसगढ़ के महान् सपूत कर्मयोगी एवं भविष्यदृष्टा बालक का जन्म 24 सितंबर, 1909 में हुआ, जिसका नाम लखनलाल रखा गया और वे ही आगे चलकर वरिष्ठ स्वतंत्रता संग्राम सेनानी पं. लखनलालजी मिश्र के नाम से प्रसिद्ध हुए। इनकी माता का नाम श्रीमती द्रौपती मिश्र था। ग्राम मूरा छत्तीसगढ़ की राजधानी रायपुर से बलौदा बाजार मार्ग पर 33 किलोमीटर की दूरी पर तत्कालीन स्वतंत्रता संग्राम आंदोलन के प्रमुख केंद्र ग्राम बंगोली मुख्यमार्ग से उत्तर दिशा में 5 किलोमीटर अंदर स्थित है। तब ग्राम मूरा में प्राथमिकशाला भी नहीं थी एवं न ही गाँव में बिजली व्यवस्था थी। समीपस्थ ग्राम रायखेड़ा की प्राथमिकशाला में बालक लखन ने चौथी कक्षा तक अध्ययन किया। आसपास के क्षेत्र में ग्राम रायखेड़ा बड़ा ग्राम था, जहाँ प्राइमरीशाला थी। ग्राम—मूरा से रायखेड़ा की दूरी 3 कि.मी. है।

प्राइमरी शिक्षा प्राप्त करने के पश्चात् मिडिल तथा हाई स्कूल की शिक्षा के लिए उनके पिता श्री रामबगस मिश्र ने उन्हें सन् 1920 में अपनी बहन अमेरी वाले के यहाँ रायपुर ब्राह्मणपारा में भेजा। रामबगस मिश्र स्वयं चौथी कक्षा उत्तीर्ण करने के पश्चात् तत्कालीन परिस्थितियों में आगे की शिक्षा नहीं ले पाए थे। इस बात का उन्हें अफसोस था। वे शिक्षा के महत्त्व को समझते थे। उस समय के जमींदार प्रायः अपने बच्चों को घर पर पढ़ाते थे। ग्रामीण क्षेत्रों के जमींदार पुत्रमोह के कारण अपने बच्चों को शिक्षा के लिए बाहर नहीं भेजते थे। जमींदारी एवं कृषि उनका पुश्तैनी पेशा था। अतः वे मानकर चलते थे कि अंततः उनके बच्चों को आजीविका के लिए कृषि कार्य ही करना है। अतः वे इस उद्देश्य की प्राप्ति के लिए प्राथमिक शिक्षा को ही पर्याप्त समझते थे। यह शिक्षा भी वह इसलिए दिलाते थे कि बालक आगे चलकर धार्मिक ग्रंथों का अध्ययन कर सके, साथ ही अपनी संपत्ति का हिसाब-किताब कर सके।

तत्कालीन ग्रामीण छत्तीसगढ़ अंचल में शिक्षा इस तरह अपने सीमित उद्देश्यों में सिमटी हुई थी। समाज में मालगुजारों की संतानों की शिक्षा आकर्षक विवाह प्रस्तावों के उद्देश्य तक सीमित थी। जैसे ही उनकी शादी हो जाती, वे पढ़ाई छोड़कर अपने गाँव जाकर मालगुजारी परंपरा का सुख लेते हुए वैभवपूर्ण

जिंदगी व्यतीत करते थे। उनमें कुछ परिवार ऐसे थे, जिन्होंने शिक्षा के महत्त्व को समझा। मूरा का मिश्र परिवार उनमें से एक था। बालक लखन ने रायपुर ब्राह्मणपारा में अपनी बुआ श्रीमती रामबती मिश्र एवं फूफाजी श्री प्यारेलाल मिश्र के अमेरी बाड़ा में रहकर अध्ययन किया। शासकीय बहु-उद्‌देशीय उच्चतर माध्यमिकशाला रायपुर से उन्होंने मैट्रिक की परीक्षा उत्तीर्ण की। कुशाग्र बुद्धि होने के कारण सभी कक्षाओं में प्रथम या द्वितीय स्थान प्राप्त करने पर उनकी गणना स्कूल के प्रतिभाशाली छात्रों में होती थी।

मध्य प्रदेश उच्च न्यायालय जबलपुर के प्रतिष्ठित अधिवक्ता श्री राजेंद्र सिंहजी रायपुर की शासकीय उच्चतर माध्यमिकशाला में आपके सहपाठी थे। शालेय गतिविधियों खेलकूद, साहित्यिक एवं सांस्कृतिक कार्यक्रमों, भाषण एवं वाद-विवाद प्रतियोगिताओं में उन्हें गहन रुचि थी। वे कुशल तैराक थे। ग्रामीण पृष्ठभूमि होने के कारण तैराकी उन्होंने गाँव में ही सीख ली। गाँव की पचरी, बँधवा, तालाबों एवं पेड्रावन जलाशय में वे घंटों तैरा करते थे। गाँव के तालाबों में अपने छोटे भाइयों शारदा प्रसाद, चंद्रिका प्रसाद एवं ईश्वरी प्रसाद मिश्र को उन्होंने तैराकी में पारंगत कर दिया था। इस बात का संस्मरण में उनके अनुज श्री चंद्रिका प्रसाद मिश्र सेवानिवृत्त उप-पुलिस अधीक्षक म.प्र. ने उल्लेख करते हुए लिखा है कि बड़े भाई लखन ने मुझे तैराकी में निपुण कर दिया था। यह प्रशिक्षण काफी महत्त्वपूर्ण था। उन दिनों सागर पुलिस ट्रेनिंग में तैराकी का ज्ञान अनिवार्य था। एक साथी प्रशिक्षणार्थी, जिसे तैराकी नहीं आती थी, उसे तत्कालीन प्राचार्य टी.ए. बम्बावाले ने कॉलेज से निकालने का आदेश दे दिया था। तब उसे प्राचार्य से अनुमति लेकर मैंने सात दिनों के अंदर तैरना सिखा दिया। मेरी इस उपलब्धि के कारण मुझे लाइफ स्वीमर सर्टिफिकेट प्रदान किया गया एवं ट्रेनिंग में मुझे अतिरिक्त बोनस अंक भी प्रदान किए गए।

बालक लखन ने मिडिल स्कूल में कदम ही रखा था, उसी समय सन् 1920 में ग्राम मूरा में आश्चर्यजनक महामारी फैली, जिसने गाँव के अनेक ग्रामीणों के साथ-साथ उनके दादा श्री प्रहलाद मिश्र को भी मृत्यु के आगोश में ले लिया। अपना अध्ययन छोड़कर उन्हें अत्यंत दुःखी मन से गाँव वापस आना पड़ा। गाँव में एक के बाद एक होती मृत्यु की विभीषिका को उन्होंने

नजदीक से देखा। प्रहलाद मिश्र का अत्यधिक स्नेह लखनलाल पर था। उस समय उस विशाल हवेली में सबकी आँखों का तारा लखनलाल ही था। घर में वही एक बालक था। इसलिए पूरे परिवार का प्यार, वात्सल्य उसी पर केंद्रित था। पिता तो प्रायः जमींदारी के कार्यों से व्यस्त रहा करते थे। लखन के बाल जीवन का अधिकांश समय उनके दादा प्रहलाद मिश्र के सान्निध्य में ही बीतता था। लगाव का ताना-बाना बालमन की खुशियों को अतिरेक से भर देता था। अचानक जैसे बज्राघात हो गया। दादा की मृत्यु ने उन्हें अंदर से झकझोरकर रख दिया। बाल सुलभ चंचलता एवं प्रसन्न मन पर जैसे किसी की नजर लग गई। अब वे गंभीर रहने लगे। अकेलापन उन्हें घेरने लगा। उसके अपने परिवार में उस वक्त उसका साथ देने के लिए कोई सखा नहीं था। भाई था भी तो इतना छोटा कि वह उसे कोई संबल नहीं दे सकता था। उस समय बालक शारदाप्रसाद मिश्र मात्र एक वर्ष के थे, जो आगे चलकर पुलिस उप महानिरीक्षक मध्य प्रदेश शासन बने।

पं. प्रहलाद मिश्र अत्यंत धार्मिक एवं सात्त्विक प्रकृति के थे। उनका असर उनके पुत्र रामबगस मिश्र एवं प्रपौत्र लखन मिश्र पर पड़ा। प्रातः ब्रह्म मुहुर्त में उढने का संस्कार उन्हें अपने पिता एवं दादा से मिला। नियमित पूजा का संस्कार भी उसी उम्र में उन पर पड़ गया था। तत्कालीन समाज में संस्कारों को अत्यंत महत्त्व दिया जाता था। यह माना जाता था कि यदि बचपन में अच्छे संस्कार नहीं पड़ पाए, तो पूरा जीवन दुःखमय हो जाता है। अंततः संस्कार, शिक्षा वैभव एवं प्रभुत्व पर भी प्रभावी हो जाता है। संस्कारों को शिक्षा से भी अधिक महत्त्वपूर्ण स्थान दिया जाता था। पूजा का संस्कार व्यक्ति में आत्मानुशासन विकसित करने का सशक्त एवं प्रभावी साधन माना जाता था। बालक लखन प्रातः उठकर स्नान आदि नित्यकर्मों से निवृत्त होने के पश्चात् माँ भगवती महामाया की पूजाकर अध्ययन में जुट जाते थे। यह संस्कार कालांतर में बढ़ता ही गया।

अध्ययन के लिए वे पुनः रायपुर आ गए। गाँव का सारा उत्तरदायित्व उनके पिता रामबगस मिश्र पर ज्येष्ठ पुत्र होने के नाते आ गया। रामबगसजी अपनी जिम्मेदारियों एवं तत्कालीन परिस्थितियों के कारण कृषि कार्य देखने लगे। रामबगसजी ने अपने भाई रामचरण एवं रामभरोसी को उच्च अध्ययन के

लिए जबलपुर राबर्टसन कालेज भेजा, जहाँ उन्होंने क्रमश: बी.ए. एवं विधि की परीक्षा उत्तीर्ण की। लखनलाल मिश्र के चाचा रामचरण मिश्र परिवार में प्रथम व्यक्ति थे, जिन्होंने शासकीय सेवा में ऑडिटर को-ऑपरेटिव सोसाइटीज के पद पर कार्य किया। उनके दूसरे भाई श्री रामभरोसी मिश्र रायपुर में वकालत करने लगे। असाधारण प्रतिभा के धनी श्री रामभरोसी मिश्र की गणना रायपुर के प्रसिद्ध वकीलों में होने लगी।

सन् 1920 में पं. सुंदरलालजी शर्मा राष्ट्रपिता महात्मा गांधीजी को लेकर रायपुर आए थे। वर्तमान में ब्राह्मणपारा के आनंद समाज वाचनालय के बाजूवाली खाली पड़ी जगह में आमसभा हुई थी, जिसे राष्ट्रपिता महात्मा गांधी एवं पं. सुंदरलाल शर्मा ने संबोधित किया था। उसके पश्चात् बाल समाज वाचनालय में शहर के बुद्धिजीवियों की बैठक हुई। तत्पश्चात् महात्मा गांधीजी पं. सुंदरलाल शर्माजी के साथ धमतरी रवाना हो गए थे। उस समय पूरे मुल्क में गांधीजी के प्रति भारतीयों की अगाध श्रद्धा थी। किसी क्षेत्र में गांधीजी का आगमन एवं संबोधन सौभाग्य की बात थी।

गांधीजी के आगमन पर जन सैलाब स्वत: स्फूर्त उमड़ पड़ता था। गांधीजी के इस आगमन एवं वातावरण की अमिट छाप बालक लखन पर पड़ी। उन्होंने देखा कि किस प्रकार महात्मा गांधी पूरे देश में भ्रमण कर देश की आजादी का अलख जगा रहे थे। समाज की जातिवादी कुरीतियों को दूर करने के लिए, दलित जातियों में सद्भाव एवं सम्मान कायम कर, भारत माँ के बेटों में एकता और समन्वय स्थापित कर रहे थे। महात्मा गांधीजी की वेशभूषा में उन्हें आम छत्तीसगढ़ी आदमी का अक्स दिखा। उस समय छत्तीसगढ़ के ग्रामीण किसानों की वेशभूषा हुबहू महात्मा गांधीजी की वेशभूषा से मिलती थी। कमर पर एक लँगोटी, सीने पर एक सादा कपड़ा, पैरों में चमड़े की बनी सामान्य चप्पल, एक लाठी, एक मोटा चश्मा एवं कमर पर लटकानेवाली घड़ी। उन्होंने देखा कि किस प्रकार उच्च शिक्षा प्राप्त करने के पश्चात् सादगी से वे अपना जीवन बिताते हुए,भारत की आजादी के लिए जनमानस में हिम्मत एवं जज्बा पैदा कर रहे थे। इसका प्रत्यक्ष प्रभाव बालक लखन पर यह पड़ा कि वे तत्कालीन जातिवादी एवं सामंती मानसिकता से मुक्त हो गए। उनका जातीय अभिमान

जाता रहा। यह उनके जीवन की एक महत्त्वपूर्ण घटना थी, जिसने आगे चलकर उन्हें आध्यात्मिक साधना के पथ पर आगे बढ़ाया।

उन दिनों छत्तीसगढ़ में जातीय अलगाववादी भावना का नामोनिशान नहीं था। सभी जातियाँ अपने संस्कारों एवं विचारों के दायरे में रहकर अपने कर्तव्यों का निर्वाह करते हुए जीवनयापन करती थी। कुछ नासमझ कट्टरपंथियों को यदि छोड़ दें तो सामाजिक समरसता छत्तीसगढ़ का मूल भाव पहले भी था और आज भी है। कोई कितना भी उकसा ले। धर्म एवं राजनीति के नाम पर दिलों में जहर भरने का भरसक प्रयास कर ले, तो भी छत्तीसगढ़ के निवासी तात्कालिक आवेगों से प्रभावित नहीं होते। इससे कभी भी उनके दिलों में रत्ती भर हिंसा एवं द्वेष की अग्नि नहीं जलती। छुटपुट घटनाओं की बात अपवाद स्वरूप है। भारत के अन्य राज्यों से छत्तीसगढ़ में आकर नौकरी करनेवाले एवं व्यवसाय करनेवाले अंतत: यहीं बस जाते हैं। धीरे-धीरे उनका बाहर से आकर बसने का दर्द भी मिट जाता है और वे यहीं के होकर रह जाते हैं। यह इस पावन छत्तीसगढ़ की धरती का पुण्य प्रताप है। मूरा में भी पं. रामबगसजी के परिवार में इस धरती की उदारता पहले भी थी। लखनलाल मिश्र के चाचाजी श्री रामचरण मिश्र का विवाह श्रीमती त्रिवेणी मिश्र से हुआ था। रामचरण के घर सन् 1919 में पुत्र का जन्म हुआ, जिसका नाम शारदाप्रसाद मिश्र रखा गया। शारदा प्रसाद जब मात्र 6 दिनों के थे, तभी उनकी माता का देहावसान हो गया। 6 दिनों के पुत्र का पालन-पोषण बहुत बड़ी जिम्मेदारी थी। मूरा गाँव में ही तेली जाति की महिला राधाबाई थी, जिसने अपना दूध पिलाकर शारदा प्रसाद को पाला-पोसा। राधाबाई अपने बच्चे के साथ-साथ पन्ना धाय के समान शारदा प्रसाद को भी दूध पिलाती थी एवं पूरा पालन-पोषण करती थी। मूरा के मिश्र परिवार में राधाबाई को तेली जाति होने के बावजूद पूरा सम्मान दिया जाता था। वह घर के एक सदस्य की हैसियत से माता के समान सम्मानित थी। सभी धार्मिक एवं पारिवारिक कार्यक्रमों में उसे पहले से पूछा जाता था। सलाह-मशविरा लिया जाता था। उपहार दिया जाता था। उसके पारिवारिक निर्वाह के लिए उसे खेत भी दिया गया था। मूरा का मिश्र परिवार सदैव उनके पारिवारिक दु:ख-सुख में सहभागी रहता था। राधाबाई को अंतिम समय तक

मातृवत् सम्मान दिया जाता रहा। इस प्रकार यह परिवार जाति अभिमान से सदैव दूर रहा। लखनलाल मिश्र के बालसखा गोकुल, अधारी मंडल, तीजेराम ढीमर एवं बिलवा नाऊ सदैव उनके साथ रहा करते थे, पारिवारिक कार्यक्रमों के साथ-साथ तीर्थाटन एवं भ्रमण में भी साथ रहा करते थे।

उन दिनों बाह्मणपारा एवं राष्ट्रीय स्कूल राष्ट्रीय गतिविधियों एवं कार्यक्रमों का केंद्र था। बाह्मणपारा में राष्ट्रीयता के प्रचार-प्रसार एवं जनमानस में राष्ट्रीय चेतना को विकसित करने के लिए वानर सेना का गठन किया गया था। इस वानर सेना का नेतृत्व लखनलाल किया करते थे। हाथ से राष्ट्रीय स्तर के समाचारों एवं राष्ट्रीय आंदोलन को गति पहुँचानेवाले प्रेरक वाक्यों को पत्रिका के रूप में इसकी अनेक प्रतिलिपियाँ तैयार कर शहर के विभिन्न भागों में गुप्त रूप से पढ़ने के लिए पहुँचाया जाता था, साथ ही इसे पढ़कर अन्यत्र पहुँचाने की पूर्व श्रृंखला भी निर्धारित थी। इस प्रकार सीमित साधनों से वैचारिक क्रांति के जरिए, गुलामी की भावना को दूर करते हुए आजादी के विचारों को फैलाया जाता था। वानर सेना के सभी सदस्यगण ब्राह्मणपारा में प्रतिदिन अलग-अलग स्थानों पर एकत्र होते थे। उनके मध्य परस्पर विचारों का आदान-प्रदान होता था। सामाजिक एवं धार्मिक आयोजनों के माध्यम से सभी वर्ग के लोगों को जोड़ने का प्रयास किया जाता था। अंग्रेजी शासन का आतंक बरकरार था। इसलिए सारे कार्य गोपनीयता के साथ किए जाते थे। आज के परिपेक्ष्य में यह कार्य साधारण लगता है, लेकिन उन दिनों इस प्रकार के कार्यों में संलिप्त रहना अत्यंत खतरनाक था। थोड़ी सी भी असावधानी एवं गोपनीयता भंग होने पर ब्रिटिश शासन उनको एवं उनके परिवारों को कारागार में बिना किसी सुनवाई के डाल देता।

लखनलाल मिश्र विचार करने की प्रवृत्ति पर बल देते थे, भले ही गिनती के लोग हों। यदि कुछ लोग साहस के साथ स्वतंत्र चिंतन करते हैं तो इसका असर समाज पर धीरे-धीरे पड़ता है। अंततः यह अपना व्यापक स्वरूप ग्रहणकर समाज में नव चेतना स्थापित करता है। भाईचारा बढ़ता है। सामाजिक कुरीतियों से लड़ने का संबल विकसित होता है, साथ ही राजनैतिक विचारों में पैनापन आता है। तत्कालीन समाज में अशिक्षा, गरीबी एवं परस्पर निजी स्वार्थों में

सिमटे रहने के कारण, अंग्रेजी शासन के खिलाफ सशक्त जनमत तैयार करना जोखिम का काम था। कोई भी शासन जनमत को अपने विरुद्ध नहीं जाने देता। समाज के अधिकांश लोगों में लड़ने का साहस नहीं होता। ऐसी स्थिति में ब्राह्मणपारा की वानर सेना की भूमिका, तत्कालीन परिस्थितियों में एक क्रांतिकारी प्रयास था। इसका स्वतंत्रता संग्राम आंदोलन में दूरगामी प्रभाव पड़ा।

अध्ययन के साथ उक्त कार्यों में सक्रिय भागीदारी लखनलाल मिश्रजी की राष्ट्रीय चेतना को रेखांकित करती है। इसके संस्कार उनके मन में महात्मा गांधीजी के रायपुर आगमन के साथ ही पड़ गए थे। लखनलाल मिश्रजी अपने पिता के इकलौते पुत्र थे। इनका विवाह ग्यारह वर्ष की आयु में रायपुर निवासी पं. शोभाराम शुक्ल की ज्येष्ठ पुत्री सुशीला बाई के साथ हुआ था। गौना बाद में हुआ। श्री छविराम शुक्ल शोभाराम शुक्ल के ज्येष्ठ भ्राता थे। उल्लेखनीय है कि लखनलालजी एवं उनके साले साहब श्री रामनारायण शुक्ला पिता छविराम शुक्ला का विवाह एक साथ हुआ था। ब्राह्मणपारा स्थित घर में विवाह मंडप की सजावट की चर्चा पूरे रायपुर शहर में थी। उनके विवाह मंडप की साज-सज्जा को देखने सदर बाजार सहित दूर-दूर से लोग आते थे। यह विवाह उस समय के भव्य विवाह समारोहों में से एक था।

लखनलालजी मिश्र ने सन् 1928 में गवर्मेंट स्कूल रायपुर से मैट्रिक की परीक्षा उत्तीर्ण की। इसी दौरान वे पं. सुंदरलाल शर्मा, ठाकुर प्यारेलाल सिंह, रविशंकर शुक्ल, खूबचंद बघेल, त्रिवेणीलाल श्रीवास्तव, रामनारायण तिवारी, रामानंद दुबे जैसे महान् व्यक्तियों के संपर्क में भी आए, साथ ही राष्ट्रीय आंदोलन में अपना सतत् योगदान देते रहे। पुलिस वानर सेना की गतिविधियों से आशंकित एवं परेशान रहती थी। असहयोग आंदोलन अपने शबाब पर था। रायपुर में बाल, किशोर, जवान, वृद्ध सभी उम्र के स्वतंत्रता संग्राम सेनानी पूर्ण निष्ठा एवं समर्पण के साथ भिड़े हुए थे।

मैट्रिक की परीक्षा उत्तीर्ण करने के बाद उन्होंने इलाहाबाद के ईविंग क्रिश्चियन कॉलेज में इंटरमीडिएट शिक्षा के लिए प्रवेश लिया। सन् 1930 में उन्होंने इलाहाबाद से इंटरमीडिएट की परीक्षा प्रथम श्रेणी में उत्तीर्ण की।

इलाहाबाद उस समय राष्ट्रीय चेतना एवं साहित्यिक सांस्कृतिक

गतिविधियों के क्षेत्र में अग्रणी था, जिसका प्रभाव मिश्रजी के जीवन पर पड़ा।

सन् 1930 में छत्तीसगढ़ में भीषण अकाल पड़ा। इसके पूर्व वर्षों में भी यह क्षेत्र अकाल की विभीषिका से ग्रस्त था। कृषि के लिए सिंचाई का साधन नहीं होने के कारण यह क्षेत्र पूर्णरूपेण मानसूनी वर्षा पर ही अवलंबित रहता था। उस समय धान की एक ही फसल ली जाती थी। समय पर पानी नहीं गिरने एवं कीट-प्रकोप आदि से पूरा परिश्रम करने के बाद भी पैदावार प्रभावित होती। सन् 1930 के अकाल में इस क्षेत्र की फसल सूख गई। उसे जानवरों को चरा दिया गया। कोठी में जो कुछ धान था, उसे गाँववालों में बाँट दिया गया। फिर भी यह अपर्याप्त था। आसपास के जमींदारों से बाढ़ी लेने का प्रयास किया गया, लेकिन वहाँ भी अकाल होने के कारण वे धान कोदो देने में असमर्थ थे। ऐसे समय में भी ब्रिटिश शासन कोई व्यवस्था नहीं करता था। लोगों को उसके भाग्य पर छोड़ दिया जाता था। आवाज उठाने पर या संघर्ष करने पर उनका दमन कर दिया जाता था। पुलिसिया आतंक अपने चरम पर था। छत्तीसगढ़ के निवासी सीधे एवं आध्यात्मिक प्रवृत्ति के होने के कारण अपने विरुद्ध होनेवाले अत्याचारों का प्रतिकार नहीं करते थे। अपने दुःख-दर्द के लिए आवाज नहीं उठाते थे। दुःखों को सहन करते-करते मर जाना तो उन्हें पसंद था, लेकिन संघर्ष करना सामान्यतया उनके स्वभाव में नहीं था। इसलिए आज भी छत्तीसगढ़ में एक लोकोक्ति प्रचलित है—'लड़े ले, टरे बने।' अर्थात् लड़ने से अच्छा है, पलायन कर जाएँ। जब सहन शक्ति अपनी पराकाष्ठा पार कर जाती है, तभी वे संघर्ष की मानसिकता बना पाते थे। अपनी इसी प्रवृत्ति के कारण यहाँ के निवासी विगत सैकड़ों वर्षों से अकाल की विभीषिका से सामना नहीं कर पाने के कारण क्षेत्र से पलायनकर अन्य राज्यों में मजदूरी करने जाते रहे हैं। सन् 1930 के अकाल में गाँव के अधिकांश श्रमिक काम की तलाश में गाँव के बाहर चले गए। तालाब भी सूख गए। जानवरों के लिए पीने के पानी की व्यवस्था करना मुश्किल हो गया। यहाँ तक कि मनुष्यों के पीने के पानी के लिए आसपास के दूसरे ग्रामों से व्यवस्था की जाती थी।

अकाल की इस विभीषिका का लखनलालजी मिश्र पर गहरा असर पड़ा। इलाहाबाद से इंटर की परीक्षा उत्तीर्ण करने के बाद, गाँव की दारुण

स्थिति से वे विचलित हो गए और वे गाँव में आकर इस आपदा के सहभागी बने। उन्होंने देखा कि गाँव का किसान कठोर परिश्रम करने के बाद भी पेट भर खाना नहीं खा पा रहा है। ऐसी स्थिति में अपना घर छोड़कर आराम की जिंदगी व्यतीत करना उन्हें रास नहीं आ रहा था, साथ ही उन्हें यह भी लगता था कि वे अपने गृहस्थ जीवन के खर्चों के साथ स्वयं के खर्चों के लिए भी पिता पर आश्रित हैं। यद्यपि वे अपने पिता के एकमात्र पुत्र थे। सारी संपत्ति उन्हें विरासत में मिलनी ही थी, लेकिन विरासत की संपत्ति को उन्होंने अपना कभी नहीं माना। पैतृक संपदा को वे ट्रस्ट की तरह मानकर उसके न्यासी की भूमिका अदा करने के पक्षधर थे। अपने श्रम से अर्जित संपदा से अपना एवं परिवार का भरण-पोषण करने की स्वाभिमानी मानसिकता ने उनके मन को आंदोलित कर दिया। किसान पिता पर वे अपनी गृहस्थी एवं इलाहाबाद की पढ़ाई का भार नहीं डालना चाहते थे।

उस जमाने में गिनती के लोग ही शिक्षित हुआ करते थे। चौथी पास लोगों को भी बुला-बुलाकर शिक्षक/लिपिक की नौकरी दी जाती थी। इंटर उत्तीर्ण करने के पश्चात् तत्काल नौकरी का विकल्प उनके लिए सहज उपलब्ध था। युवामन का अंतर्द्वंद्व उन्हें बेचैनी से भर देता था। एक तरफ पिता पं. रामबगस मिश्र की सेवा करते हुए, कृषि कार्य में उनकी पूरी मदद करते हुए स्वयं को स्थापित करने की मानसिकता थी, तो दूसरी ओर इलाहाबाद जैसे राष्ट्रीय चेतना से अग्रणी शहर का जीवन-अनुभव। देश की गुलामी, रायपुर सहित अंचल के अन्य क्षेत्रों में स्वतंत्रता आंदोलन की गतिविधियों में भागीदार रहने के कारण वे अनिर्णय की स्थिति में किंकर्तव्यविमूढ़ होते जा रहे थे। इसलिए उन्होंने गाँव में ही रहकर, पिता के सान्निध्य में आत्म विश्लेषण एवं आत्मावलोकन करने का निर्णय लिया। इस तरह ग्रामीण जीवन को आत्मसात् करते हुए ग्रामीणों के सुख-दुःख में साथ रहने का निर्णय उन्होंने लिया। यह उनके जीवन का एक नया अध्याय था। आनेवाले दो वर्ष उनके लिए मंथन का समय था। स्वेच्छा से उन्होंने इसका वरण किया। घर-परिवार के पास रहने एवं पिता की सेवा करने की मानसिकता, जो उनके अचेतन मन में थी, वह अब चेतन में भी आकार ले रही थी।

□

स्वतंत्रता आंदोलन का इतिहास छत्तीसगढ़ के संदर्भ में

छत्तीसगढ़ में ब्रिटिश नियंत्रण एवं भोंसला शासन के पूर्व हैहयवंशी राजाओं का शासन था। 22 मार्च, 1816 को भोंसला शासक रघुजी द्वितीय की मृत्यु हो गई। उनकी मृत्यु के पश्चात् नागपुर राज्य में सत्ता संघर्ष प्रारंभ हो गया। अंग्रेज इस स्थिति का इंतजार कर रहे थे। ब्रिटिश रेजीडेंट जेनकिंस ने षड्यंत्रकर रघुजी द्वितीय के पुत्र परसोंजी भोंसले को नागपुर राज्य का शासक बनवाया, जो शारीरिक एवं मानसिक रूप से कमजोर था। शासन संचालन हेतु परसोंजी ने अपने काका अप्पा साहेब को रीजेंट नियुक्त किया। 27 मई, 1816 को अंग्रेजों एवं अप्पा साहेब के बीच सहायक संधि हुई। इस संधि को स्वीकर करनेवाला राज्य सीधे अंग्रेजों के नियंत्रण में आ जाता था। अपने व्यय पर उसे ब्रिटिश सेना रखनी पड़ती थी, जिस पर संपूर्ण नियंत्रण अंग्रेजों का होता था। इस संधि के कारण नागपुर राज्य में ब्रिटिश सत्ता की स्थापना हुई।

परसोंजी की मृत्यु के पश्चात् 21 अप्रैल, 1817 को अप्पा साहेब नागपुर के शासक बने। सन् 1818 में सीताबर्डी में अंग्रेजों एवं अप्पा साहेब के बीच युद्ध हुआ। अंग्रेजों के मात्र 1800 सिपाहियों ने अप्पा साहेब के 18000 सैनिकों को हरा दिया। अप्पा साहेब अदूरदर्शिता एवं संगठन कौशल में कमी के कारण युद्ध हार गए। युद्ध पश्चात् अंग्रेज नागपुर राज्य को ब्रिटिश साम्राज्य में शामिल कर सकते थे, उन्होंने ऐसा नहीं किया। वे धीरे-धीरे अपना प्रभाव बढ़ाकर अंततः पूरा अधिकार करना चाहते थे। उन्होंने रघुजी द्वितीय के अल्पवयस्क

पोते रघुजी तृतीय को नागपुर का राजा बनाकर राज्य का प्रशासन, उसके वयस्क होने तक के लिए ब्रिटिश नियंत्रण में ले लिया। प्रदेश की कमान ब्रिटिश रेजीडेंट के हाथ में थी। प्रदेश को 5 जिलों में—यथा नागपुर, भंडारा, चांदा, छिंदवाड़ा एवं छत्तीसगढ़ में विभाजित किया गया। जिले के प्रमुख प्रशासनिक अधिकारी को अधीक्षक पदनाम दिया गया। मिस्टर जेनकिंस नागपुर राज्य के रेजीडेंट थे। कैप्टन एडमंड छत्तीसगढ़ के प्रथम अधीक्षक नियुक्त किए गए। एडमंड के बाद मिस्टर एगन्यू छत्तीसगढ़ के अधीक्षक बने। इनका शासनकाल सन् 1818-1825 तक रहा। एगन्यू ने छत्तीसगढ़ की राजधानी रायपुर को बनाया। इसके पूर्व राजधानी रतनपुर थी। इस प्रकार सन् 1818 में रायपुर प्रथम बार ब्रिटिश अधीक्षक का मुख्यालय एवं छत्तीसगढ़ की राजधानी बना। ब्रिटिश नियंत्रण काल में मध्ययुगीन शासन व्यवस्था में कोई उल्लेखनीय परिवर्तन नहीं किया गया।

अंग्रेजों ने 6 जून, 1830 को छत्तीसगढ़ की शासन व्यवस्था नागपुर के राजा रघुजी तृतीय को हस्तांतरित कर दी। 11 दिसंबर, 1853 को एक माह की लंबी बीमारी के बाद नागपुर के अंतिम राजा रघुजी तृतीय की मृत्यु हो गई। इसके साथ ही नागपुर राज्य का गौरव समाप्त हो गया। तत्कालीन ब्रिटिश रेजीडेंट मेंसल का यह व्यक्तिगत विचार था कि राजा को गोद लेने का अधिकार न दिया जाए। अंग्रेजों ने नागपुर राज्य को एक बार जीत लिया था। बाद में रघुजी तृतीय को सौंप दिया था। अब चूँकि उसकी कोई संतान नहीं थी। अतः नागपुर राज्य को अंग्रेजी राज्य में मिला लेना चाहिए।

गवर्नर जनरल लार्ड डलहौजी ने हड़प नीति का सहारा लेते हुए नागपुर राज्य को उत्तराधिकारी नहीं होने के कारण 13 मार्च, 1854 को ब्रिटिश साम्राज्य में मिला लिया। नागपुर के तत्कालीन रेजीडेंट मेंसल को नागपुर राज्य का प्रथम कमिश्नर बनाया गया। ब्रिटिश शासन द्वारा छत्तीसगढ़ के शासन के लिए प्रथम डिप्टी कमिश्नर चार्ल्स सी. इलियट को बनाया गया। इनकी सहायता के लिए सहायक कमिश्नर एवं अतिरिक्त सहायक कमिश्नर नियुक्त किए गए। आज भी रायपुर में कलेक्टर कार्यालय के पीछे की कॉलोनी को ई.ए.सी. कॉलोनी कहा जाता है, जो एक्स्ट्रा असिस्टेंट कमिश्नर कॉलोनी का संक्षिप्त नाम है।

डॉ. हीरालाल शुक्ल के अनुसार बस्तर की आदिवासी जनता ने राष्ट्रपिता महात्मा गांधी के छत्तीसगढ़ आगमन के पूर्व ब्रिटिश साम्राज्यवाद के खिलाफ 10 बार सशस्त्र संघर्ष किया। अंग्रेजों के शोषण एवं अत्याचार के विरुद्ध छत्तीसगढ़ में आदिवासी अबूझमाड़ियों ने परलकोट के जमींदार श्री गेंद सिंह के नेतृत्व में 24 दिसंबर, 1924 को सशस्त्र संघर्ष किया। परलकोट बस्तर की सबसे पुरानी राजधानी है। जमींदार गेंद सिंह के नेतृत्व में अबूझमाड़ियों ने मराठों एवं अंग्रेज अधिकारियों पर आक्रमण करना प्रारंभ किया। वे हथियारों से लैस होकर हजारों की संख्या में निकलते थे एवं अनेक लोगों का कत्लेआम कर वापस लौटते थे। यह विद्रोह विदेशी सत्ता को नुकसान पहुँचाने के लिए किया गया था। ऐसी स्थिति में मराठों एवं अंग्रेजों की सम्मिलित सेना ने एगन्यू के आदेश से 10 जनवरी, 1925 को परलकोट को घेर लिया। गेंद सिंह को गिरफ्तार किया गया। उनके ऊपर न्यायिक कार्यवाही का नाटक करते हुए राजद्रोह का अभियोग लगाया गया। गेंद सिंह को 20 जनवरी, 1925 को दोपहर 12.30 बजे परलकोट में, उसके ही महल के सामने फाँसी पर लटका दिया गया। सन् 1857 के राष्ट्रीय आंदोलन के पूर्व छत्तीसगढ़ में बस्तर के आदिवासी राजा गेंद सिंह स्वतंत्रता संग्राम में प्रथम शहीद माने जाते हैं। उनका बलिदान छत्तीसगढ़ के लिए अत्यंत महत्त्व रखता है। अंग्रेजी बंदूकों के सामने आदिवासियों के परंपरागत हथियार नहीं टिक पाए।

छत्तीसगढ़ में स्वतंत्रता संग्राम का दूसरा दौर सन् 1856 में वीरनारायण सिंह के नेतृत्व में प्रारंभ हुआ। सन् 1856 में सोनाखान क्षेत्र में भीषण अकाल पड़ा। लोग दाने दाने के लिए तरस गए। वीरनारायण सिंह से यह स्थिति देखी नहीं गई। उन्होंने शिवरीनारायण के माखन साव के ढाबे से 1400 बोरा चावल भूखे लोगों में बँटवा दिया। माखन साव की शिकायत पर रायपुर के डिप्टी कमिश्नर ने वीरनारायण सिंह को गिरफ्तार कर डकैती का आरोप लगाकर रायपुर जेल में डाल दिया। अकाल पीड़ितों की मदद करने के स्थान पर अंग्रेज सरकार स्वच्छ प्रशासन का झूठा दावा करते हुए जनता का अधिकतम शोषण करती थी। जनता की मदद करनेवालों पर झूठा आरोप एवं मुकदमा दायरकर प्रताड़ित किया जाता था।

इसी समय सन् 1857 का विद्रोह प्रारंभ हो गया। भारतीय हिंदू-मुसलिम सैनिकों ने ब्रिटिश शासन से बगावत कर दी। कुछ इतिहासकारों के अनुसार वीरनारायण सिंह रायपुर स्थित सेना के सहयोग से जेल से फरार हो गए। सैनिक वीरनारायण सिंह के मानवीय मूल्यों से प्रभावित थे। जेल से छूटने के बाद वीरनारायण सिंह सोनाखान पहुँचे एवं 500 सशस्त्र लोगों का सैन्य संगठन बनाया। लेफ्टिनेंट स्मिथ की चिंता बढ़ गई। उन्होंने देवरी के जमींदार की मुखबिरी से सेना लेकर 1 दिसंबर, 1857 को सोनाखान के लिए कूच किया। सोनाखान की सीमा पर अंग्रेजी सेना एवं वीरनारायण सिंह की सेना में घमासान युद्ध हुआ। प्रारंभ में वीरनारायण सिंह का पलड़ा भारी रहा। बाद में स्मिथ की सेना देवरी के जमींदार के सहयोग से मजबूत हो गई। इसी बीच अंग्रेजों के पक्ष में कटंगी की फौज आ गई। वीरनारायण सिंह की सेना को खदेड़ दिया गया। अंग्रेजी सेना ने सोनाखान की बस्ती में प्रवेशकर आग लगा दी। अंततः वीरनारायण सिंह को गिरफ्तार कर उन्हें पुनः रायपुर जेल में डाल दिया गया। वीरनारायण सिंह पर देशद्रोह का मुकदमा चलाया गया। इलियट ने स्वयं लिखा है, "मेरे कोर्ट के समक्ष जमींदार वीरनारायण सिंह को प्रस्तुत किया गया। उस पर 1857 अधिनियम की धारा 6 एवं ऐक्ट 14 के अंतर्गत अभियोग लगाया गया और मैंने फाँसी की सजा सुनाई। सुबह सजा की कार्यवाही जनरल परेड के समय सैनिक टुकड़ी के समक्ष बिना किसी रुकावट के संपन्न हो गई। पूरे जिले एवं जमींदारी में वीरनारायण सिंह के जुर्म और उसके परिणामों की मुनादी खुले आम की जाएगी।" इस प्रकार 10 दिसंबर, 1857 को वीरनारायण सिंह को जय स्तंभ चौक पर प्राणदंड दिया गया। देश के प्रथम स्वतंत्रता आंदोलन में छत्तीसगढ़ का आदिवासी वीर शहीद हो गया।

शहीद वीरनारायण सिंह की शहादत का गंभीर असर छत्तीसगढ़ पर हुआ। वीरनारायण सिंह को फाँसी पर लटकाने के पश्चात् अंग्रेज निश्चिंत थे कि अब छत्तीसगढ़ में विद्रोह नहीं हो सकता। अंग्रेजों का अनुमान गलत था। रायपुर की फौजी छावनी में उक्त शहादत के बाद काफी आक्रोश था। 18 जनवरी, 1858 को रात्रि 7.30 बजे मैगजीन लश्कर हनुमान सिंह ने तीसरी टुकड़ी के सार्जेंट मेजर सिडवेल को, उसके घर में घुसकर मार डाला। हनुमान

सिंह को विदेशी अंग्रेजों से नफरत हो गई थी। उन्होंने सैनिक छावनी में मेजर की हत्या की घोषणा करते हुए सभी सैनिकों से अंग्रेजों के विरुद्ध युद्ध का आह्वान किया। सैनिकों का एक दल हनुमान सिंह के नेतृत्व में गोलीबारी करने लगा। विद्रोहियों ने 6 घंटे लगातार संघर्ष किया। लेफ्टिनेंट सी.बी.एल. स्मिथ ने सेना एवं सिपाहियों की सहायता से हनुमान सिंह के 17 साथियों को गिरफ्तार कर लिया। हनुमान सिंह फरार हो गए।

हनुमान सिंह 18 जनवरी की असफलता से निराश नहीं हुए। उन्होंने अपने साथियों को संगठित कर 20 जनवरी, 1858 को डिप्टी कमिश्नर चार्ल्स इलियट को उनके बँगले में घुसकर मारने की योजना बनाई। बँगले का दरवाजा नहीं टूटा एवं प्रहरियों के जाग जाने के कारण हनुमान सिंह साथियों सहित फरार हो गए। लेफ्टिनेंट स्मिथ, जो उस रात डिप्टी कमिश्नर इलियट के बँगले पर थे, ने लिखा है, ''यदि हम लोग जगाए न गए होते तो डिप्टी कमिश्नर इलियट एवं मैं सोए-सोए ही काट डाले गए होते और बँगले के अंदर सभी लोगों की हत्या कर दी जाती।''

18 जनवरी, 1858 को हनुमान सिंह का साथ देनेवाले सभी 17 सिपाहियों को वर्तमान पुलिस परेड मैदान में पूरी सेना के सामने 22 जनवरी, 1858 को खुले आम फाँसी दी गई। इनकी संपत्ति राजसात कर ली गई। फाँसी पर लटकनेवाले छत्तीसगढ़ के अमर शहीद सिपाहियों के नाम निम्नानुसार थे—हवलदार गाजी खान, शिवरीनारायण पन्नालाल, अब्दुल हयात खान, गूलीन ठाकुर सिंह, बलिहू मातादीन, अकबर हुसैन, परमानंद, लालसिंह, बदलू, दुर्गा प्रसाद, शोभाराम, नूर मोहम्मद, शिवगोविंद देवदीन।

इस प्रकार हनुमान सिंह के नेतृत्व में सैनिक विद्रोह असफल हो गया। छत्तीसगढ़ के स्वतंत्रता आंदोलन में हनुमान सिंह एवं उनके 17 साथियों की शहादत स्वर्णाक्षरों में अंकित है। यह इसलिए भी महत्त्वपूर्ण है कि इसमें सभी जाति एवं संप्रदाय के लोगों ने भाग लिया था। यह स्वतः स्फूर्त विद्रोह था। इन लोगों को व्यक्तिगत रूप से अंग्रेजों ने नुकसान नहीं पहुँचाया था। इन्होंने अंग्रेजों का विरोध सिर्फ इसलिए किया कि अंग्रेज विदेशी थे एवं वे अंग्रेजी शासन से मुक्ति चाहते थे। अंग्रेजों की गुलामी अब उन्हें बरदाश्त नहीं थी।

इस शहादत से छत्तीसगढ़ की भूमि तीर्थ बन गई। इस क्रांति के नेता हनुमान सिंह पकड़े नहीं जा सके। वे फरार हो गए थे।

भारत में अंग्रेजी शासन के विरुद्ध 1857 के विद्रोह को सैनिक असंतोष, सामाजिक एवं आर्थिक कारणों एवं राष्ट्रीय घृणा का सम्मिलित रूप कहा जा सकता है। यह विदेशी गुलामी से मुक्ति के लिए मुगल सम्राट्, देशी राजाओं, जमींदारों, सैनिकों, धार्मिक नेताओं तथा आम जनता द्वारा लड़ा गया युद्ध था। इसके पश्चात् भारत की आर्थिक स्थिति सीधे ब्रिटिश सरकार की नीतियों के अधीन हो गई एवं भारत का शोषण और भी अधिक बढ़ गया। 19वीं सदी के मध्य में इंग्लैड के राजनैतिक विचारक भारत के विशाल साम्राज्य पर एक व्यापारिक कंपनी की संप्रभुता को अनुचित मानते थे। उनका विचार था कि भारतीय साम्राज्य पर अधिकार इंग्लैड के शासक का होना चाहिए। इसीलिए ब्रिटिश पार्लियामेंट में फरवरी, 1858 को लार्ड पामस्टर्न ने गवर्मेंट ऑफ इंडिया ऐक्ट रखा, जिसे 2 अगस्त को पारितकर भारत में कंपनी शासन का अंत कर दिया गया एवं भारतीय सत्ता इंग्लैड के सम्राट् को हस्तांतरित कर दी गई।

गवर्मेंट ऑफ इंडिया ऐक्ट 1856 द्वारा किए गए परिवर्तनों की विधिवत् घोषणा 1 नवंबर, 1858 को इलाहाबाद में रानी विक्टोरिया के घोषणा-पत्र के द्वारा की गई। लार्ड केनिंग को प्रथम वायसराय एवं गवर्नर जनरल घोषित किया गया। घोषणा-पत्र में वायसराय उपाधि का प्रयोग प्रथम बार हुआ। गवर्नर जनरल का पद भारत सरकार के विधायी कार्य का प्रतीक था एवं सम्राट् का प्रतिनिधित्व करने के कारण उसे वायसराय कहा गया। घोषणा द्वारा भारतीय प्रशासन सीधे ब्रिटिश सरकार के नियंत्रण में चला गया, एवं कंपनी प्रशासन का अंत हुआ।

ब्रिटिश नौकरशाहों को लगा कि भारतीयों के सहयोग एवं संपर्क के बिना, लंबे समय तक उन पर शासन करना संभव नहीं है। अंग्रेज सरकार भारतीयों की राजनैतिक इच्छा की जानकारी हेतु नियमित संपर्क चाहती थी। सन् 18 58 के अधिनियम द्वारा स्थापित व्यवस्था के अंतर्गत भारत सचिव ब्रिटिश संसद् के प्रति उत्तरदायी था, और उसके नीचे भारत की शासन व्यवस्था के शिखर पर वायसराय था।

भारत की प्रशासनिक व्यवस्था को विकेंद्रीकृत करने हेतु सर चार्ल्सवुड ने 6 जून, 1861 को हाउस ऑफ कामंस में बिल प्रस्तुत किया एवं इसी वर्ष से अधिनियम प्रभावी हो गया। सन् 1861 के इंडियन कौंसिल ऐक्ट को भारत में केनिंग शासनकाल की महत्त्वपूर्ण उपलब्धि माना जाता है। इस अधिनियम के द्वारा भारत में कैबिनेट शासन का प्रारंभ हुआ। इसके द्वारा भारत में प्रजातंत्रीय सरकार की दिशा में विधायिका के प्रतिनिधित्व के माध्यम से राजनैतिक व्यवस्था में कदम बढ़े। इसने भारत सरकार को वह रूप दिया जो आगे भी बना रहा। आगे होनेवाले परिवर्तन इसी बुनियाद पर आधारित थे। भारत के संवैधानिक इतिहास में 1861 के अधिनियम का महत्त्व इसलिए भी है कि इसने गवर्नर जनरल को विधि निर्माण के कार्य में इस देश के लोगों को सम्मिलित करने में समर्थ बनाया।

सन् 1853 के अधिनियम ने संसदीय प्रकिया प्रारंभ की। 1861 के अधिनियम द्वारा ये शक्तियाँ वापस ले ली गईं। 1857 के विप्लव के बाद भारतीय जनता में धीरे-धीरे जागृति आने लगी। सरकार ने भी स्थानीय लोगों की उपयोगिता को प्रशासनिक तंत्र में आवश्यक माना एवं भारतीयों की भागीदारी बढ़ाने के लिए उन्हें लेजिस्लेटिव कौंसिलों में लिया जाने लगा। सन् 1862 का अधिनियम इसी प्रकार की नीतियों का परिणाम था।

सेवानिवृत्त अंग्रेज अधिकारी ए.ओ. ह्यूम ने उदारवादी भारतीय बुद्धिजीवियों की मदद से इंडियन नेशनल कांग्रेस की स्थापना की, जिसका प्रथम अधिवेशन 28 दिसंबर, 1885 को बंबई में हुआ। इसमें 72 प्रतिनिधियों ने भाग लिया। कांग्रेस की स्थापना से भारतीयों को एक राजनैतिक मंच मिला, जिसके परिणामस्वरूप 1892 का ऐक्ट पारित हुआ। ब्रिटिश साम्राज्य के विस्तार के साथ ही भारत के आम लोगों की परेशानियाँ बढ़ती चली गईं एवं उनका अंग्रेजों के प्रति विद्रोह बढ़ता ही गया।

अंग्रेजी शिक्षा-संस्कृति एवं प्रशासकीय नीतियों के फलस्वरूप भारत में एक नए शिक्षित समाज का उदय हुआ। इसी के साथ ही साथ उन्नीसवीं शताब्दी के अंत में एक नई राजनैतिक चेतना विकसित हुई, जिसने राष्ट्रीय आंदोलन को जन्म दिया। नए शिक्षित समाज ने पाश्चात्य विचारों से प्रभावित

होकर राष्ट्रवादी विचारों के प्रसार हेतु राजनैतिक संगठन खड़े किए तथा उनके माध्यम से देश में राजनैतिक शिक्षा एवं अन्य कार्यकलाप प्रारंभ किए। यह राजनैतिक चेतना पश्चिमी राष्ट्रवादी विचारधाराओं एवं राजनैतिक संगठनों की नवीन अवधारणा पर आधारित थी। यह परंपरागत भारतीय समाज में दुष्कर कार्य था। शासकों के विरुद्ध राजनैतिक रूप से संगठित होना भी नवीन विचार था।

भारत में राष्ट्रीय पुनर्जागरण के जनक राजा राममोहन राय माने जाते हैं। उन्होंने सामाजिक एवं राजनैतिक सुधारों के लिए असंतोष व्यक्त करते हुए आवाज उठाई। सती प्रथा, प्रेस की स्वतंत्रता, जूरी द्वारा वादों का निपटारा, कार्यपालिका एवं न्यायपालिका में पृथक्करण, उच्च पदों पर भारतीयों की नियुक्ति, जमींदारों के शोषण से किसानों की मुक्ति तथा भारतीय उद्योग धंधों का बचाव आदि मुद्‌दों पर राजा राममोहन राय ने कार्य किया। भारतीय राष्ट्रीय आंदोलन का विकास ब्रिटिश साम्राज्यवाद के शोषण की प्रतिक्रिया थी।

सन् 1885 से लेकर 1905 तक की अवधि उदारवादी नेतृत्व के प्रभुत्व की मानी जाती है। इनमें दादाभाई नौरोजी, बदरुद्‌दीन तैयबजी, फीरोजशाह मेहता, गोपाल कृष्ण गोखले, महादेव गोविंद रानाडे, सुरेंद्रनाथ बनर्जी, पं. मदनमोहन मालवीय आदि प्रमुख थे। उनका विश्वास था कि अंग्रेज एक दिन उन्हें स्वत: अपनी लोकतांत्रिक प्रवृत्ति एवं न्याय भावना के कारण आजाद कर देंगे। उदारवादियों को ब्रिटिश सरकार की सुधारवादी प्रवृत्तियों पर विश्वास था। उदारवादी स्वयं को समस्त जनता का प्रतिनिधि मानते थे। इसीलिए वे जनता की शिकायतों की व्याख्याकर नियमबद्ध रूप में धीमी प्रक्रिया से प्रगति एवं परिवर्तन चाहते थे।

कालांतर में राजनैतिक रूप से जाग्रत् भारतीय पूरी तरह समझ गए कि अंग्रेजों का उद्‌देश्य भारत के आर्थिक संसाधनों का दोहनकर अपने साम्राज्य को बनाए रखना है। उदारवादियों के बहुत कम मुद्‌दों पर अंग्रेजों ने विचार किया। सन् 1896-1900 में देशव्यापी दुर्भिक्ष के कारण भी जन असंतोष बढ़ा। स्वामी विवेकानंद ने सन् 1893 में शिकागो की धार्मिक संसद् में सर्वाधिक प्रभावी एवं गौरवशाली तरीके से भारत का प्रतिनिधित्व किया।

इससे विदेशों में भारत की प्रतिष्ठा में वृद्धि हुई। इसके साथ ही भारत में आत्मविश्वास बढ़ा। आत्म गौरव के लिए उग्रराष्ट्रवाद के उन्नायक लोकमान्य बालगंगाधर तिलक ने 1881 में केसरी समाचार-पत्र मराठी में एवं मराठा समाचार-पत्र अंग्रेजी में प्रकाशित करना प्रारंभ किया। दोनों पत्रों के माध्यम से राष्ट्रवाद की उग्र भावना प्रसारित होने लगी। वे अंग्रेजी नैतिक उच्चता को स्वीकार न कर भारतीय संस्कृति एवं अतीत के गौरव के पक्षपाती थे। उन्होंने भगवत् गीता पर गीता रहस्य लिखा। तिलक के प्रयासों से राष्ट्रवादी आंदोलन शिक्षित मध्यवर्ग से जनसाधारण तक पहुँचने लगा। उन्होंने गणेशोत्सव के माध्यम से राष्ट्रीयता की भावना को जगाया एवं विकसित किया। अप्रैल, 1916 में तिलक ने होमरूल आंदोलन चलाया और कहा, ''स्वतंत्रता मेरा जन्मसिद्ध अधिकार है और इसे मैं लेकर रहूँगा'' लाल लाजपत राय, बालगंगाधर तिलक एवं विपिनचंद्र पाल की तिकड़ी लाल-बाल-पाल के नाम से उग्र राष्ट्रवाद के प्रणेता के रूप में भारत में प्रसिद्ध हो गई। संघर्ष की मनोवृत्ति को बल मिला। उग्रराष्ट्रवादियों नें देशवासियों को आजादी हेतु साहस, स्वाभिमान, त्याग और बलिदान की प्रेरणा दी। उनका विश्वास था कि विदेशी शासन को उखाड़ फेंकने के लिए भारतीयों को वर्तमान प्रयासों से ऊँचे उठकर निश्चयात्मक प्रयास करना होगा। वे राजनैतिक आंदोलन में जनसामान्य की सक्रिय भागीदारी के पक्षधर थे।

लोकमान्य बालगंगाधर तिलक के विचारों से छत्तीसगढ़ के पं. माधवराव सप्रे अत्यंत प्रभावित हुए। पं. सप्रे छत्तीसगढ़ के प्रथम पत्रकार, प्रखर देशभक्त एवं हिंदी के उच्चकोटि के साहित्यकार थे। उन्होंने बिलासपुर जिले के पेंड्रा से 'छत्तीसगढ़ मित्र' नामक मासिक पत्रिका का प्रकाशन जनवरी, 1900 से प्रारंभ किया। नागपुर से हिंदी ग्रंथमाला एवं हिंदी केशरी साप्ताहिक पत्र का प्रकाशनकर छत्तीसगढ़ सहित पूरे देश में राष्ट्रीय जनजागरण का अलख जगाया। रायपुर की प्रथम महिला पाठशाला जानकीदेवी महिला पाठशाला की स्थापना, राष्ट्रीय विद्यालय तथा हिंदू अनाथालय की स्थापना, राजिम में किसान मालगुजार सभा की स्थापना उनके नेतृत्व में की गई। उनके मार्गदर्शन में माखनलाल चतुर्वेदी, सेठ गोविंददास, पं. सुंदरलाल शर्मा, लल्ली प्रसाद

पांडे, पं. लक्ष्मीधर बाजपेयी आदि अनेक साहित्यकार, पत्रकार एवं राजनेताओं ने प्रेरणा लेकर राष्ट्रसेवा का संकल्प लिया। पं. सप्रेजी ने सुप्रसिद्ध संत समर्थ रामदास स्वामी के मराठी दासबोध का हिंदी अनुवाद 1913 में पूना से प्रकाशित किया। लोकमान्य तिलक के मराठी गीता रहस्य का हिंदी अनुवाद तथा महाभारत मीमांसा, दत्त भार्गव संवाद, श्रीराम चरित्र, एकनाथ चरित्र, आत्मविद्या आदि श्रेष्ठ ग्रंथों का हिंदी अनुवाद कर हिंदी की अमूल्य सेवा करते हुए राष्ट्रीय एकता की भावना को मजबूत किया।

लार्ड कर्जन ने बढ़ते हुए राष्ट्रवादी आंदोलन को रोकने के लिए बंगालियों को विभाजित करने के लिए बंगाल विभाजन की योजना बनाई। इसमें भाषा के साथ धर्म को भी आधार बनाया एवं उसमें सांप्रदायिकता का समावेश किया। पूर्वी बंगाल में मुसलिम बहुमत था एवं पश्चिमी बंगाल, बिहार एवं उड़ीसा में हिंदू अधिक संख्या में थे। 19 जुलाई सन् 1905 को बंगाल विभाजन की विधिवत् घोषणा कर दी गई। इसी प्रकार पंजाब विभाजन भी किया गया, इसके साथ ही उग्रराष्ट्रवाद का प्रसार तेजी से हुआ। स्वदेशी एवं बहिष्कार हथियार बन गया। उग्रराष्ट्रवाद के उदय से राष्ट्रवादी आंदोलन जनसाधारण तक पहुँचने में सफल रहा। स्वदेशी आंदोलन में बड़ी संख्या में विद्यार्थियों ने सक्रियता से भाग लिया। उन्होंने स्वदेशी को अपनाया तथा विदेशी सामानों की दुकानों का बहिष्कार किया। विदेशी कपड़ों की चौक चौराहों पर होली जलाई गईं। स्वदेशी आंदोलन की एक और प्रमुख विशेषता आंदोलन में महिलाओं का सक्रिय रूप से भाग लेना था। इसमें जमींदार, व्यापारी, कृषक आदि सभी वर्गों ने राष्ट्रीय आंदोलन में भाग लिया।

उदारवादियों को सरकार की न्यायप्रियता में विश्वास था एवं वे अधिराज्य स्थिति अर्थात् अंग्रेजों के अधीन स्वशासन से संतुष्ट थे, जबकि उग्रवादियों का लक्ष्य स्वराज्य प्राप्ति था। नरमपंथी प्रार्थना एवं आवेदनों में विश्वास करते थे, जबकि उग्रवादी अंग्रेजों की न्यायप्रियता को आडंबर समझते थे।

सन् 1906 के कलकत्ता कांग्रेस अधिवेशन में दादाभाई नौरोजी अध्यक्ष बने, तथापि उग्रवादियों ने स्वराज्य, स्वदेशी, विदेशी वस्तुओं के बहिष्कार एवं राष्ट्रीय शिक्षा संबंधी प्रस्ताव पारित करा लिए। 1907 के सूरत अधिवेशन

में कांग्रेस में फूट पड़ गई। उग्रवादी कांग्रेस से निष्कासित कर दिए गए एवं अंग्रेजों के प्रोत्साहन से नरम दल का कांग्रेस पर कब्जा हो गया।

बंगाल की एकता एक ताकत थी। इसका विभाजनकर अंग्रेज इसे बिखरा देना चाहते थे। अंग्रेजों का उद्‌देश्य बंगाल में बढ़ती हुई राष्ट्रीयता की भावना को अवरुद्ध करना एवं हिंदुओं तथा मुसलमानों में दरार पैदा करना था। बंगाली राष्ट्रवादियों की मान्यता थी कि प्रस्तावित प्रांत में मुसलिम प्राधान्य रखे जाने की योजना प्रांत की राजनैतिक एकता पर कुठाराघात है। बंगाल विभाजन के विरुद्ध आंदोलन सन् 1905-1911 तक चलता रहा। इसके प्रमुख घटक थे—बहिष्कार एवं स्वदेशी, राष्ट्रीय शिक्षा, श्रमिक संगठन, सामाजिक समितियाँ एवं जनसंपर्क। सन् 1911 में राजधानी कलकत्ता से दिल्ली किए जाने के अवसर पर राज्याभिषेक दरबार में बंगाल विभाजन को समाप्त घोषित किया गया। बंगाल विभाजन औपनिवेशिक सरकार की 'फूट डालो और राज करो' नीति का अंग था, किंतु सरकार की इस नीति को बंगाल विभाजन में अधिक सफलता नहीं मिली एवं विभाजन समाप्त घोषित करना पड़ा।

सन् 1905 को बंगभंग की प्रतिक्रिया स्वरूप छत्तीसगढ़ में भी प्रदर्शन किया गया। जिसका नेतृत्व पं.सुंदरलाल शर्मा ने किया। उनके प्रमुख सहयोगी थे—नारायणराव मेघावाले, नत्थूजी जगताप, बाबू छोटेलाल, शोभाराम देवांगन, रायपुर के मौलाना रऊफ, मौलाना हामिद अली, रामदयाल तिवारी, बेमेतरा, अंधियारखोर के भगवती प्रसाद मिश्रा, दुर्ग के घनश्याम सिंह गुप्त, बलौदा बाजार के राजमहंत नयनदास महिलांग, पलारी के मदन ठेठवार, मगरलोड के ताराचंद साहू, मुंगेली के राजाधर साव, देवरी मुंगेली के राजमहंत अंजोरदास सोनवानी, रतीराम गौटिया, गुरु गोसाई आगमदासजी, ठाकुर बुढ़ानशाह राजनांदगाँव के ठाकुर प्यारेलाल सिंह नगरी के श्यामलाल सोम महासमुंद से यति यतनलालजी। उनका कार्यक्षेत्र बस्तर सरगुजा से लेकर बालाघाट मंडला तक था।

ब्रिटिश शासन के खिलाफ सशक्त जन विद्रोह बस्तर में सन् 1910 में गुंडाधुर के नेतृत्व में हुआ। बस्तर के राजपरिवार सहित आम जनता भी इस आंदोलन में शरीक थी। इस विद्रोह में लाल लोकेंद्र सिंह एवं रानी सुमरन

कुँवर शहीद हो गए। इस विद्रोह का अंग्रेजों ने दमन कर दिया। गुंडाधुर के साथ सैकड़ों आदिवासी शहीद हो गए। उनके साथ–साथ मंगतू मेहरा, धनीराम हलबा, डंडा पेंदा, सीताराम महरा, कोदरा जगदेव मरार, गदबा, हरी, बालकी बिलाव धाकड़, कोंदरिया, बुधू, माँझी, हुनाम नरसिंह, मरका, भीमा, सुकू, जयसिंह, जोगी, कोरिया माँझी, जगरा पेंदा आदि भी शहीद हो गए।

इसके अलावा उक्त बस्तर आंदोलन में 78 क्रांतिकारियों यथा डिंडा उर्फ हिंद पेंदा, डोंडा पेंदा, मुकुंददेव, मूरत सिंह बक्शी, रोंडा पेंदा आदि के ऊपर मुकदमा चलाकर, उन्हें आजीवन कारावास की सजा दी गई। इनमें से 26 लोगों को जेल में यातना देकर मार डाला गया, जिनके नाम थे आसू, किदारिया कोरली, कोला, चंडू, जोगी, तिहारू, नरसिंह, पंडू, बलया, फुटरू, बेरा, मुंडी, धसुरी आदि। स्वतंत्रता आंदोलन की बलिवेदी में बस्तर अंचल के हजारों वीरों ने प्राणोत्सर्ग कर दिया।

विद्वानों ने 18वीं एवं 19वीं शताब्दी के भारतीय समाज को अंधविश्वासी माना है। 18वीं शताब्दी के उत्तरार्ध में अंग्रेजों के भारत पर आधिपत्य ने यहाँ की सामाजिक संस्थाओं की गंभीर कमजोरियों को उजागर किया और बढ़ाया भी था। इसके परिणाम स्वरूप अनेक सुधारवादियों एवं आंदोलनों ने समाज सुधार एवं पुनरुत्थान की दृष्टि से सामाजिक एवं धार्मिक परंपराओं में परिवर्तन पर जोर दिया। बंगाल से शुरू हुए सुधार आंदोलन का नेतृत्व राजा राममोहन राय ने किया। उन्होंने 20 अगस्त, 1828 को ब्रह्म सभा की स्थापना की, जिसका उद्देश्य हिंदू धर्म में सुधार लाना था। इसी के साथ साथ केशवचंद्र सेन के ब्रह्म समाज, स्वामी विवेकानंद के रामकृष्ण मिशन, दयानंद सरस्वती के आर्यसमाज,ज्योतिबा फुले, सैयद अहमद खान, मिर्जा गुलाम अहमद, अली एवं शाहवली उल्ला के सुधारवादी आंदोलनों का छत्तीसगढ़ में व्यापक प्रभाव पड़ा। उक्त सुधारवादी आंदोलन के कारण धर्मों के बीच सामाजिक समन्वय एवं मित्रता की भावना विकसित होने के कारण धार्मिक सहिष्णुता की भावना का देश में बीजारोपण हुआ। यह आंदोलन सामाजिक समानता एवं व्यक्तिगत स्वतंत्रता के लिए था। इससे आगे चलकर राष्ट्रीय चेतना की भावना का विकास हुआ।

आर्य समाज के संस्थापक स्वामी दयानंद का आगमन बिलासपुर में हुआ था। उनके जीवनकाल में ही उनके सुधार आंदोलन का छत्तीसगढ़ में व्यापक प्रभाव पड़ा। स्वामी दयानंद सरस्वती के जीवनकाल में ही रायपुर में आर्य समाज की स्थापना हुई। आर्य समाजियों के नेतृत्व में यहाँ अस्पृश्यता निवारण,नारी शिक्षा, गोरक्षा के आंदोलन प्रारंभ हो गए। बाल विवाह एवं बेमेल विवाह के विरुद्ध भी जागरण अभियान चलाया गया। स्वामीजी के 'वेदों की ओर लौट चलें' अभियान के कारण प्राचीन ग्रंथों—गीता, महाभारत, रामचरितमानस के पठन-पाठन की भी लहर चलने लगी। छत्तीसगढ़ के इस सांस्कृतिक पुनर्जागरण के अग्रणी नेता थे—श्री माधवराव सप्रे, दाऊ तुलाराम परगनिहा, दाऊ गेंद सिंह गुप्ता, पं. सुंदरलालजी शर्मा, जगन्नाथ रावजी दानी, राजमहंत नयनदास महिलांग, गजाधर साव, शोभाराम साहू, मदन ठेठवार, वली मोहम्मद, सैय्यद अमीर अली मीर। आर्य समाज द्वारा प्रचारित गोरक्षा आंदोलन को समाज के सभी वर्गों का समर्थन प्राप्त था। वली मोहम्मद ने गोरक्षा पर उस समय गीत लिखा था, जिसके अंश इस प्रकार है—

गैया रोई रोई करत पुकार
मोरे प्राण बचा लो हरि
मोहि करत कसाई हलाल
जरा नहीं डरत चंडाल
खुश हो-हो के खींचे खाल
मेरे प्राण बचा लो हरि।

राजमहंत नयनदास महिलांग सलोनीवाले एवं मदन ठेठवार पलारीवाले के नेतृत्व में छत्तीसगढ़ में स्थित कत्लखानों के विरुद्ध जन आंदोलन चलाया गया। इस जन आंदोलन के कारण सन् 1914 में ही ग्राम करमनडीह एवं ग्राम धोबनी के कत्लखाना बंद करा दिए गए। आगे चलकर सन् 1918 में पं. रविशंकर शुक्ल, राजेश्री महंत वैष्णवदासजी दूधाधारी मठ, मौलाना हामिद अली एवं अजीजुद्दीन के प्रयासों से रायपुर नगर पालिका क्षेत्र के अंतर्गत गोवध प्रतिबंधित कर दिया गया।

यज्ञोपवीत धारण करना सवर्ण कर्मकांड का प्रतीक माना जाता था।

तत्कालीन समय में यज्ञोपवीत धारण करने का अधिकार ब्राह्मण, क्षत्रिय एवं वैश्यों को था। शूद्रों एवं पिछड़ी जातियों को यज्ञोपवीत धारण करने का अधिकार नहीं था। जाति व्यवस्था की इस बुराई को तोड़ने के लिए सर्वप्रथम राजमहंत नयनदास महिलांग ने सभी जाति एवं वर्णों के लोगों को यज्ञोपवीत पहनने का आह्वान किया। उनके समर्थन में पं. सुंदरलाल शर्मा एवं गुरु गोसाई अगमदासजी थे। उन्हें यज्ञोपवीत पहनाने का अधिकार कानपुर के कांग्रेस अधिवेशन में पं. मदनमोहन मालवीय, लाल लाजपतराय एवं डॉ. मुंजे ने विधिवत् यज्ञोपवीत पहनाकर दिया। सतनामी समाज इस अभियान में अग्रणी रहा। बाद में रत्तीराम गौंटिया, राजमहंत अंजोरदास कोसले, राजमहंत विशालदास ने इस आंदोलन को छत्तीसगढ़ के सुदूर अंचलों में फैलाया। छत्तीसगढ़ के कुर्मी समाज, साहू समाज, गोड़ एवं गांड़ा समाज एवं चौहान समाज ने इसे अपनाया। यज्ञोपवीत एक अनुशासन में लाने की व्यवस्था थी। यह अभिजात्यता की भावना का विकास करती थी। व्यक्ति को आत्मानुशासन में बाँधे रखने की प्रतीक थी। यज्ञोपवीत धारण करने के कारण उस समय डॉ. खूबचंद बघेल, घनश्याम सिंह गुप्ता, सेठ अनंत राम बरछिया, प्रेमतीर्थ बघेल एवं शोभाराम साहू के परिवार को जात-बिरादरी से बहिष्कृत कर दिया गया। जब भी कोई व्यक्ति नवीन अवधारणा को आत्मसात्कर परंपरा को तोड़ता है, कट्टरपंथी एवं परंपरावादी सदैव उसका विरोध करते हैं।

छत्तीसगढ़ में आर्य समाज से प्रेरित होकर युवा वर्ग शिक्षा की ओर आकर्षित हुए। छत्तीसगढ़ अंचल के प्रथम बैरिस्टर दौलतराम मिश्र थे। नारी शिक्षा का प्रारंभ सारागाँव (जिला रायपुर) के शोभाराम साहू ने किया। उन्होंने अपनी पुत्री अमोलिया बाई को गुरुकुल जालंधर भेजकर पढ़ाया। प्रेमतीर्थ बघेल भी गुरुकुल विश्वविद्यालय कांगड़ी के विद्यार्थी थे।

छत्तीसगढ़ में राजनैतिक चेतना का सूत्रपात पं. सुंदरलाल शर्मा ने किया। इनका जन्म सन् 1861 में राजिम के निकट ग्राम चमसूर में हुआ था। सन् 1906 में वे पहले छत्तीसगढ़िया थे, जिन्होंने भारतीय राष्ट्रीय कांग्रेस की सदस्यता ग्रहण की। सन् 1907 में उन्होंने राजिम में संस्कृत पाठशाला एवं वाचनालय प्रारंभ किया। उनकी शिक्षा केवल प्राइमरी तक हुई थी, किंतु उन्होंने अपने

अध्यवसाय से संस्कृत, बँगला, मराठी एवं उड़िया भाषा का गहन अध्ययन किया था। उन्होंने प्रहलाद चरित्र, करुणा पच्चीसी एवं सतनामी भजनमाला आदि किताबें लिखीं। उन्होंने सामाजिक असमानता को दूर करने के लिए अछूतोद्धार का आंदोलन राष्ट्रपिता गांधीजी से पहले ही प्रारंभ कर दिया था। वे अस्पृश्यता के घोर विरोधी थे। अस्पृश्य कहे जानेवाले लोगों को यज्ञोपवीत धारण करवाकर उन्हें समाज में समान दरजा दिलाने का प्रयास किया। उन्होंने रायपुर में सतनामी आश्रम की स्थापना की। उन्होंने समाज में व्याप्त कुरीतियों, रूढ़ियों एवं मिथ्या आडंबरों का जोरदार विरोध किया। वे मंदिरों में हरिजनों के प्रवेश के समर्थक थे। अपने नैतिक बल के कारण उन्होंने राजिम के मंदिर में हरिजनों के प्रवेश को उस युग में संभव कर दिखाया। इससे उन्हें अपने ब्राह्मण समाज का अत्यंत विरोध झेलना पड़ा। सन् 1906 में पं. सुंदरलाल शर्मा ने सूरत अधिवेशन में भाग लिया। वहाँ से लौटते ही वे विदेशी वस्तु बहिष्कार एवं स्वदेशी आंदोलन में सक्रिय हो गए। सन् 1917 में उन्होंने सिहावा के बीहड़ जंगलों को जंगल कानून तोड़ने का केंद्र बनाया। उन्हें गिरफ्तार कर अठारह महीने के सश्रम कारावास की सजा दी गई। जेल से छूटने पर रायपुर की जनता ने उनका भव्य स्वागत किया। जुलाई सन् 1920 में धमतरी तहसील के कंडेल नामक ग्राम में नहर सत्याग्रह प्रारंभ हुआ, जिसके सूत्रधार पं. सुंदरलाल शर्मा थे। नहर विभाग के अत्याचारों का विरोध करने के लिए नहर सत्याग्रह की घोषणा की गई। इसे व्यापक स्वरूप प्रदान करने के लिए उन्होंने महात्मा गांधीजी को आमंत्रित किया। उनके आग्रह पर महात्मा गांधीजी का 20 दिसंबर, 1920 को प्रथम बार छत्तीसगढ़ आगमन हुआ। गांधीजी के आगमन के पूर्व ही ब्रिटिश शासन ने सत्याग्रहियों की बात मान ली थी। इस सफलता के कारण छत्तीसगढ़ में जनता के उत्साह में वृद्धि हुई। छत्तीसगढ़ में असहयोग आंदोलन का नेतृत्व करने के कारण उन्हें 20 अप्रैल, 1932 को गिरफ्तार कर लिया गया। बहुमुखी प्रतिभा के धनी पं. सुंदरलाल शर्मा राष्ट्रीय आंदोलन में लगातार सक्रिय रहे। 28 सितंबर, 1940 को 79 वर्ष की आयु में वे परलोकवासी हो गए। छत्तीसगढ़ में जन जागरण करने, सामाजिक समानता की स्थापना करने एवं छत्तीसगढ़ स्वतंत्रता आंदोलन को राष्ट्रीय स्तर पर स्थापित करने का श्रेय उन्हें प्राप्त है।

महात्मा गांधी के आह्वान पर अंग्रेजों के दमनकारी रौलेट ऐक्ट का देशव्यापी विरोध किया गया। इसी के विरोध में जलियाँवाला बाग (पंजाब) में आयोजित सार्वजनिक सभा में जनरल डायर ने भरी सभा में, बिना पूर्व चेतावनी के हजारों लोगों की हत्या कर दी। पूरा देश स्तब्ध रह गया। कांग्रेस ने सन् 1920 में नागपुर अधिवेशन में अहिंसात्मक असहयोग को स्वीकार किया। असहयोग आंदोलन कार्यक्रम के रचनात्मक एवं नकारात्मक दो पक्ष थे। इसके रचनात्मक कार्यों में असहयोग आंदोलन के लिए तिलक कोष में एक करोड़ रुपए एकत्र करना, बहिष्कार कार्यक्रम के संचालन के लिए एक करोड़ स्वयंसेवकों की भरती करना, राष्ट्रीय विद्यालयों की स्थापना एवं स्थानीय विवादों के निपटारे के लिए पंचायतों के गठन का प्रस्ताव था। हाथ से कताई-बुनाई को प्रोत्साहन देने एवं हिंदू-मुसलिम एकता को बढ़ावा देने के लिए विशेष ध्यान देने की बात कही गई थी। छुआछूत को मिटाने एवं हर हाल में अहिंसा का पालन करने पर जोर दिया गया था। आंदोलन के निषेधात्मक पक्ष में बहिष्कार पर जोर दिया गया था। सरकारी उपाधियों एवं पदों का त्याग, अंग्रेजी न्यायालयों का बहिष्कार, विदेशी वस्तुओं का बहिष्कार, अंग्रेजी विद्यालयों एवं महाविद्यालयों का परित्याग एवं मद्य निषेध पर जोर दिया गया था।

सन् 1921 के प्रारंभ से ही आंदोलन पर अमल होने लगा। सन् 1919 के सुधार कानून के अनुसार होनेवाले चुनावों से राष्ट्रीय विचारधारावाले उम्मीदवार अलग हो गए।

गांधीजी समेत अन्य अनेक नेताओं ने अपने पदक एवं उपाधियाँ वापस कर दीं। गांधीजी ने अली बंधुओं के साथ देशव्यापी दौरा कर लोगों को असहयोग के लिए प्रेरित किया। पहले महीने में ही लगभग 90000 विद्यार्थियों ने सरकारी स्कूल कालेज छोड़ दिया। देश के अनेक चोटी के वकीलों यथा— सी.आर. दास, मोतीलाल नेहरू, राजेंद्र प्रसाद, जवाहर लाल नेहरू, विट्ठलभाई पटेल एवं वल्लभभाई पटेल ने वकालत छोड़ दी। छत्तीसगढ़ भी इससे अछूता न रहा। बिलासपुर जिले में यदुनंदन प्रसाद श्रीवास्तव तथा शिवलाल वर्मा ने सरकारी नौकरी छोड़ दी। बिलासपुर में असहयोग आंदोलन का नेतृत्व करने

के कारण बिलासपुर के मजिस्ट्रेट ने हिंदी के प्रख्यात कवि माखनलाल चतुर्वेदी को 5 जुलाई, 1921 में 8 माह के सश्रम कारावास की सजा सुनाई। असहयोग आंदोलन के दौरान, दुर्ग के घनश्याम सिंह गुप्ता ने अदालतों का बहिष्कारकर वकालत छोड़ी। वे सन् 1910 से वकालत कर रहे थे। बिलासपुर में बैरिस्टर ठाकुर छेदीलाल, ई. राघवेंद्र राव, वामनराव लाखे ने वकालत छोड़ी। दुर्ग के रत्नाकर झा, रायपुर जिले से नारायण तिवारी, यादवराव देशमुख, रविशंकर शुक्ल, राजनांदगाँव जिले से ठाकुर प्यारेलाल सिंह, बलदेव प्रसाद मिश्र, छुईखदान रियासत से गोवर्धन लाल श्रीवास्तव ने वकालत छोड़ दी।

बिलासपुर जिले में असहयोग आंदोलन का प्रारंभ रतनपुर से हुआ। सदाशिव राव ने आंदोलन का नेतृत्व किया। उन्हें पुरुषोत्तम दास, गोविंद प्रसाद, अमरनाथ गेंडेराम तथा चमरू के साथ गिरफ्तार कर लिया गया। कर्मवीर के संपादक पं. माखनलाल चतुर्वेदी को जिस दिन सजा सुनाई गई, उसी दिन बिलासपुर में उनका अभिनंदन करने के लिए एक बड़ी सार्वजनिक सभा का आयोजन किया गया। इस सभा के अध्यक्ष पं. रविशंकर शुक्ल एवं प्रधान वक्ता बैरिस्टर राघवेंद्र राव थे। मद्य निषेध के कार्यक्रम को सफल बनाने के लिए छत्तीसगढ़ में विभिन्न स्थानों में धरना दिया गया। 7 फरवरी, 1921 को रायपुर में गांधी चौक में आमसभा आयोजित की गई, जिसमें पं. सुंदरलाल शर्मा एवं कुतुबुद्दीन ने मद्यनिषेध कार्यक्रम को गंभीरता से चलाने का आह्वान किया। शराब की दुकानों पर धरना देकर मादक पदार्थों की ब्रिकी को हतोत्साहित किया गया। धमतरी के कलार लोगों ने शराब निर्माण एवं ब्रिकी के अपने परंपरागत धंधों को छोड़ दिया।

सरकारी स्कूलों के बहिष्कार के कारण छात्रों के समक्ष आगे की पढ़ाई जारी रखने की समस्या आई। इसके समाधान के लिए राष्ट्रीय विद्यालय प्रारंभ करने का संकल्प लिया गया। रायपुर में माधवराव सप्रेजी के प्रयासों से उस समय दस हजार रुपए की बड़ी राशि एकत्रित की गई। सेठ गोपीकिशन, रामकिशन, बालकिशन ने एक भवन विद्यालय के लिए दान दिया। श्री वामनराव लाखेजी विद्यालय संचालन समिति के मंत्री बनाए गए। धमतरी के विख्यात शिक्षक रामनारायण तिवारी को प्रधान पाठक बनाया गया एवं 240

विद्यार्थियों से राष्ट्रीय विद्यालय प्रारंभ किया गया। इसी प्रकार बिलासपुर में बद्रीनाथ साव राजनांदगाँव में डॉ. बल्देव प्रसाद मिश्र, ठाकुर प्यारेलाल सिंह, पदुमलाल पुन्नालाल बख्शी एवं बंशीलाल के सहयोग से राष्ट्रीय विद्यालय की स्थापना की गई। राष्ट्रीय विद्यालयों में औपचारिक शिक्षा के साथ-साथ राष्ट्रप्रेम एवं आजादी के लिए संघर्ष को प्रोत्साहित किया जाता था। इन स्कूलों के छात्र जनता के बीच जाकर अंग्रेजों की दमनकारी नीति का बखान कर उन्हें स्वतंत्रता आंदोलन की दिशा में प्रेरित करते थे।

गांधीजी ने असहयोग आंदोलन स्थगित कर दिया। सरकार ने 18 मार्च, 1922 को गांधीजी को गिरफ्तार कर 6 वर्ष के कारावास से दंडित किया। कौंसिलों में प्रवेश पर कांग्रेस में मतभेद था। कांग्रेस के अंतर्गत ही स्वराज दल का गठन 1 जनवरी, 1923 को किया गया। पं. मोतीलाल नेहरू ने केंद्रीय व्यवस्थापिका सभा एवं देशबंधु चित्तरंजन दास ने प्रांतीय व्यवस्थापिका सभा के चुनाव संचालन की जिम्मेदारी ली। महाकौशल में सेठ गोविंददास स्वराज पार्टी के अध्यक्ष बनाए गए। बैरिस्टर राघवेंद्रराव, पं. रविशंकर शुक्ल, बैरिस्टर ठाकुर छेदीलाल, छत्तीसगढ़ में पार्टी के आधार स्तंभ थे। स्वराज दल को मध्य प्रांत में निर्णायक बहुमत प्राप्त हुआ। छत्तीसगढ़ से राघवेंद्र राव, ठाकुर छेदीलाल एवं पं. रविशंकर शुक्ल आदि विजयी हुए। इस चुनाव के द्वारा छत्तीसगढ़ के विभिन्न भागों में राजनैतिक जागृति आई।

झंडा सत्याग्रह सन् 1923 से प्रारंभ हुआ। इसमें कांग्रेस के तिरंगे झंडे को स्थान- स्थान पर फहराना था। अंग्रेज सरकार ने इसे यूनियन जैक के लिए चुनौती समझा एवं तिरंगे को फहराने से रोका गया। जबलपुर से यह आंदोलन प्रारंभ हुआ। टाउन हाल सहित अन्य शासकीय भवनों में इसे फहराने का प्रयास किया गया। जगह-जगह स्वराजी जुलूस निकाला गया। छत्तीसगढ़ के झंडा सत्याग्राहियों ने नागपुर जाकर आंदोलन के विस्तार का फैसला लिया। पूरे छत्तीसगढ़ से प्रतीकात्मक रूप से 100 सत्याग्रही नागपुर पहुँचे। अवधराम गोड़, कन्हैयालाल ताम्रकार, कल्याण सिंह आदि को झंडा सत्याग्रह के दौरान गिरफ्तार कर जेल में डाल दिया गया। झंडा सत्याग्रह ने कांग्रेस झंडे को लोकप्रिय बनाया। इससे राष्ट्रीय आंदोलन को गति मिली।

कांग्रेस के पैंतालीसवें अधिवेशन में 31 दिसंबर, 1929 को आधी रात को रावी नदी के तट पर प्रसन्नता एवं उल्लास से भारतीय स्वतंत्रता का प्रतीक तिरंगा झंडा फहराया गया। पूरे देश में 26 जनवरी, 1930 को स्वतंत्रता दिवस मनाया गया। कांग्रेस वर्किंग कमेटी ने फरवरी 1930 में पूर्ण स्वराज्य प्राप्त करने के लिए सविनय अवज्ञा आंदोलन प्रारंभ करने का अधिकार महात्मा गांधी को दिया। 12 मार्च, 1930 को गांधीजी ने अपने 78 स्वयंसेवकों के साथ समुद्र तट पर स्थित दांडी के लिए यात्रा प्रारंभ की। करीब 200 मील की पदयात्रा 24 दिनों में पूरी करके वे 5 अप्रैल को दांडी पहुँच गए। जनता में जागृति पैदा करने और उसे आंदोलित करने में दांडी यात्रा ने महत्त्वपूर्ण भूमिका निभाई। 6 अप्रैल को प्रात: गांधीजी ने समुद्र तट से नमक एकत्रकर नमक कानून का उल्लंघन किया। पूरे देश में नमक कानून तोड़ा गया।

सविनय अवज्ञा आंदोलन को जनता का व्यापक समर्थन प्राप्त था। तात्कालिक रूप से उद्‍देश्य प्राप्ति में विफल रहने पर भी इस आंदोलन ने भारत की काया पलट दी। इसने जनता में निर्भयता, राष्ट्रीय आत्मसम्मान, स्वावलंबन एवं त्याग की भावना को जन्म दिया। सविनय अवज्ञा आंदोलन ने छत्तीसगढ़ में भी उमंग एवं उत्साह का संचार किया। सभाओं एवं जुलूसों का सिलसिला प्रारंभ हुआ। 8 अप्रैल, 1930 को पं. रविशंकर शुक्ल ने रायपुर में नमक बनाकर कार्यक्रम की शुरुआत की। ठाकुर प्यारेलाल सिंह, महंत लक्ष्मी नारायण ने आंदोलन में सक्रियता दिखाई। 13 अप्रैल, 1930 को रायपुर में राजनैतिक परिषद् की बैठक रखी गई। 6 से 13 अप्रैल तक प्रांत भर में सत्याग्रह का अपूर्व वातावरण व्याप्त हो गया। नमक कानून तोड़ा गया। जब्त साहित्य पढ़ा गया। सरकारी जंगल में वृक्षों की कटाई कर जंगल कानून तोड़ा गया। राष्ट्रीय विद्यालय रायपुर के छात्र केसरिया वस्त्र पहनकर रेल मार्ग से जबलपुर पहुँचे। 28 अप्रैल, 1930 को पं. रविशंकर शुक्ल गोंदिया स्टेशन पर गिरफ्तार कर लिये गए। धमतरी में नारायण राव मेघावाले ने नमक कानून तोड़ा। सत्याग्रह आश्रम को पुन: प्रारंभ किया गया, जिसके संचालक पं. सुंदरलाल शर्मा थे। रायपुर में सविनय अवज्ञा आंदोलन के सफल संचालन के लिए वामनराव लाखे, लक्ष्मीनारायण महंत, ठाकुर प्यारेलाल सिंह, मौलाना

अब्दुल रऊफ एवं शिवदास डागा की पाँच सदस्यीय समिति बनाई गई थी।

पं. रविशंकर शुक्ल भारतीय स्वतंत्रता आंदोलन के अग्रणी नेताओं में से एक थे। उन्होंने विक्टोरिया हाई स्कूल खैरागढ़ में प्रधानाध्यापक का दायित्व सँभाला। खैरागढ़ में रहते हुए उन्होंने वकालत की उपाधि प्राप्त की। सन् 1907 में वे रायपुर आ गए। उनकी गणना प्रतिष्ठित वकीलों में की जाती थी। प्रारंभ से ही तिलकजी के उग्रवादी विचारों से प्रभावित थे। होमरूल लीग आंदोलन 1916 की घोषणा के साथ ही उनका राजनैतिक उत्कर्ष प्रारंभ हुआ। आंदोलन का प्रधान संचालक शुक्लजी को बनाया गया। सन् 1920 में भारतीय स्वतंत्रता आंदोलन के इतिहास में गांधीयुग का उत्कर्ष हो चला था। असहयोग आंदोलन में सक्रियता से भाग लेकर उन्होंने विदेशी वस्तुओं का बहिष्कार कराया। सन् 1922 में वे अखिल भारतीय कांग्रेस की रायपुर जिला समिति के अध्यक्ष बनाए गए। शासन की नीति के अनुसार ग्रामीण विद्यालयों का प्रबंध जिला कौंसिलों को सौंपा गया। वे रायपुर कौंसिल के सदस्य चुने गए। उन्होंने रायपुर जिले में अनेक शालाओं की स्थापना कर शिक्षकों को नियुक्त किया। शिक्षकों को सरकार के विरोध में कार्य करने के लिए प्रोत्साहित किया। सन् 1923 में नागपुर में झंडा सत्याग्रह में छत्तीसगढ़ का प्रतिनिधित्व किया। सन् 1942 में 'भारत छोड़ो' आंदोलन के प्रारंभ में ही इन्हें गिरफ्तार कर लिया गया।

हिटलर द्वारा पोलैंड पर आक्रमण किए जाने से सितंबर 1939 में द्वितीय विश्व युद्ध का विस्फोट हुआ तथा ब्रिटेन एवं फ्रांस ने जर्मनी के विरुद्ध 3 सितंबर को युद्ध की घोषणा की। तत्कालीन वायसराय लार्ड लिनलिथगो ने भारत के राष्ट्रीय नेताओं से सलाह किए बगैर भारत को भी युद्ध में घसीट दिया। अंतरराष्ट्रीय स्तर पर भारत के प्रति सहानुभूति एवं कांग्रेस के विरोध को देखते हुए वायसराय ने 17 अक्तूबर, 1939 को एक श्वेत पत्र प्रकाशित किया, जिसमें कहा गया, ''ब्रिटेन भारत को औपनिवेशिक स्वराज प्रदान करने का इरादा रखता है। युद्ध के बाद भारत की संवैधानिक समस्या का हल करने के लिए भारत के विभिन्न वर्गों के प्रतिनिधियों के साथ चर्चा की जाएगी।''

कांग्रेस का रवैया सहयोगपूर्ण था। कांग्रेस की यह शर्त थी कि साम्राज

यवादी सरकार ऐसे संकट में कम से कम युद्ध के बाद भारत को पूरी तरह स्वतंत्र करने की घोषणा करे, किंतु ब्रिटेन, भारत को अब भी स्वाधीनता प्रदान करने के लिए तैयार नहीं था। कांग्रेस की सहयोगपूर्ण नीति के बावजूद साम्राज्यवादी सरकार ने उसकी माँग स्वीकार नहीं की। बाध्य होकर कांग्रेस ने महात्मा गांधी के नेतृत्व में सीमित रूप से सविनय अवज्ञा आंदोलन चलाने का निश्चय किया। गांधीजी की मान्यता थी कि अंग्रेज भारत में अपनी नीतियों में कोई परिवर्तन नहीं करेंगे। कांग्रेसी नेता अब आंदोलन को व्यक्तिगत भागीदारी तक सीमित रखना चाहते थे। वास्तव में उनका उद्‌देश्य युद्ध के प्रयासों में बाधा डालना नहीं था, यहाँ तक कि व्यक्तिगत सत्याग्रह का लक्ष्य सीमित था, अर्थात् अंग्रेजों की इस बात को झुठलाना कि भारत पूरे मन से युद्ध की कार्यवाही में साथ दे रहा है।

व्यक्तिगत सत्याग्रह के लिए गांधीजी ने विनोबा भावे का चयन किया। 17 अक्तूबर, 1940 को विनोबा ने वर्धा के निकट पवनार में युद्ध विरोधी भाषण देकर सत्याग्रह की शुरुआत की। पं. नेहरू एवं वल्लभ भाई पटेल को भी सत्याग्रह के लिए नामजद किया गया था, किंतु उन्हें सत्याग्रह प्रारंभ करने के पूर्व ही गिरफ्तार कर लिया गया। नवंबर 1940 से फरवरी 1941 के मध्य बहुत से कांग्रेसी गिरफ्तार किए गए। प्रत्येक क्षेत्र से सत्याग्रहियों की संख्या सुनिश्चित की गई। महाकौशल से 550 व्यक्तियों को सत्याग्रह करना था। इस वर्ष रायपुर में कांग्रेस भवन का निर्माण जनसहयोग से पूरा हुआ, जिसका उद्‌घाटन वल्लभभाई पटेल ने किया। पं. रविशंकर शुक्ल ने 27 नवंबर, 1940 को व्यक्तिगत सत्याग्रह प्रारंभ किया। वे गिरफ्तार कर लिये गए। महंत लक्ष्मीनारायण दास, यति यतनलाल, मौलाना रऊफ, बुधराम साहू, सुखचैन दास, केजूराम वर्मा गिरफ्तार किए गए।

क्रिप्स मिशन की असफलता से भारत एवं ब्रिटेन के बीच कटुता आई। बंबई में कांग्रेस ने अंग्रेजो! भारत छोड़ो का प्रस्ताव दिया। गांधीजी ने 'करो या मरो' का नारा दिया। सरकार ने दमन चक्र चालू किया। भारत छोड़ो आंदोलन की महत्ता स्वयं सिद्ध है। 9 अगस्त, 1942 को गांधीजी एवं अन्य बड़े नेताओं की गिरफ्तारी से आंदोलन नेतृत्व विहीन हो गया था। आंदोलन

का विस्तार युवा वर्गों में हो गया। गांधीजी इसे अहिंसात्मक रखना चाहते थे, लेकिन युवकों की भागीदारी एवं पुलिस दमन के कारण कहीं-कहीं आंदोलन हिंसक भी हो गया था।

छत्तीसगढ़ में प्रारंभ से ही पुलिस ने दमनात्मक कार्यवाही की। 9 अगस्त, 1942 को कांग्रेस कमेटी के कार्यालय में ताला लगा दिया गया। गांधीजी की गिरफ्तारी के कारण सभी स्कूल कॉलेज एवं बाजार बंद रहे। शाम को राष्ट्रीय विद्यालय से हजारों की भीड़ जुलूस के रूप में निकली। अंग्रेजो भारत छोड़ो, महात्मा गांधी की जय के नारों से रायपुर शहर गूँज उठा। जुलूस में सभी वर्गों के लोग थे। सालिकराम शुक्ला, रामानंद दुबे, राजेंद्र चौबे, विजय दीक्षित, गिरजा शंकर मिश्र, केयूरभूषण, मानिक लाल चतुर्वेदी, रामगोपाल, भारती, भगवती चरण शुक्ल, नारायण राव अंबिलकर आदि के नेतृत्व में जुलूस चल रहा था। गांधी चौक रायपुर में सभा हुई, जिसकी अध्यक्षता त्रेतानाथ तिवारी ने की। भारत सुरक्षा अधिनियम के तहत 56 लोगों को गिरफ्तार किया गया। बंबई अधिवेशन से वापसी पर मलकापुर रेलवे स्टेशन पर पं. रविशंकर शुक्ल, घनश्याम सिंह गुप्त, व्ही.वाई. तामस्कर, रामगोपाल तिवारी, महंत लक्ष्मीनारायण दास, सेठ शिवलाल डागा, कुंजबिहारी अग्निहोत्री, डॉ. खूबचंद बघेल, बैरिस्टर छेदीलाल गिरफ्तार कर लिये गए। 9 अगस्त को रायपुर में रणवीर सिंह शास्त्री एवं कमलनारायण शर्मा के नेतृत्व में धरना प्रदर्शन जारी रहा। रायपुर के मौलाना रऊफ जो प्रख्यात शायर थे, उन्होंने अपनी गिरफ्तारी पर यह शेर लिखा।

हुकूमत ने लगाकर एक सौ आठ की महबी
सनद दी है कि तलवार से बढ़कर है जुबाँ मेरी

महबी, रऊफ खान का उपनाम था। धारा 108 के तहत उनकी गिरफ्तारी की गई थी। 10 अगस्त, 1942 को रणवीर सिंह शास्त्री के नेतृत्व में छात्रों का जुलूस निकला। गांधी चौक के पास रणवीर सिंह शास्त्री को गिरफ्तार कर लिया गया। रामकृष्ण ठाकुर को तिरंगा फहराने के जुर्म में गिरफ्तार कर लिया गया। ग्रामीण क्षेत्रों में भी आंदोलन का विस्तार हो गया। छत्तीसगढ़ के सभी नगरों-दुर्ग, बिलासपुर, जांजगीर, मुंगेली, भाटापारा, राजिम, धमतरी आदि

सभी स्थानों में धरना-प्रदर्शन का दौर जारी रहा। 16 एवं 17 अगस्त, 1942 को रायपुर में आंदोलनकारियों द्वारा तोड़-फोड़ की गई। रेलमार्गों की पटरियाँ उखाड़ दी गईं। सरकारी कार्यालयों में पथराव एवं तोड़-फोड़ की गई। 26 अगस्त को रायपुर में घासीदास संग्रहालय के सामने स्थित गुलामी के प्रतीक एडवर्ड सप्तम की प्रतिमा पर कालिख पोती गई।

रायपुर के तत्कालीन डिप्टी कमिश्नर आर.के. पाटिल ने ठाकुर प्यारेलाल सिंह, वामनराव लाखे एवं लक्ष्मणराव उदगीकर को गिरफ्तार नहीं किया। सितंबर के अंत तक रायपुर में 446 लोगों को गिरफ्तार किया गया। 1942 का आंदोलन भारत में ब्रिटिश शासन के विरुद्ध चलाया गया सबसे बड़ा आंदोलन था, जिसमें कांग्रेसियों के अलावा विद्यार्थियों, मजदूरों, किसानों, महिलाओं, सभी वर्गों ने सक्रियता से भाग लिया। लोकशक्ति को स्वतंत्रता के लिए आंदोलित करने में इस आंदोलन को विशेष सफलता मिली। लोगों ने इस आंदोलन द्वारा भारतीय राष्ट्रवाद की शक्ति का परिचय दिया। इस प्रकार यह आंदोलन भारतीय स्वाधीनता का आधार स्तंभ साबित हुआ। ब्रिटिश सरकार इस आंदोलन को कुचलने में सफल रही, तथापि इसकी तीव्रता ने यह स्पष्ट कर दिया कि अंग्रेज भारत पर अधिक दिनों तक शासन नहीं कर सकेंगे। सुभाष चंद्र बोस के नेतृत्व में आजाद हिंद फौज का गठन एवं उसकी कार्यवाही ने सिद्ध कर दिया कि भारत की जनता अंग्रेज सरकार से सशस्त्र विद्रोह करने में भी सक्षम है।

रायपुर में एक तरफ महात्मा गांधीजी से प्रभावित होकर अहिंसात्मक क्रांति के सत्याग्रही अपना प्रदर्शन कर रहे थे, वहीं दूसरी ओर सशस्त्र क्रांतिकारियों ने रायपुर में हथियार बनाने का गुप्त कारखाना स्थापित कर रखा था। गिरिलाल मिस्त्री के घर में बंदूक बनाने का कारखाना था। यहाँ पिस्तौल बनाकर बंगाल के क्रांतिकारियों को भेजा जाता था। मंगल मिस्त्री उनका सहयोगी था। तैयार हथियारों को छिपाकर रखने का काम परसराम सोनी एवं गोविंद प्रसाद अवधिया का था। बम निर्माण का काम परसराम सोनी के यहाँ होता था। बम बनाने की शिक्षा सुधीर मुखर्जी दिया करते थे। पिस्तौल चलाने का प्रशिक्षण क्रांति कुमार भारती देते थे। उक्त सभी क्रांतिकारी साथी, एक

मुखबिर के कारण पकड़े गए। उन पर मुकदमा चलाकर उन्हें जेलों में डाल दिया गया। इस मुकदमे को शासकीय रिकॉर्ड में 'रायपुर षड्यंत्र केस' के नाम से जाना जाता है। इसी प्रकार का प्रयास राजनांदगाँव के पास रेलवे पुल को उड़ाने का कस्तूरचंद जैन के द्वारा किया जानेवाला था। पूरी तैयारी के बाद अचानक कस्तूरचंद की तबीयत खराब हो जाने के कारण यह योजना असफल हो गई। उनके साथियों को गिरफ्तार कर लिया गया।

सन् 1942 में गांधीजी ने 'अंग्रेजो भारत छोड़ो' एवं 'करो या मरो' का नारा दिया। इससे पूरा राष्ट्र आंदोलित हो उठा। रायपुर में देश के प्रति समर्पित युवकों की टीम भूमिगत होकर कार्य करती थी। इसका नेतृत्व ईश्वरीचरण शुक्ल एवं श्री कमल नारायण शर्मा करते थे। ये ब्रिटिश शासन के खिलाफ गुप्त रूप से पर्चा लिखकर बाँटते थे। प्रो. जयनारायण पांडेय बहुमुखी प्रतिभा के धनी स्वतंत्रता संग्राम सेनानी थे। उन्होंने रायपुर जेल को डाइनामाइट से उड़ाकर वहाँ कैद स्वतंत्रता संग्राम सेनानियाँ को मुक्त करने की योजना बनाई। दीवार पर डाइनामाइट लगाया। विस्फोट भी हुआ, लेकिन दीवार नहीं टूटी। उसमें दरार ही पड़ पाई। अंग्रेज सरकार इस घटना का कोई सुराग नहीं मिलने के कारण चिंतित थी। मुखबिरों ने जयनारायण पांडे को बूढ़ा तालाब के किनारे गिरफ्तार करा दिया। उनके झोले से पिस्तौल और बम बरामद हुआ। इस डाइनामाइट कांड में कमल नारायण शर्मा, ईश्वरीचरण शुक्ल एवं नारायण दास को भी गिरफ्तार किया गया। इन चारों के ऊपर ब्रिटिश शासन के विरुद्ध युद्ध का मुकदमा चलाया गया। जेल में इन्हें अत्यधिक प्रताड़ित किया गया। मुकदमे में देशभक्त दक्षिण भारतीय जज ने पर्याप्त साक्ष्य नहीं मिलने के कारण इन्हें रिहा कर दिया, लेकिन तुरंत इन्हें डिफेंस ऑफ इंडिया ऐक्ट के तहत पुनः गिरफ्तार कर लिया गया।

महादेव प्रसाद पांडेय को सन् 1942 के आंदोलन में गिरफ्तार कर जेल में डाल दिया गया। उन्हें लारी स्कूल से निष्कासित कर दिया गया। जेल से निकलने के बाद वे पब्लिक हाई स्कूल में कोचिंग के लिए भरती हो गए थे। वर्तमान में स्वतंत्रता संग्राम सेनानी संगठन के अध्यक्ष डॉ. महादेव प्रसाद पांडेय ने अपने संस्मरणों में लिखा है कि डॉ. खूबचंद बघेल उनके पिता के

सहपाठी थे। पं. लखनलाल मिश्र, डॉ. खूबचंद बघेल के साथ पिताजी से प्राय: मिलने आते थे। मेरे जेल प्रवास से वापस आ जाने पर वे अत्यंत प्रसन्न हुए थे। उस समय ब्राह्मणपारा से ही 28 लड़कों ने आंदोलन कर जेल में सजा भोगी थी, जिनमें सबसे छोटे महादेव पांडे थे। पाँच सत्याग्रहियों की जेल में ही मृत्यु हो गई। अनेक परिवार बरबाद हो गए।

ठाकुर प्यारेलाल सिंह के नेतृत्व में राजनांदगाँव के श्रमिकों ने लंबी लड़ाई लड़ी, जिसमें जरहू गोड़ शहीद हो गए। सन् 1932 में ठाकुर प्यारेलाल, राजनांदगाँव स्टेट से निकाले जाने के बाद रायपुर आकर बस गए। महात्मा गांधीजी के आह्वान पर उन्होंने वकालत छोड़ दी। स्वतंत्रता आंदोलन में भाग लेने के कारण उन्हें 1932 में दो वर्षों के लिए जेल भेज दिया गया। दयनीय आर्थिक स्थिति के बाद भी वे आजादी के लिए लड़ते रहे। भूमिगत आंदोलनकारियों को अपने घर में पनाह देते रहे। स्वाभिमान एवं संघर्ष के प्रतीक ठाकुर प्यारेलाल छत्तीसगढ़ के महाराणा प्रताप थे। भारत छोड़ो आंदोलन के कमजोर पड़ने से लेकर 1945 तक भारत का राजनैतिक माहौल ऊपरी तौर पर शांत रहा, लेकिन आंतरिक रूप से द्वितीय विश्व युद्ध जनित कष्टों के कारण जनता में आक्रोश बढ़ रहा था, जिसे शासन अपने संपूर्ण प्रयासों के बावजूद रोक नहीं पा रहा था। वायसराय बेवेल ने मई 1944 में स्वास्थ्य के आधार पर गांधीजी को जेल से रिहा कर दिया। उन्होंने भारत को औपनिवेशिक साम्राज्य देने की बात दोहराई एवं 25 जून, 1945 को शिमला में भारतीय नेताओं का सम्मेलन बुलाया। जिन्ना की हठधर्मिता एवं सरकार की अनिच्छा के कारण सम्मेलन असफल रहा।

जुलाई 1945 में इंग्लैंड के होनेवाले चुनावों में लेबर पार्टी ने अपने घोषणा-पत्र में सत्ता में आने पर भारत को आजाद किए जाने का आश्वासन दिया था। चुनाव में लेबर पार्टी को स्पष्ट बहुमत मिला एवं क्लीमेंट एटली प्रधानमंत्री बने। वायसराय बेवेल ने 19 सितंबर, 1945 को पुन: भारत के लिए शीघ्र पूर्ण उत्तरदायी सरकार देने की घोषणा को दुहराया। उन्होंने जान-बूझकर आजादी शब्द का उपयोग नहीं किया। ब्रिटेन की लेबर पार्टी भी भारत को शीघ्र आजादी देने के लिए उत्सुक नहीं थी, किंतु सौभाग्य से 18

फरवरी, 1946 को भारतीय नौसेना के एक भाग ने प्रजातीय विभेद एवं अन्य असुविधाओं के लिए विद्रोह कर दिया। नौसेना विद्रोह को दृष्टिगत रखते हुए अगले दिन 19 फरवरी, 1946 को भारत सचिव पैथिक लारेंस ने घोषणा की कि सरकार भारतीय नेताओं के सहयोग से कदम उठाना चाहती है, जिससे शीघ्र ही भारत में स्वराज्य स्थापित किया जा सके। इस दृष्टि से तीन ब्रिटिश कैबिनेट सदस्यों के एक विशेष मिशन को भारत भेजने की घोषणा की। इस मिशन में भारत सचिव पैथिक लारेंस, बोर्ड ऑफ ट्रेड के अध्यक्ष स्टेफर्ड क्रिप्स एवं नौसेना मंत्री ए.वी. अलेक्जेंडर सम्मिलित थे। यह मिशन 24 मार्च, 1946 को दिल्ली पहुँचा। मिशन के लिए इस समय भारत में उचित वातावरण था। इसका उद्‌देश्य एक राष्ट्रीय सरकार की स्थापना करना एवं सत्ता हस्तांतरण की संवैधानिक व्यवस्था को खोजना था।

कैबिनेट मिशन के अव्यावहारिक सुझावों को पं. नेहरू ने नहीं माना। प्रत्युत्तर में मुसलिम लीग ने 16 अगस्त को मुसलिम राष्ट्र का आह्वान किया और घोषित किया कि वे पाकिस्तान हासिल करने के लिए सीधी कार्यवाही का मार्ग अपनाएँगे और एक नया नारा लगाया गया। लड़कर लेंगे पाकिस्तान। दूसरी ओर भारत सचिव ने मुसलिम लीग के मना करने पर भी कांग्रेस को अंतरिम सरकार बनाने के लिए आमंत्रित किया। 2 सितंबर, 1946 को जवाहरलाल नेहरू की अध्यक्षता में अंतरिम सरकार का गठन हुआ। मुसलिम लीग ने पूरा असहयोग किया और सांप्रदायिक दंगों को प्रोत्साहित किया। 16 अगस्त, 1946 को देश में सांप्रदायिक उपद्रवों का सिलसिला प्रारंभ हुआ, जिसमें लाखों लोग मारे गए एवं करोड़ों की संपति नष्ट हुई। अंग्रेज सरकार ने सांप्रदायिक दंगों के दौरान आवश्यक सुरक्षा व्यवस्था नहीं की, जिससे स्थिति बद से बदतर होती चली गई।

इंग्लैंड में मंत्रिमंडल सांप्रदायिक दंगों से उत्पन्न अशांति एवं अराजकतापूर्ण स्थिति से परिचित था। अत: 20 फरवरी, 1947 को क्लीमेंट एटली ने हाउस ऑफ कामंस में घोषणा की, ''इस समय की स्थिति अनिश्चित है। यह बड़ी भयावह है। इसको अनिश्चित समय तक चलने भी दिया नहीं जा सकता। सम्राट् की सरकार यह स्पष्ट कर देना चाहती है कि उनका निश्चित इरादा है

कि जून 1948 के पहले उत्तरदायी भारतीयों के हाथों में शक्ति का हस्तांतरण करने के लिए जरूरी कदम उठाए जाएँ।" प्रधानमंत्री क्लीमेंट एटली की इस घोषणा से विषम परिस्थितियों का कुछ समय के लिए अंत हो गया। नई नीति के क्रियान्वयन के लिए बेवेल के स्थान पर एडमिरल वाईकाउंट माउंटबेटन को भारत का वायसराय बनाया गया। उन्हें निर्देशित किया गया कि ब्रिटिश भारत की सरकार का दायित्व भारतीयों के हाथों में सत्ता सौंप देना है। 24 मार्च, 1947 को माउंटबेटन ने पद ग्रहण किया। माउंटबेटन योजना के आधार पर 18 जुलाई, 1947 को ब्रिटिश संसद् एवं सम्राट् द्वारा एक अधिनियम पारित किया गया, जिसे भारतीय स्वाधीनता अधिनियम 1947 कहा जाता है। इसके द्वारा भारत और पाकिस्तान नाम के दो स्वतंत्र राज्यों की स्थापना 15 अगस्त, 1947 से की गई।

सदियों के संघर्ष के बाद भारत देश आजाद हुआ। रात्रि के 12 बजे 15 अगस्त को पं. नेहरू ने संविधान सभा को संबोधित करते हुए कहा—

"आधी रात की इस घड़ी में, जब दुनिया सो रही है, भारत जगकर जीवन और स्वतंत्रता प्राप्त कर रहा है। ऐसा क्षण इतिहास में बहुत कम आता है। जब हम पुराने युग से नए युग में कदम रखते हैं। हम इस पवित्र क्षण में भारत और इसकी जनता की सेवा और इससे भी बढ़कर मानवता की सेवा करने की सौगंध लेते हैं।"

रायपुर में श्री आर.के. पाटिल, दुर्ग में घनश्याम सिंह गुप्ता एवं बिलासपुर में पं. रामगोपाल तिवारी ने तिरंगा फहराकर प्रधानमंत्री जवाहरलाल नेहरू का संदेश पढ़ा।

□

पीड़ित मानवता के हक में आवाज उठानेवाले

इलाहाबाद में पढ़ाई के दौरान लखनलाल मिश्र को सूचना मिली कि गाँव में भीषण अकाल पड़ा हुआ है। खेतों में धान का एक दाना भी नहीं हुआ। उन्होंने महसूस किया कि गाँव में पिताजी को आर्थिक तंगी का सामना करना पड़ रहा है। पिताजी उनकी पढ़ाई के साथ-साथ उनकी गृहस्थी की जरूरतों को भी पूरा कर रहे हैं। उनका मन उदासी से भर उठा। यह वह काल खंड था, जब पारिवारिक रिश्तों में गहराई और त्याग का भाव था। परिवार का हर सदस्य चाहता था कि पारिवारिक जीवन में अपेक्षित दायित्वों का ईमानदारी से निर्वहन हो। अत: स्वाभाविक था कि पिता के दायित्व वहन में आ रही कठिनाइयों को ध्यान में रख पुत्र पिता की मदद करे। अत: उन्होंने अध्ययन आगे जारी नहीं रखने का निर्णय लिया। गाँव मूरा वापस आ गए। मूरा में आकर उन्होंने अकाल की विभीषिका से साक्षात्कार किया। अपने सामने लोगों को भुखमरी और बीमारी से लड़ते देखा। उस समय ब्रिटिश शासन जनता की मदद कर सकता था। शोषण एवं दमन ही ब्रिटिश सरकार का मूल मंत्र था। जन-साधारण इन स्थितियों में नि:सहाय था। लखनलाल मिश्र उनकी दुर्दशा से विचलित थे, किंतु उनकी मदद का कोई रास्ता नहीं सूझ रहा था। उन्हें मन में लगता था कि परिवार और आसपास के रहवासियों को इन परिस्थितियों में अकेला छोड़ देना अमानवीय होगा। अत: उन्होंने गाँव में ही रहकर स्वाध्याय करने का निर्णय लिया। किसी भी स्थायी फैसले के पूर्व उन्हें चिंतन-मनन के लिए समय चाहिए था।

उस समय की तात्कालिक परिस्थितियाँ उनके समक्ष स्पष्ट थीं। छत्तीसगढ़ में स्वतंत्रता आंदोलन धीरे-धीरे जोर पकड़ता जा रहा था। उनके अपने गाँव के आसपास का क्षेत्र बंगोली, सारागाँव स्वतंत्रता आंदोलन का प्रमुख स्थान था। सारागाँव के जमींदार केजूराम वर्मा, बंगोली के जमींदार तोकसिंह वर्मा एवं ग्राम पथरी के डॉ. खूबचंद बघेल से उनकी गहरी मित्रता थी। इस समय तक उक्त सभी जमींदारों के मन में ब्रिटिश शासन के प्रति नफरत की भावना थी। चूँकि मिश्रजी के परिवार की आर्थिक हालत उन दिनों अत्यधिक खराब थी। वे इस स्थिति में नहीं थे कि अधिक सक्रियतापूर्वक स्वतंत्रता आंदोलन से जुड़ सकें। घर में अनाज का एक दाना नहीं था। उन्हें उस वर्ष बाढ़ी से अनाज लेकर अपना एवं अपने आश्रित कर्मियों का पेट भरना पड़ा। उस समय मैट्रिक की परीक्षा पास करना काफी बड़ी बात मानी जाती थी। उनके साथ के अधिकांश लोग नौकरी पर थे। नौकरी भी आसानी से मिल जाती थी। थोड़ा सा परिचय एवं औपचारिक साक्षात्कार पर्याप्त था। उनके समक्ष नौकरी के माध्यम से परिवार की सहायता करना एक सहज विकल्प था। भले ही यह उनके वैचारिक अंतर्द्वंद्व का कारण बना हुआ था।

उनकी कद-काठी असाधारण थी। उनका बलिष्ठ कसरती शरीर, ऊपर से 6 फीट की ऊँचाईवाला कद्दावर व्यक्तित्व। उन्हें सहज ही भीड़ में अलग से पहचाना जा सकता था। उनका पूरा व्यक्तित्व सुदर्शन था। अपने सामने होनेवाले किसी भी अत्याचार को वे सहन नहीं कर पाते थे। अत्याचारी के खिलाफ खुलकर सामने आकर विरोध करते थे। उस समय स्वतंत्रता संग्राम से जुड़े सभी संघर्ष प्रतीकात्मक थे। मुट्ठी भर लोग उसमें आहुतियाँ देते थे। जनमानस में भय एवं आतंक के कारण खुलकर सामने आने का साहस नहीं था। पारिवारिक आर्थिक स्थिति एवं स्वाभिमानी होने के कारण तथा स्वयं का खर्च अपनी मेहनत की कमाई से वहन करने की मानसिकता के कारण उन्होंने कुछ दिनों तक नौकरी करने का निर्णय लिया।

उनके अपने व्यक्तित्व एवं भगवती महामाया के उपासक होने के कारण उनका सहज रुझान शक्ति की ओर था। उन दिनों पुलिस की नौकरी शक्ति का पर्याय मानी जाती थी। इसमें सम्मान एवं रुतबा दोनों शामिल थे। ब्रिटिश

पुलिस की दमनकारी नीतियाँ भी उनके सामने स्पष्ट थीं। ग्रामीणों को बेवजह तंग करने की पुलिसिया मानसिकता को उन्होंने नजदीक से देखा था। अंततः उन्होंने आततायियों का प्रतिकार करने एवं कमजोरों को संरक्षण देने के लिए पुलिस विभाग में जाने का निर्णय लिया। उनका चयन सन् 1932 में पुलिस विभाग में सब इंस्पेक्टर के पद पर हो गया। पं. मिश्र प्रारंभ से ही मेधावी छात्र रहे थे। इलाहाबाद से इंटर की पढ़ाई प्रथम श्रेणी में उत्तीर्ण की थी। जब उच्च शिक्षा के लिए इलाहाबाद गए तो यह निश्चित ही था कि स्नातक स्तर की पढ़ाई व आगे की उच्च शिक्षा अवश्य प्राप्त करेंगे, लेकिन पारिवारिक उत्तरदायित्व, घर की आर्थिक स्थिति, गाँव में अकाल की स्थिति, ये सभी ऐसे कारण थे, जिन्होंने पं. मिश्र के उच्च शिक्षा के मार्ग में बाधा उत्पन्न कर दी थी और वे पिता पर बोझ नहीं डालना चाहते थे। पिता की प्रतिष्ठा एवं प्रभाव संपूर्ण क्षेत्र में था। अंग्रेज अधिकारी उनसे भेंट करने आते थे। पं. मिश्र की कद-काठी देखकर एक अधिकारी ने श्री राम बगसजी से पुत्र को पुलिस की नौकरी में भेजने का अनुरोध किया।

पिता पंडित रामबगस ने अपने इकलौते पुत्र लखनलाल को भारी मन से पुलिस प्रशिक्षण महाविद्यालय—सागर दिनांक 29 जून, 1933 को भेजा। रामबगस अत्यंत सात्त्विक एवं धार्मिक स्वभाव के सरल व्यक्ति थे। बच्चों से उन्हें असीम प्यार था। लखनलालजी जब अध्ययन काल में रायपुर एवं इलाहाबाद में होते थे। उस समय वे अपने भतीजे शारदा प्रसाद मिश्र का पूरा ध्यान रखते थे। शारदा प्रसादजी ने अपने संस्मरण में लिखा है कि रामबगसजी प्रेम एवं वात्सल्य की प्रतिर्मूर्ति थे, जिन्होंने माता के प्रेम के अभाव की पूर्ति कर दी।

रामबगसजी ने पुत्र को मजबूरी में अत्यंत दुःख के साथ पुलिस प्रशिक्षण हेतु भेजा तथापि वे अंदर से पुत्र मोह एवं पुत्र विरह से टूट से गए थे। पिता के मन में यह स्वाभाविक पीड़ा तथा अपराधबोध भी था कि अपने इकलौते पुत्र की पढ़ाई का खर्च भी वहन नहीं कर सके। मजबूरी में पुत्र को पुलिस की नौकरी में भेजने की पीड़ा उन्हें अंदर-ही-अंदर दुःखी किए जा रही थी। उस समय पुरातन भारतीय समाज में पुलिस तथा फौज की नौकरी को खतरों

से भरा माना जाता था, जिसके कारण लोग अपनी संतान को नहीं भेजना चाहते थे, जबकि पं. मिश्र अपने माता-पिता के एक मात्र पुत्र थे। 29 जून, 1933, गुरुवार को उन्होंने पुत्र को सागर ट्रेनिंग के लिए विदा किया। पुत्र को नौकरी पर विदा करने के पश्चात् उनकी तबीयत खराब हो गई। इसके पश्चात् वे मात्र सात दिन ही जीवित रहे। अगले गुरुवार 6 जुलाई, 1933 को उनका स्वर्गवास हो गया। यह तिथि आषाढ़ चौदस शुक्ल पक्ष गुरुपूर्णिमा थी। उस समय लखनलालजी के काकाजी रामचरण मिश्र अपने बड़े भाई रामबगस की तबीयत खराब होने के कारण दमोह से रायपुर आ गए थे। उन्होंने तार भेजकर लखनलालजी को सागर से तत्काल आने हेतु खबर भेजी थी। पं. रामबगस का अंतिम संस्कार पुत्र की अनुपस्थिति में उनके सबसे छोटे भाई झब्बूलाल मिश्र ने किया। लखनलालजी सीधे तिल्दा रेलवे स्टेशन से श्मशान घाट जब पहुँचे, तब उस समय अंतिम संस्कार के पश्चात् चितागिन में पाँच लकड़ियाँ डाली जा रही थीं।

युवक लखनलाल के लिए यह काल का दूसरा क्रूरतम प्रहार था। पहला प्रहार उन पर तब पड़ा, जब उनका बचपना था। जब वे मात्र 11 वर्ष के थे। तब उन्हें सर्वाधिक दुलार देनेवाले उनके दादाजी प्रहलाद मिश्र का देहावसान हो गया। अब जबकि वह गृहस्थ जीवन में अपनी जिम्मेदारियों के निर्वहन की यात्रा प्रारंभ कर ही रहे थे, तब काल ने उन पर दूसरा क्रूरतम प्रहार किया। इस विपदा ने उन्हें असमय ही गंभीर बना दिया। पूरे परिवार की जिम्मेदारी उनके कांधे पर आ गई।

एक वर्ष तक सागर में पुलिस प्रशिक्षण पश्चात् दीपावली में घर आए। सन् '36 में सोमनाथ (सिमगा) दर्शन के लिए बैलगाड़ी से जाते समय बैलगाड़ी के दुर्घटनाग्रस्त होने से माँ जख्मी हो गई। उन्हें मस्तिष्क में चोट पहुँची थी। उनकी छोटी बहन कुमारी बाई पढ़ाई छोड़कर गाँव आ गई। उस समय मिश्रजी मानपुर में पदस्थ थे। थानेदार के रूप में उनकी प्रथम नियुक्ति दुर्ग सिटी में हुई। दुर्ग में सदर लाइन में वे रहा करते थे। उस समय उनकी चार बहनों की शादी हो चुकी थी। उनके साथ उनकी छोटी बहन कुमारी भी रहती थी। सन् 1935 में उनका स्थानांतरण बेमेतरा हुआ। बेमेतरा के बाद

बालोद, अर्जुन्दा में पदस्थ रहे। सन् 1937 में मानपुर पदस्थ हुए। मानपुर से उन्हें डौंडीलोहारा भेजा गया। उस समय डौंडीलोहारा में राजपरिवार एवं आदिवासियों में संघर्ष प्रारंभ हो गया था। श्री मनीराम पांडे वहाँ की जमींदारी में दीवान थे। उनके प्रति आदिवासियों का अत्यधिक आक्रोश था। आदिवासी मरने-मारने पर उतारू थे। उस समय दुर्ग जिला में श्री रामकृष्ण पाटिल जिलाधीश थे। स्थिति की गंभीरता को देखते हुए डौंडीलोहारा में विशेष पुलिस बल तैनात था एवं दुर्ग से जिलाधीश एवं पुलिस अधीक्षक का सतत् संपर्क बना हुआ था। लखनलालजी ने आदिवासियों से चर्चाकर उन्हें विश्वास में ले लिया। खूनी संघर्ष की स्थिती टल गई।

कानून एवं व्यवस्था पर नियंत्रण स्थापित हो गया। मिश्रजी की प्रशासनिक क्षमता से दोनों उच्चाधिकारी अत्यंत प्रभावित हुए।

बेमिसाल कर्तव्य परायणता

डौंडीलोहारा से उनका स्थानांतरण धमधा हो गया। उनके कार्यकाल में धमधा में सेठ के यहाँ डकैती पड़ी। यह प्रकरण दुर्ग जिले में ही नहीं, बल्कि संपूर्ण अंचल में सुर्खियों में था। डकैतों ने फत्ते नामक सुनार के पास डकैती का 80 तोला सोना बेच दिया था। फत्ते सोनार ने 80 तोला आभूषणों को गलाकर छड़ के रूप में ढालकर सोने की छड़ों को दीवाल के अंदर रखकर बाहर से छबाई करवा दिया था, जिसके ऊपर कील लगाकर सुपा तथा टोकनी लगाकर ढक दिया था, ताकि पुलिस को यह पता न चल सके, लेकिन तफ्तीश के दौरान पं. लखनलालजी की अनुभवी आँखों से यह नहीं छिप सका। उन्होंने दीवाल तोड़कर सोने की छड़ें बरामद की। उस दौरान फत्ते सुनार ने मिश्रजी को प्रलोभन देते हुए कहा कि पूरा सोना आप ले लीजिए एवं मुझे छोड़ दीजिए। मिश्रजी ने मुखबिरों की मदद से सभी डकैतों को गिरफ्तार कर जेल भिजवाया। अपने समय का यह चर्चित प्रकरण था, जिसमें सफल विवेचना के लिए ब्रिटिश शासन की ओर से मिश्रजी को प्रशस्ति पत्र प्रदान किया गया।

बदमाशों पर मिश्रजी की दहशत थी। पुलिस सेवा में वे अनुशासन, ईमानदारी एवं कर्तव्यनिष्ठा के लिए जाने जाते थे। पुलिस अधिकारी

के रूप में कार्य करते हुए भी मिश्रजी का मन सदैव आजाद भारत का सपना देखता रहता था। स्वतंत्रता संग्राम सेनानियों के प्रति उनके मन में अगाध श्रद्धा थी। ब्रिटिश शासन में पुलिस जैसे विभाग में रहते हुए वे सदैव स्वराजियों की मदद करते रहे। स्वतंत्रता आंदोलनकारियों पर उन्होंने कभी भी सख्ती नहीं बरती। इतना ही नहीं, समय-समय पर वे आंदोलनकारियों को अपने संपर्कों के द्वारा खबर भिजवाकर लोगों को भागने का मौका देने के बाद छापा मारने की औपचारिकता करते थे। अनेक बार ऐसे प्रसंग आए, जब उन्हें नामजद रूप से किसी स्वतंत्रता संग्राम सेनानी या कार्यकर्ता को गिरफ्तारी का आदेश ऊपर से दिया जाता था। वे उन्हें फरार हो जाने देते थे या मात्र औपचारिकता निभाकर उसे रिहा कर देते थे।

पं. लखनलालजी ने अगस्त 1942 को दुर्ग के सदर (कोतवाली) थाने का प्रभार लिया। उस समय जिले के सबसे तेज-तर्रार तथा वरिष्ठतम अफसर को दुर्ग सदर थाने का प्रभार दिया जाता था। दुर्ग के जिलाधीश पद पर श्री रामकृष्ण पाटिल (ICS) कार्यरत थे। श्री प्रेमचंद सक्सेना पुलिस कप्तान थे। दुर्ग जिले में उस समय स्वतंत्रता संग्राम के आंदोलनकारियों का नेतृत्व श्री घनश्याम सिंह गुप्ता करते थे। मोहनलालजी बाकलीवाल आंदोलन में होनेवाले समस्त कार्यक्रमों के लिए धन की व्यवस्था करते थे। विश्वनाथजी तामस्कर क्रांतिकारी विचारों को जनमानस के सामने लाकर उन्हें आंदोलन के लिए प्रेरित करते थे। श्री सरयू प्रसाद गुप्ता, मधुमंगल सावर्णी जैसे कांग्रेसी नेता थे, जो पूरे जिले का नेतृत्व करते थे। दुर्ग में अपनी नियुक्ति के दौरान मिश्रजी उक्त सभी नेताओं के सतत् संपर्क में रहकर उनकी मदद करते थे।

श्री रामकृष्ण पाटिल युवा आई.सी.एस. (इंडियन सिविल सर्विस) अधिकारी थे। दुर्ग में जब वे जिलाधीश थे, उनकी पूरी सहानुभुति स्वतंत्रता संग्राम सेनानियों के साथ थी। पं. लखनलालजी मिश्र उनके विश्वस्त अफसरों में गिने जाते थे। उनके ग्राम मूरा के पास ही यति यतनलालजी जैसे त्यागी

तपस्वी स्वतंत्रता संग्राम सेनानी का आश्रम था, जिनका प्रभाव उनके गाँव एवं परिवार में था। उनके प्रति उन्हें अगाध श्रद्धा थी। अनेक स्वतंत्रता संग्राम सेनानियों से उनका पारिवारिक एवं निजी संबंध था। अपने संस्कारों एवं जिलाधीश श्री आर.के. पाटिल के विचारों की साम्यता ने उन्हें उनका अनन्य अनुयायी बना दिया था। जिलाधीश आर.के. पाटिल के प्रभाव के ही कारण 9 अगस्त, 1942 के उन्मादी जुलूस में लाठी एवं गोली चालन नहीं हो सका। पाटिल साहब का स्थानांतरण जिला दुर्ग से बैतूल जिला हो गया। महात्मा गांधी ने 1942 में करो या मरो का नारा दिया था। आर.के. पाटिल (आई.सी.एस.) ने तीन जिलों में कलेक्टर के रूप में कार्य किया, उनकी कुल सेवा अवधि 12 वर्ष की रही। सेवा के प्रारंभ से ही उनकी पूरी सहानुभुति स्वतंत्रता संग्राम के आंदोलनकारियों के प्रति रही। वे उन्हें प्रत्यक्ष अप्रत्यक्ष रूप से मदद करते रहे। अंततः उन्होंने महात्मा गांधीजी के आह्वान पर बैतूल जिले में घोड़ाडोंगरी नामक स्थान में सार्वजनिक रूप से अपने पद से त्याग-पत्र की घोषणा की थी। आर.के. पाटिल ने शासकीय सेवा से मुक्ति के बाद महात्मा गांधी का अनुयायी बनकर कांग्रेस पार्टी में प्रवेश किया। वे पूरे भारत में घूम-घूमकर स्वतंत्रता का अलख जगाने में लग गए।

इस घटना ने पं. लखनलाल मिश्र के बरसों से चले आ रहे अंतर्द्वंद्व को एक नई दिशा दी। वे अब अधिक मुखर होकर सावधानी के साथ स्वतंत्रता संग्राम सेनानियों की मदद करने लगे। उनके पास मुखबिरों का जाल था और पुलिस की ताकत भी। उनके संपर्कों के कारण उन पर कभी-कभी अंग्रेज अधिकारियों को शंका भी होती थी, लेकिन कोई सीधा प्रमाण नहीं मिल पाने के कारण वे कुछ कर भी नहीं पा रहे थे। आर.के. पाटिल साहब से समीपता के कारण भी उन्हें अंग्रेजों द्वारा संदिग्ध नजरों से देखा जाता था, लेकिन उत्कृष्ट रिकॉर्ड के आधार पर सर्किल इंस्पेक्टर के पद पर पदोन्नति के लिए उनका नामांकन प्रेषित किया गया।

"सर, मैं भी महात्मा गांधी का सिपाही बनूँगा"

15 दिसंबर, 1945 को कांग्रेसी नेता श्री आर.के. पाटिल नागपुर जाते समय दुर्ग रेलवे स्टेशन पर रुके। पुलिस की जबरदस्त व्यवस्था रेलवे स्टेशन पर थी। पुलिस बल की कमान वरिष्ठ इंस्पेक्टर लखनलाल मिश्र के हाथों में थी। आज उनके चेहरे पर अभूतपूर्व आभा विद्यमान थी। आज जैसे उन्होंने अपने सीने में बरसों से उमड़ रहे तूफान को एक दिशा देने का फैसला कर लिया था। अपनी ईमानदारी एवं कर्तव्यनिष्ठा के बावजूद ब्रिटिश शासन की वरदी पहनकर गोपनीय तरीके से स्वतंत्रता आंदोलन की भागीदारी उनके अंतर्मन को कचोट रही थी। आज कयामत के फैसले का दिन था। एक तरफ ब्रिटिश शासन की खाकी वरदी, असीमित रुतबा, पद-प्रतिष्ठा, सामाजिक एवं आर्थिक हैसियत में बुलंदी, तो दूसरी तरफ था महात्मा गांधी का सामान्य खद्दरधारी अनुयायी, जिसका कोई भविष्य नहीं था। था तो बस संतोष एवं शांति। अंततः फैसले की घड़ी समीप आने लगी। दुर्ग स्टेशन में रेलगाड़ी जैसे ही रुकी, पाटिल साहब अपने डिब्बे से उतरे, प्लेटफार्म पर सारा जनमानस नारा लगा रहा था—भारत माता की जय—भारत माता की जय, महात्मा गांधी की जय, वंदे मातरम्, वंदे मातरम्, पाटिल साहब—जिंदाबाद। भीड़ में सभी कांग्रसी नेता पाटिल साहब का स्वागत करने के लिए कतारबद्ध खड़े थे। प्लेटफार्म पर चहल-पहल तथा गरमजोशी अचानक बढ़ गई थी। अचानक लोगों ने देखा कि एक नौजवान पुलिस इंस्पेक्टर जो भीड़ में सबसे ऊँचा नजर आ रहा था, ने कांग्रेस नेता श्री सरयू प्रसाद गुप्त के हाथ से खादी की सूत की माला लेकर आर.के. पाटिल साहब को पहनाई। उन्हें सैल्यूट किया और उन्होंने नारा लगाया, 'वंदे मातरम्। भारत माता की जय।' आर.के. पाटिल साहब ने उन्हें गले लगा लिया। भाव-विह्वल इंस्पेक्टर लखनलाल ने उन्हें कहा, "सर, मैं भी आपके रास्ते पर आ गया हूँ। मैं भी महात्मा गांधीजी का सिपाही बनूँगा।"

यह सारी घटना दुर्ग रेलवे स्टेशन के प्लेटफार्म पर अचानक तथा बिजली कौंधने की तरह इतनी तेजी से घटी कि जब तक लोग कुछ समझ पाते, इस वीर सपूत ने स्वतंत्रता आंदोलन में अपना सशस्त हस्ताक्षर अंकित कर दिया था। उपस्थित जनमानस यह दृश्य देखकर रोमांचित हो उठा। सारे कांग्रसी नेता एवं स्वतंत्रता संग्राम सेनानी इंस्पेक्टर लखनलाल मिश्र को बधाई देने लगे। जन समूह भी नारे लगाने लगा। भारत माता की जय। वंदे मातरम्। महात्मा गांधी की जय। आर.के. पाटिल जिंदाबाद। लखनलाल मिश्र जिंदाबाद। इस घटना के प्रत्यक्ष साक्षी एक किशोर रामानुज लाल यादव, जो बाद में छत्तीसगढ़ कांग्रेस के प्रदेशाध्यक्ष हुए, उनके मुताबिक यह समाचार अंचल में जंगल की आग की तरह फैल गया। दूसरे दिन समाचार-पत्रों ने इसे प्रमुखता से छापा। तात्कालिक घटना को सेवानिवृत्त पुलिस उपमहानिरीक्षक श्री शारदा प्रसाद मिश्र ने अपने संस्मरण में लिखा है कि मारिस कॉलेज नागपुर से अध्ययन करने के पश्चात् मैंने तीन वर्षों तक आर्डिनेंस फैक्टरी में सिविलियन गजेटेड ऑफिसर के रूप में कार्य किया। इसी दौरान मैंने समाचार-पत्रों में सनसनीखेज समाचार पढ़ा कि 'दुर्ग के पुलिस इंस्पेक्टर गिरफ्तार' मुझे आश्चर्य हुआ कि पुलिस अधिकारी को गिरफ्तार क्यों किया गया। बाद में पूरी जानकारी मिली कि हमारे अग्रज लखनलालजी ने पुलिस की नौकरी को ठोकर मारकर स्वतंत्रता आंदोलन से अपना नाता जोड़ लिया है। यह तत्कालीन परिवेश में बड़े साहस का काम था, जिसे सी.पी. एन, बरार में जनता ने सराहा।

पुलिस के आई.जी. ने जवाब तलब किया। इंस्पेक्टर लखनलालजी ने तुरंत पुलिस कप्तान के पास अपना इस्तीफा, अपनी वरदी एवं अपना बिल्ला जमा करवा दिया। तत्कालीन पुलिस अधीक्षक प्रेमचंद सक्सेना ने बाद में उन्हें प्रस्ताव दिया कि आप अभी भी अपना इस्तीफा वापस ले लें। आपका प्रमोशन सर्किल इंस्पेक्टर के पद पर किया जा रहा है। सर्विस रिकॉर्ड काफी अच्छा है। आप एक आवेदन ऐसा दें कि यह कदम भावावेश में उठाया है। बाकी वे सब सँभाल लेंगे। हम आपका इस्तीफा मंजूर नहीं करेंगे।

इस पर लखनलालजी मिश्र ने कहा कि यह निर्णय मैंने काफी सोच-

विचारकर लिया है। इस्तीफा वापस लेने की कोई मानसिकता नहीं है। अब मेरा रास्ता अलग है। जिस व्यवस्था में अपनी मातृभूमि की सेवा एक अपराध मानी जाती हो और इसके लिए खेद व्यक्त करना पड़े, ऐसे शासन की सेवा अब उन्हें नहीं करनी है। मुझे अपने कृत्य पर खेद नहीं अपितु गर्व है। पं. लखनलाल मिश्र के इस कदम की सराहना शेगाँव वर्धा में महात्मा गांधी, आचार्य विनोबा भावे, हरि विष्णु कामथ ने मुक्त कंठ से की।

पं. लखनलाल मिश्र के जीवन का यह इतिवृत्त हमें अनायास समकालीन महान् फ्रांसीसी कथाकार सार्त्र की उस कथानक की याद दिलाता है, जिसमें एक फ्रांसीसी युवक को या तो मातृभूमि के लिए युद्ध क्षेत्र में आक्रमणकारी शत्रु से लड़ने जाना है या तो घर में रोग शैया पर अकेली पड़ी अपनी असहाय माँ की सेवा करनी है। एक ओर देश के प्रति अपने दायित्व का अनुल्लंघनीय विकल्प है, तो दूसरी ओर उतना की अनुल्लंघनीय विकल्प आवश्यक मातृ सेवा के रूप में पारिवारिक दायित्व के निर्वहन का है। दोनों विकल्पों में से किसी एक का चयन वह एक समय में कर सकता है। सार्त्र के कथानक का नायक प्रथम विकल्प को चुनता है। युवक लखनलाल मिश्र के सामने भी कुछ इसी प्रकार के दो अनुल्लंघनीय विकल्प थे। असमय आ पड़े पारिवारिक दायित्व का निर्वहन या फिर मातृभूमि की स्वतंत्रता के लिए आंदोलन में शमिल होकर देश सेवा के दायित्व का निर्वहन। फ्रांसीसी युवक के विपरीत मिश्रजी ने प्रत्यक्ष रूप से पारिवारिक दायित्वों के निर्वहन को चुना, परंतु इस तरह युक्तिपूर्वक कि वे साथ ही देश में चल रहे स्वतंत्रता आंदोलन में भी परोक्षत: अपना योगदान दे सकें। अवश्य फ्रांसीसी युवक की तरह उनके सामने प्रस्तुत विकल्पों में से किसी एक को ही चुन सकने जैसी बाध्यता शायद नहीं थी। फिर भी इतना तो स्पष्ट है कि पारिवारिक दायित्वों को चुनने पर भी उन्होंने अपनी कार्यशैली और मानसिकता में देश के प्रति अपने दायित्व की अनदेखी नहीं की। इसीलिए उनके लिए यह संभव हो सका कि लंबी अवधिवाली पुलिसिया नौकरी को अंततः छोड़कर वे देश की आजादी एवं जनसेवा के लिए संपूर्णतया समर्पित हो गए। □

अन्नापूर्णा श्रीमती सुशीला देवी

पं. लखनलाल मिश्र का विवाह श्री शोभाराम शुक्ल की बड़ी पुत्री सुशीला देवी के साथ हुआ था। सुशीला देवी की माता गीतपुरहिन दाई कही जाती थी। श्री शोभारामजी के दो पुत्र एवं तीन पुत्रियाँ थीं। संतानों में सबसे बड़ी सुशीला देवी थीं। शोभारामजी अपने समय में रायपुर के संपन्न व्यक्तियों में गिने जाते थे, उनका परिवार धन-धान्य एवं वैभव से परिपूर्ण था। शोभारामजी ने अपनी पुत्री का विवाह अत्यंत धूमधाम से किया। विवाह के लिए विशेष आकर्षक मंडप बनवाया गया था, जिसकी साज-सज्जा देखने के लिए पूरे सदर बाजार के लोग ब्राह्मण पारा आते थे। बरातियों के रहने के लिए जेवनास के उद्देश्य से नए भवन का ही निर्माण कराया गया था। इससे पं. शुक्ल की वैभव संपन्नता व समृद्धि का पता चलता है। विवाह धूमधाम से संपन्न हुआ। जब भी पं. मिश्र ससुराल जाते थे, उन्हें उनके ससुराल से एक काठा सिक्का भेंट किया जाता था। उनके ससुराल पक्ष की एक स्वयं की डेयरी थी, जिससे उस जमाने में राजकुमार कॉलेज में दूध भेजा जाता था।

विवाह के पश्चात् अपने पति के संघर्षों में हर परिस्थिति में उन्होंने साथ निभाया। पति के परिवार के साथ में इस सीमा तक घुल-मिल गई कि पति के सभी बहन एवं भानजों के लिए मातृवत थीं। जितने भानजे थे, सभी की वे यद्यपि मामी थी, लेकिन सब उन्हें ममतामयी माँ के रूप में देखते थे

तथा उनकी स्मृतियों को याद करके आज भी उनके नेत्रों से अश्रुधारा बह जाती है। पं. मिश्र ने अपने जीवन की 12 वर्ष की अवधि ब्रिटिश पुलिस की प्रभावशाली नौकरी के रूप में व्यतीत की, जिसमें कभी भी वे अंग्रेजी शासन के साथ तादात्म्य स्थापित नहीं कर सके। अंतर्मन का संघर्ष उन्हें सदैव परेशान करता था। पराधीनता से जकड़े होने की भावना उन्हें हमेशा आक्रोशित करती व पीड़ा पहुँचाती थी, जिसका परिणाम अंततः पुलिस की नौकरी से इस्तीफा के रूप में सामने आया। शासकीय सेवा से इस्तीफा के बाद का संपूर्ण जीवन कठिन संघर्षों से ही भरा हुआ था, लेकिन नियति तो इसे कहते हैं कि ऐसे संघर्षों को उन्होंने अपने जीवन में स्वयं ही आमंत्रित कर लिया था। चाहते तो ब्रिटिश शासन में पुलिस अधिकारी की नौकरी करते सुख-वैभव की छाया में वे अपना जीवन व्यतीत कर सकते थे। विरासत की संपत्ति और जमीन-जायदाद इतनी तो थी ही, लेकिन जैसा कहते हैं कि धारा के विपरीत जो व्यक्ति चलता है, उसके जीवन में सुख-वैभव विलासिता नहीं, अपितु कठिन संघर्षों का ही दौर होता है। राष्ट्र कवि मैथली शरण गुप्त की यह पंक्तियाँ याद आती हैं, 'जितने कष्ट कंटकों में है, जिनका जीवन सुमन खिला, गौरव गंध उन्हें इतना ही यत्र-तत्र सर्वत्र मिला' पं. मिश्र ने इन संघर्षों, अभावों एवं अपने दौर की कठिनाइयों को झेलते हुए अपनी राह बनाई थी और वह राह थी कभी भी अपने उसूल और सिद्धांतों से अलग नहीं होने की और इससे उन्हें उस देशकाल एवं परिस्थिति में वह सबकुछ दिया, जिसने समाज में इन्हें एक अभूतपूर्व प्रतिष्ठा दिलाई थी।

अभूतपूर्व योगदान

पं. मिश्र की इस प्रतिष्ठा में उनकी जीवन सहचरी श्रीमती सुशीला देवी का योगदान अभूतपूर्व था। पं. मिश्र के संघर्षों से परिपूर्ण जीवन यात्रा के हर क्षण में सदैव उन्होंने परछाई की तरह उनका साथ दिया। गृहस्थ की संपूर्ण घरेलू जिम्मेदारियों से श्रीमती सुशीला देवी ने अपने पति को पूर्णतः मुक्त कर दिया था।

पं. मिश्र के व्यक्तित्व, स्वभाव तथा उनमें संघर्ष की प्रवृत्ति के चलते

उनके घर में समय, असमय परिवार के साथ-साथ अतिथियों का आना भी निरंतर बना रहता था। इन अतिथियों को श्रद्धापूर्वक सुरुचिपूर्ण भोजन उपलब्ध कराना श्रीमती सुशीला देवी के व्यक्तित्व की सबसे अहम विशेषता थी। जो भी अतिथि एक बार घर से होकर जाते थे, वे आजीवन पं. मिश्र के घर के खान-पान एवं अतिथि-सत्कार की संस्कृति का सदैव बखान करते थे। पं. मिश्र के दरवाजे से कोई अतिथि बिना सुस्वादिष्ट भोजन किए गया हो, ऐसा कभी नहीं होता था। आज संपन्नता के दौर में जब परिवार में व्यक्तिवादी संस्कृति पनप चुकी है एवं लोग अपने निकटतम पारिवारिक सदस्य को भी भोजन हेतु मात्र शिष्टाचारवश भी नहीं पूछ पाते, वहाँ श्रीमती सुशीला देवी द्वारा आतिथ्य भोज एवं सत्कार की संस्कृति विशेष उल्लेखनीय है। ग्रामीण परिवेश में घर आए हुए अतिथि को सीमित साधनों से गरम भोजन परोसना, जबकि भोजन बनाने के आधुनिक साधन गैस, स्टोव आदि भी नहीं थे। इस प्रकार व्यवस्था करना श्रम साध्य होने के कारण साधारण बात नहीं थी। उनके व्यक्तित्व के इस पहलू को देखते हुए उन्हें अन्नपूर्णा का साक्षात् स्वरूप परिवार एवं समाज में कहा जाता था। पं. मिश्र स्वयं इस बात को स्वीकारते थे कि घर की सुचारु व्यवस्था, अतिथियों का मान-मनौवल एवं खान-पान की संस्कृति से जो सामाजिक ख्याति व प्रतिष्ठा अर्जित हुई है, वह उनकी पत्नी के सहयोग के बिना संभव नहीं था।

आँखों में करुणा भाव

कठिनाइयों के दौर में अच्छे-अच्छों का धैर्य जवाब दे जाता है। ऊपर से संसाधन की कमी से जूझना पड़े तो यह पीड़ा और अधिक कष्टदायक व असहनीय हो जाती है। पं. मिश्र ने तो ठान ही लिया था कि उनका जीवन परिवार एवं समाज के लिए है। धन अर्जित करने की अपेक्षा सामाजिक मान-मर्यादा एवं प्रतिष्ठा को उन्होंने हमेशा अधिक महत्त्व दिया। ऐसे में कभी-कभी झुँझलाहट में अपने जीवन साथी को उन्होंने कटु वचन भी कहे, जैसा कि अमूमन परिवार में होता है, ऐसे अवसरों पर विपरीत परिस्थितियों का आकलन करते हुए श्रीमती सुशीला देवी ने कभी अपने पति को प्रत्युत्तर

नहीं दिया, अपितु खामोशी से सारी पीड़ा अपने में समाहित एवं आत्मसात् कर लिया करती थीं, लेकिन आँखों में एक करुणा का भाव अवश्य प्रगट होता था, जो उनके मन की गहराइयों की व्यथा एवं पीड़ा को प्रदर्शित करता था।

बड़ा परिवार होने के नाते कभी-कभी ऊँच-नीच का बरताव भी होता था, लेकिन श्रीमती सुशीला देवी कभी भी पति या परिवार के किसी सदस्य के व्यवहार का बुरा नहीं मानती थी। परिणाम यह होता था कि समय बीतने पर सही तथ्यों के सामने आने से श्रीमती सुशीला देवी को समझने में अन्य लोग भी सफल हो पाते थे। अम्मा के रूप में उनका संबोधन सभी पुत्र-पुत्रियों व नाती-पोतों के लिए एक अनोखे भावनात्मक लगाव का प्रतीक था। श्रीमती सुशीला देवी ने जहाँ अपनी संतानों को हर प्रकार से सुसंस्कृत किया, वहीं बेटियों को गृहकार्य में दक्ष भी बनाया, ताकि विवाह के पश्चात् वे अपनी गृहस्थी का कुशलतापूर्वक संचालन कर सकें।

सभी बच्चे गाँव में शिक्षा की सुविधा नहीं होने के कारण रायपुर में पढ़ाई करते थे। साल में 2 बार, ग्रीष्म अवकाश में 2 माह एवं दीपावली अवकाश में 1 माह शैक्षणिक संस्थाओं के बंद होने पर सभी बच्चे अवकाश बिताने के लिए ग्राम मूरा आते थे। अपने बच्चों के साथ-साथ एवं पति की बहनों के बच्चे एवं नाती-पोते आदि भी आते थे। सभी के लिए मूरा में बिताया हुआ हर पल उनके जीवन का खुशनुमा पल होता था, जिसे आज भी सभी अपने जीवन में याद करते हैं।

घर में 25-30 बच्चों के साथ रहना, उनका खाना-पीना, उनकी देखभाल करना इन सभी दायित्वों का निर्वाह श्रीमती सुशीला देवी भली प्रकार से करती थीं। बच्चे स्कूल खुलने के बाद जब रायपुर जाते थे, तो उनके साथ में ले जाने हेतु आवश्यक सामान यथा विभिन्न प्रकार के पकवान, दूध, दही, सब्जी आदि के रखने एवं पैकिंग की व्यवस्था में श्रीमती सुशीला देवी व्यस्त रहती थीं, जिसमें वह सिद्धहस्त थीं, ताकि बच्चों को किसी प्रकार की असुविधा न हो। जैसे ही बच्चे बैलगाड़ी से मूरा से बंगोली बस स्टैंड* जहाँ से रायपुर

---

* मूरा से बंगोली की दूरी 5 कि.मी. है, जहाँ से रायपुर जाने के लिए बस मिलती है।

जाना होता था, प्रस्थान करते, श्रीमती सुशीला देवी बच्चों की याद में मानो तड़प उठती थीं। मूरा का हवेलीनुमा घर जैसे उन्हें काटने दौड़ता था। प्रारंभ के 2-3 दिनों में असहज एवं बीमार सी हो जाती थीं। बच्चों के साथ बिताया हर पल उन्हें याद में तड़पाता था। पाँच पुत्र एवं पाँच पुत्रियों का भरा-पूरा परिवार होने के बाद भी अकेले रह जाना, यह उनकी स्वाभाविक पीड़ा थी, जिसकी गहरी आत्मानुभूति एवं वेदना से वह दुःखी होती थी।

मानो जीवन से हार गई

16 मार्च, 1984 को पति के स्वर्गवास के पश्चात् श्रीमती सुशीला देवी जीवन से मानो हार गई थीं, पति के साथ उनका जीवन हर क्षण समर्पित था। ऐसे में जीवन में पति का वियोग कष्ट कर होना स्वाभाविक ही था। तत्कालीन पारिवारिक एवं सामाजिक व्यवस्था इस प्रकार हुआ करती थी कि ब्राह्मण समाज के सफल एवं प्रतिष्ठित लोग अधिकतर गाँवों में निवास करते थे एवं गाँवों में उनकी हैसियत भूतपूर्व मालगुजार के रूप में स्थापित थी। कृषि भूमि के रूप में विशाल भूखंड के स्वामी हुआ करते थे। आर्थिक एवं सामाजिक रूप से ऐसे सशक्त पृष्ठभूमि के परिवारों को लोग उनके गाँव के नाम से जानते थे। इसीलिए ग्राम मूरा के नाम पर मूरावाले के रूप में पं. मिश्र की स्थापित विरासत थी। 6 बहनों के इकलौते भाई होने तथा पिता का असमय स्वर्गवास होने से संपूर्ण संयुक्त परिवार के लिए पं. मिश्र एवं उनकी सहधर्मिणी श्रीमती सुशीला देवी ही एकमात्र आशा का केंद्र थे, जिनके माध्यम से सभी प्रकार के सामाजिक एवं पारिवारिक लोकाचार एवं मान-मर्यादाओं का पोषण होता था।

यह श्रीमती सुशीला देवी का पति को प्राप्त होनेवाला निरंतर सहयोग, समर्थन एवं हर कदम पर प्राप्त होनेवाला सहकार्य ही था कि अपने लंबे-चौड़े संयुक्त परिवार के दायित्वों के निर्वहन के साथ-साथ पं. मिश्र अपने पाँच पुत्रों एवं पाँच पुत्रियों को भी उचित एवं उत्कृष्ट शिक्षा-दीक्षा तथा पारिवारिक संस्कार देने में सफल हो सके। इसी का परिणाम है कि आज भी पं. लखनलाल मिश्र के सभी लड़के व लड़कियाँ समाज में सुस्थापित होकर प्रतिष्ठा प्राप्त हैं। जब तक जीवन का यह क्रम चलता रहा, श्रीमती

सुशीला देवी ने अपना जीवन पति की प्राथमिकता एवं पति की सेवा में ही जैसे समर्पित कर दिया था।

व्यवस्थाओं में वे इतना व्यस्त होती थीं कि जीवन में 24 घंटे भी कार्यों को निपटाने में कम पड़ जाते थे। तभी श्रीमती सुशीला देवी के जीवन में वह कालक्रम भी आया, जब पति को अनेक बीमारियों ने घेर लिया। पं. मिश्र अस्पताल में भरती तो हुए थे प्रोस्टेट संबंधी समस्या को लेकर, लेकिन कालांतर में जब स्वास्थ्य में अपेक्षित सुधार नहीं हो पाया, तब डाक्टरों ने बायोप्सी लेने पर पं. मिश्र को प्रोस्टेट कैंसर होने की जानकारी दी। वह क्षण पूरे परिवार के लिए स्तब्ध करनेवाला था। यूँ तो कैंसर की बीमारी अभी भी असाध्य ही है, जबकि उपचार के अधिक विकसित तरीके आ गए हैं। आज से 30 वर्ष पूर्व 1983-84 में स्थिति और भी भयावह थी। कैंसर बीमारी के नाम पर ही साक्षात् काल की पदचाप सुनाई पड़ती थी। किसी को भी कैंसर होने का पता चलने पर परिजनों का मनोबल पूरी तरह टूट जाता था। इन क्षणों के साथ श्रीमती सुशीला देवी के जीवन के 2-3 वर्ष की अवधि कैंसरग्रस्त पति की सेवा में सेक्टर-9 अस्पताल भिलाई में विपरीत परिस्थितियों में व्यतीत हुई।

पं. मिश्र के ज्येष्ठ पुत्र श्री रामेश्वर प्रसाद मिश्र के अधिकारी स्तर पर भिलाई इस्पात संयंत्र में पदस्थ रहने के कारण, इलाज की नि:शुल्क व्यवस्था यद्यपि हो रही थी, तथा सेक्टर-9 हॉस्पिटल के निदेशक डॉ. रामजी चौबे के विशेष आत्मीयतापूर्ण सहज व्यवहार के फलस्वरूप पं. मिश्र एवं परिवार को मदद मिली। 28 फरवरी, 1984 को अंतत: डॉ. चौबे ने उन्हें गाँव वापस ले जाने हेतु, सेक्टर-9 अस्पताल से मुक्त कर दिया। पं. मिश्र को कैंसर का सेकेंडरी इंफेक्शन प्रोस्टेट से फेफड़ों में पहले से ही संक्रमित हो गया था। 28 फरवरी को एंबुलेंस में सेक्टर-9 अस्पताल से ग्राम मूरा की यात्रा, जबकि श्रीमती सुशीला देवी साथ ही थीं, स्ट्रेचर पर सोए हुए पं. मिश्र ने परिजनों के साथ तय की। मूरा पहुँचने के पश्चात् 28 फरवरी से 15 मार्च, 1984 तक का समय पं. मिश्र ने मृत्युशैया पर ही व्यतीत किया। उनका कष्ट अवर्णनीय था। चम्मच से पीने का पानी निगलने में भी उनको बहुत पीड़ा होती थी। आँखों में आँसू आ जाते थे। ईश्वर आराधना एवं चर्चा में यह समय व्यतीत

हुआ। आसपास के अंचल के लोग दर्शन हेतु पहुँचते रहे। अंततः 16 मार्च, 1984 को 4.45 बजे प्रातः पं. मिश्र ने इस नश्वर शरीर का ग्रामवासियों की रामधुनी एवं सत्संग मंडली के कीर्तन की आवाज के मध्य त्याग कर दिया।

शून्य की स्थिति

पति के स्वर्गवास से श्रीमती सुशीला देवी के जीवन का उद्देश्य ही जैसा समाप्त हो गया था। जीवन भर अपना सबकुछ पति के क्षणों के साथ एकाकर होकर जीने वाली सुशीला देवी के सामने एक शून्य की स्थिति निर्मित हो गई। छोटे पुत्र ने, जो उस समय दुर्ग जिला में पदस्थ थे, उन्हें अपने साथ ले जाना चाहा; लेकिन पति की बरसी (वार्षिक श्राद्ध) तक पति के साथ जीवन बिताए हुए पैतृक पारिवारिक घर मूरा को छोड़कर जाने से स्पष्ट मना कर दिया। मार्च-अप्रैल 1985 में वार्षिक श्राद्ध ग्राम मूरा में संपन्न हुआ। उसके पश्चात् ही पुनः छोटे पुत्र के बहुत ज्यादा अनुनय-विनय करने पर वे साथ में जाने हेतु सहमत तो हुई, लेकिन इस शर्त पर कि दीपावली के त्योहार में वे पति की स्मृति स्वरूप ग्राम मूरा जरूर आएँगी, ताकि दीपावली के दीये रोशन कर पं. मिश्र की स्मृतियों को याद कर सकें। ऐसे त्योहार के अवसर पर उन्हें पति का घर छोड़कर बाहर रहना कतई मंजूर नहीं था।

पति के स्वर्गवास के पश्चात् श्रीमती सुशीला देवी भी निराश एवं व्यथित रहने लगीं। जीवन का उत्साह जैसे समाप्त हो गया था। अपना जीवन अपने पुत्रों के विवेक एवं निर्णय पर उन्होंने छोड़ दिया था। अधिकांश समय अपने पुत्र गणेशशंकर मिश्र के साथ व्यतीत किया। बेमेतरा जिला-दुर्ग, कवर्धा जिला-राजनांदगाँव, बिलासपुर एवं भोपाल में जहाँ-जहाँ जब छोटे पुत्र गणेशशंकर मिश्र का शासकीय सेवा के दौरान तबादला हुआ, वहाँ रहती रहीं। पुत्र के साथ रहते हुए भी अपने पति की स्मृति को ताजा करने के उद्देश्य से वे मूरा के पैतृक मकान में पहुँचना नहीं भूलती थीं। लंबे समय से बंद मकान की सफाई, रंग-रोगन तथा वस्तुओं को व्यवस्थित करके रखना, यह सब कष्ट साध्य कार्य दीपोत्सव की तैयारी के रूप में करने हेतु वे त्योहार के 15 दिन पूर्व ही गाँव पहुँच जाती थीं।

यह भी एक विचित्र विडंबना रही कि जिस रोग ने पं. मिश्र की जीवनलीला समाप्त की, उसी बीमारी ने सुशीला देवी को भी जकड़ लिया। गर्भाशय के कैंसर से वे पीड़ित हो गईं तथा वह भी एडवांस्ड स्टेज पर। यदि बीमारी का पता समय रहते चलता तो गर्भाशय निकालकर इसका इलाज किया जा सकता था, लेकिन अब परिजनों के समक्ष सिवाय त्रासदायी विवशता के कोई विकल्प शेष नहीं था! छोटे पुत्र गणेशशंकर मिश्रा भोपाल में पदस्थ थे। जीवन के अंतिम समय में माँ को अपने पास रख सकें, इस लोभ में उन्होंने अपना स्थानांतरण मानवीय आधार पर तत्कालीन मध्य प्रदेश शासन से अनुरोध कर अतिरिक्त कलेक्टर दुर्ग के रूप में करवाया तथा 13 मार्च, 1993 को दुर्ग जिला में कार्यभार ग्रहण किया। शासकीय आवास मिलने में विलंब होने के कारण सामान नहीं जम पाया था, अतः 7 दिनों की देरी रोग शैया में पड़ी माता को रायपुर से दुर्ग ले जाने में हुई तथा 22-23 मार्च को श्रीमती सुशीला देवी अपने छोटे पुत्र एवं पुत्रवधू के साथ दुर्ग पहुँची, लेकिन कैंसर पूरे शरीर में फैल चुका था। दिनोदिन उनकी स्थिति खराब होती चली गई। जब डॉक्टरों ने उनके अंतिम समय की जानकारी दी, तब श्रीमती सुशीला देवी को दुर्ग से मूरा के पैतृक निवास में ले जाने का निर्णय लिया गया, जहाँ पति की स्मृतियों के साथ वह अंतिम श्वास ले सकें। मूरा आने के बाद वे दो दिनों तक जीवित रहीं एवं 29 मार्च, 1993* को अपराह्न 4 बजे जिस स्थान पर पति ने अंतिम श्वास लिया था, ठीक उसी स्थान पर अपना जीवन समाप्त करते हुए अंतिम श्वास लिया।

□

* अंतिम समय में बिस्तर त्याग कर भूमि पर सुलाने की धार्मिक प्रथा है। जिसे जमीन पर उतारना कहते हैं। जिस स्थान पर पति को भूमि पर सुलाया गया था, वहीं पर श्रीमती सुशीला देवी को भी सुलाया गया। जहाँ उन्होंने अंतिम श्वास लिया।

वात्सल्य की साक्षात् प्रतिमान

श्रीमती सुशीला देवी अपने पति के परिवार के साथ पूरी तरह से रच-बस गई थी। उस समय भी संयुक्त परिवार की व्यवस्था में गृहिणी को पति के परिवार में भाई, बहन, भानजे, भानजी आदि सभी के लिए उनके सुख-दुःख में समर्पित होना होता था। पं. मिश्र की 6 बहनें थीं, जिसके वे अकेले भाई थे। इसलिए यह स्वाभाविक था कि भाई के प्रति बहनों का आकर्षण सहज ही कुछ ज्यादा रहता। अपनी 2 छोटी बहनों का विवाह तो पं. मिश्र ने अपने हाथों से ही संपन्न कराया था। इसलिए सभी बहनें प्रिय एवं सुशीला देवी के प्रति माता-पिता की तरह समर्पण एवं स्नेहभाव रखते थे। मूरा स्थित निवास में बहनों का परिवार भी दीपावली एवं ग्रीष्म ॠतु के दौरान नियमित प्रवास पर जाता था। छत्तीसगढ़ में पारिवारिक व्यवस्था के तहत यह परंपरा आज भी विद्यमान है कि बहनें अपने बच्चों के साथ जब भी अवसर आता, अपने पिता अथवा भाई के निवास पर जाकर समय व्यतीत करती हैं।

चूँकि पिता का अल्पसमय में ही स्वर्गवास हो गया था, अतः ऐसे दायित्वों का निर्वहन पं. मिश्र किया करते थे और इस दौरान सुशीला देवी के उदार ह्रदय तथा पति के परिजनों के समुचित सम्मान तथा उनकी सुख-सुविधाओं का ध्यान रखने की समर्पित वृत्ति की बड़ी अहम भूमिका थी। आज भी पं. मिश्र के भानजे अपनी मामी के स्नेह को याद कर भाव-विह्वल हो जाते हैं। पं. मिश्र की छोटी बहन जामा बाई का असमय ही बीमारी के पश्चात् स्वर्गवास हो गया, तब उसने अपनी भौजी से यह कहा था कि मेरे पुत्र की जिम्मेदारी मैं आपको सौंपकर जा रही हूँ। सुशीला देवी ने आजीवन

इस वचन को निभाया तथा आज भी सुरेंद्र मिश्र इस प्रसंग को याद कर भावुक हो जाते हैं। इसी प्रकार रमेंद्रनाथ शुक्ल (पं. मिश्र के भांजे व सुपुत्र गोवर्धन प्रसाद शुक्ल) ने वार्त्तालाप में यह कहा कि मामाजी जीवन में जो भी कर सके, वह मामी के योगदान के बिना संभव नहीं था तथा उनके अवदान को भी हमें याद करना चाहिए। सुचारु पारिवारिक व्यवस्था त्याग एवं समर्पण के साथ ही वात्सल्य की भावना उनमें कूट-कूटकर भरी हुई थी, जो आज भी उनकी स्मृतियों को सजीव कर देती है। ऐसी ममतामयी एवं वात्सल्य की साक्षात् प्रतिमान थीं श्रीमती सुशीला देवी।

धरोहर

मिश्र परिवार ने मूरा स्थित मकान के उस बड़े हाल को, जहाँ की पुण्य भूमि पर पं. मिश्र एवं उसकी सहधर्मिणी श्रीमती सुशीला देवी मिश्र ने अंतिम श्वास लिया था, उसे अपनी स्मृति में संजोए रखने हेतु अभी भी एक धरोहर के रूप में उसे यथावत् रखा है।

□

कृषि में आत्मनिर्भरता पर पक्षधर

सन् 1945 में ब्रिटिश शासन की नौकरी से इस्तीफा देने के पश्चात् पं. लखनलाल मिश्र ने महात्मा गांधी के सच्चे सिपाही के रूप में कार्य करना प्रारंभ कर किया। वे अपने पैतृक गाँव मूरा में आकर रहने लगे। समकालीन स्वतंत्रता संग्राम सेनानियों श्री रामकृष्ण ठाकुर, डॉ. खूबचंद बघेल, मोहनलाल बाकलीवाल से उनका नियमित संपर्क था। पुलिस की वरदी छोड़ने के साथ-साथ उन्होंने आजीवन खादी वस्त्र पहनने का संकल्प लिया। गांधीजी के विचारों का ग्रामीण अंचल में प्रचार करने के साथ-साथ आजीविका के लिए कृषि पर निर्भर रहने का निर्णय लिया।

छत्तीसगढ़ की प्रसिद्ध लोकोक्ति है—

उत्तम खेती, मध्यम बान
अधम चाकरी, भीख निदान

आजीविका के लिए सबसे उत्तम साधन कृषि है। इसमें किसानों को उनके श्रम का ही पैसा मिलता है। श्रम का गणित भी सीधा-सीधा है। जितनी मेहनत समय पर करेंगे, उसी के अनुसार उपज मिलेगी। व्यापार को दूसरे दरजे का माना गया है। व्यापार में अधिक लाभ कमाने की प्रवृत्ति रहती है।

अधिक लाभ कमाने के लिए जोड़-तोड़, मिलावट, काला बाजारी आदि का आश्रय लेना ही पड़ता है। तीसरे दरजे में नौकरी को रखा गया है। नौकरी में मालिक के आदेशों का पालन ही एकमात्र कर्तव्य है। मालिक की इच्छा ही कानून है। मालिक को नौकर से कोई भी काम लेने, हटाने एवं दंड देने का अधिकार रहता है। नौकरी में नौकर का कोई स्वाभिमान नहीं होता। नौकरी करके वे देख ही चुके थे। अनेक बार उन्हें अपने जमीर से समझौता करके

भी चलना पड़ता था। जब एक बार उन्होंने आजादी की राह पकड़ ली, तो पकड़ ली। अब उन्हें किसी की भी गुलामी पसंद नहीं थी। इसीलिए उन्होंने कृषि क्षेत्र को अपनाया।

देश की आजादी के पश्चात् पं. रविशंकर शुक्ल ने उनके समक्ष शासकीय/अशासकीय विभागों में राजनैतिक पद देने का सुझाव रखा, जिसे उन्होंने विनम्रतापूर्वक अस्वीकार कर दिया। जबलपुर के सेठ गोविंद दासजी ने विजिलेंस ऑफिसर पुलिस विभाग के पद पर नियुक्ति का प्रस्ताव दिया, जिसे उन्होंने अस्वीकार कर दिया। वे अपने त्याग का कोई प्रतिदान नहीं चाहते थे। अनेक राष्ट्रीय एवं प्रांतीय कार्यक्रमों में स्वतंत्रता संग्राम सेनानियों को ताम्रपत्र एवं सम्मान पत्र वितरित किया गया, लेकिन पं.मिश्र ने आजीवन न तो अपने संघर्ष को प्रचारित किया और न ही दूसरा कोई प्रतिदान या लाभ अपने जीवन में लिया। नींव के पत्थर की तरह उन्होंने कर्तव्य निभाया।

शासकीय स्तर पर हरित क्रांति एवं श्वेत क्रांति (पशुपालन) का चिंतन बीसवीं सदी के छठे दशक में आया, लेकिन श्री मिश्र इसे पाँचवें दशक में ही अमलीजामा पहना चुके थे। यह उनके गहन चिंतन/दूरदर्शिता एवं क्रियान्वयन की क्षमता का सबूत था। सर्वप्रथम उन्होंने ग्रामीण कृषि में पशुपालन पर अपना ध्यान केंद्रित किया। साहीवाल नस्ल की कुछ गाय कांकेर के जमींदार से क्रय कर उनका संवर्धन प्रारंभ किया। पशुपालन करने में उन्हें खेतों के लिए पर्याप्त मात्रा में गोबर खाद मिल जाता था। इससे कृषि की उर्वरकता बढ़ जाती थी। रासायनिक खाद का प्रयोग उन्होंने कभी भी नहीं किया। रासायनिक खादों के दुष्प्रभाव से वे परिचित थे। स्वास्थ्य की कीमत पर किसी भी प्रकार के अन्य लाभ के पक्षधर नहीं थे। उन दिनों जैविक खेती का विचार क्रांतिकारी था।

आज रासायनिक खादों के प्रयोग से धरती बाँझ हो रही है। रासायनिक उर्वरकों के प्रयोग से तात्कालिक रूप से जमीन की उर्वरता बढ़ जाती है, जिसे बनाए रखने के लिए बाद में इसकी मात्रा बढ़ानी पड़ती है। अधिक उर्वरकों के इस्तेमाल से ली जानेवाली पैदावार में भी उर्वरक के अंश आने लगते हैं, जो आगे जाकर मानव शरीर में गंभीर बीमारियों को जन्म देते हैं। फलस्वरूप जमीन का स्वाभाविक रासायनिक संतुलन बिगड़ने लगता है। रासायनिक

उर्वरकों के प्रयोग से जमीन अधिकाधिक ठोस होने लगती है, जिससे जमीन बंजर एवं अनउपजाऊ होती चली जाती है। जमीन पर रासायनिक उर्वरकों के प्रयोग से जमीन में रहनेवाले अनेक सूक्ष्म जीवाणु एवं बड़े जीव-जंतु भी नष्ट हो जाते हैं। इससे पर्यावरण का संतुलन बिगड़ जाती है। जिसकी भरपाई किसी भी कीमत पर कर पाना संभव नहीं होता। दुष्परिणाम अवश्यंभावी हो जाता है। किसी भी तरह से अधिक पैदावार के लक्ष्य को मंगलकारी नहीं माना जा सकता, विशेष तौर पर उस स्थिति में, जब इसकी कीमत शरीर को बीमारी के रूप में चुकानी पड़ती है। आज मनुष्यों को बहुत सी बीमारियाँ रासायनिक उर्वरकों के प्रयोग से अधिक मात्रा में उपजाई गई खाद्य वस्तुओं को खाने से हो रही है। इन बीमारियों का पता भी देर से चलता है, क्योंकि ये विषैले तत्त्व शरीर को धीरे-धीरे प्रभावित करते रहते हैं। अचानक जब बीमारी गंभीर स्थिति में आ जाती है तो उसका इलाज कर पाना भी संभव नहीं हो पाता और न ही उसकी कोई उपयुक्त दवा ही ईजाद हो पाती है।

पं. लखनलाल मिश्र गांधीवादी विचारों से प्रभावित थे। प्रकृति के सान्निध्य में प्राकृतिक रूप से विकास के पक्षधर थे। बलात दोहन कर आर्थिक लाभ लेने एवं स्वयं की प्रकृति के साथ-साथ पर्यावरण के संतुलन को नुकसान नहीं पहुँचाना चाहते थे। आजादी के पश्चात् रासायनिक उर्वरकों के प्रयोग से अधिक उत्पादन लेने की होड़ सी मच गई थी। पशुपालन को अधिक लाभकारी न पाते हुए पशुपालन को हतोत्साहित किया गया। अब इसके दुष्परिणाम सामने आने लगे हैं। रबी एवं खरीफ की फसलों के साथ ही साथ फलों एवं शाक-सब्जियों में रासायनिक उर्वरकों के प्रयोग से उनकी गुणवत्ता एवं स्वाद में भी अंतर आ गया है। इसके साथ-ही-साथ वैज्ञानिकों ने रासायनिक उर्वरकों के मनमाने प्रयोग पर चेतावनी देते हुए आगाह किया है कि प्राकृतिक संतुलन के लिए गोबर खाद एवं जैविक खाद ही उत्तम विकल्प है। कृषि के क्षेत्र में 21वीं सदी में गोबर खाद के महत्त्व को पुनः स्वीकारा गया है। सरकार एवं वैज्ञानिक पशुपालन को बढ़ावा देने के लिए विशेष योजनाएँ बना रहे हैं। आज के परिप्रेक्ष्य में जब हम देखते हैं, तो हमें पं. लखनलाल मिश्र का विचार प्रासंगिक लगता है एवं उनकी दूरदर्शिता की दाद देनी पड़ती है।

पं. लखनलाल को पशुपालन से पर्याप्त संख्या में हल चलाने के लिए बैल मिल जाते थे। बैलों एवं बछड़ों का प्रयोग खेतों की जुताई करने में नागरों के साथ किया जाता था। गाँव में चरागाहों के लिए स्थान सुरक्षित रखा जाता था, जहाँ चरने के लिए पशुओं को छोड़ दिया जाता था। चूँकि वे खेतों में एवं चरागाहों में रासायनिक उर्वरकों का उपयोग नहीं करते थे। अतः खेतों एवं चरागाहों में पशुओं के लिए उन्नत किस्म का चारा उपलब्ध था। पशुपालन से प्राप्त गाय के अतिरिक्त दूध को वे विक्रय के लिए रायपुर भिजवा देते थे। इससे आर्थिक लाभ भी हो जाता था। घर में दही एवं मट्ठा बनवाकर रखते थे, जिसे गाँवों में बाँट दिया जाता था। मट्ठा उनका प्रिय पेय था। वे आजीवन प्रातः काल लगभग सेर भर मट्ठा, जीरे के साथ लेते थे। यह उनके स्वास्थ्य का राज था।

उनके कोठार में लगभग 100 से अधिक गाय, बैल एवं बछड़े थे। उन्हें नागर के लिए अतिरिक्त बैल नहीं खरीदने पड़े। बैलगाड़ी के लिए उन्होंने उन्नत नस्ल के बैल खरीदे थे। बैलगाड़ी से आसपास के गाँवों की यात्रा पर निकलते थे, तो गाँवों के सारे लोग बैलों को देखने के लिए निकल जाते थे। दूर से ही बैलगाड़ी के बैलों के गले में पड़े विशेष प्रकार के घुँघरूओं की आवाज से पता चल जाता था कि पं. लखनलाल मिश्र की गाड़ी आ रही है। वे स्वयं नियमित रूप सवेरे-शाम कोठार में जाकर गाय एवं बैलों को हाथों से सहलाते थे। उनके कोठार में जाते ही गाय एवं बैलों का रंभाना बढ़ जाता था। यह एक आश्चर्यजनक बात थी। ऐसा लगता है कि मूक पशु भी प्यार की भाषा समझते थे।

कृषि में उन्होंने सहकारिता के आधार पर कृषि व्यवस्था प्रारंभ की। कृषि मजदूरों को उनके श्रम का उचित मूल्य मिले एवं वे गरिमामय ढंग से अपना जीवनयापन कर सकें, इस दिशा में पं. लखनलाल मिश्र पर्याप्त सावधानी बरतते थे। महात्मा गांधी के ट्रस्टीशिप के विचारों में उनकी पूरी आस्था थी। इसीलिए वे संरक्षक के रूप में कृषि व्यवस्था करने के हिमायती थे। पूरी खेती एवं बाड़ी को उन्होंने तीन भागों में विभक्त कर दिया था, जिसे ग्रामीण भाषा में खाप कहा जाता था। प्रत्येक खाप में सात सौंझिया, एक अगुवा या दरोगा तथा तीनों खाप के दरोगा के ऊपर मुख्तियार कार्य करता था। तीन

खाप का एक खलिहान था। खलिहान का एक ही द्वार होता था। खलिहान में एक ही कौड़ा होता था। ठंड के दिनों में आग तापने हेतु गोल घेरा बनाकर लकड़ी छेना तथा पैरा से आग जलाया जाता था, जो रातभर जलता था। इसी को कौड़ा कहते थे। इस प्रकार कृषि व्यवस्था में 25 सहयोगी श्रमिक कार्यरत थे। सहकारी व्यवस्था के अंतर्गत प्रत्येक श्रमिक कृषक को होनेवाले पैदावार का एक चौथाई भाग दिया जाता था। वे प्रति एकड़ 20 बोरा का उत्पादन खरीफ में धान का लेते थे। रबी में चना, गेहूँ, मसूर, मूँगफली एवं अन्य फसल लेते थे। प्रत्येक सौंझिया को कम से कम बड़े काठा का दो गाड़ा धान का पावती मिलता था। इसी आधार पर रबी की फसल का भी एक चौथाई मिलता था। तीन खाप की तीन बाड़ी थी, जिससे प्रचुर मात्रा में मौसमी सब्जियों का उत्पादन होता था। इसका एक चौथाई सब्जी बाड़ियों के श्रमिक किसानों को मिलता था। इसके साथ ही निंदाई, गुड़ाई या थरहा रोपा के समय अतिरिक्त श्रमिकों का व्यय भार मालिक वहन करता था।

इस प्रकार खेती की यह साझेदारी व्यवस्था थी। प्रतिदिन सायं 7 बजे दरोगा, अगुआ एवं सौंझिया, गौंटिया (पं. लखन) के घर में एकत्र होते थे। यहाँ गौटिया को आज किए गए कार्यों की जानकारी देकर कल के कार्यों के लिए मार्गदर्शन लेते थे। सभी अपने दायित्वों का निर्वाह अत्यंत सजगता के साथ करते थे। यद्यपि पं. लखन किसी श्रमिक किसान को डाँटते नहीं थे, तथापि उनकी उपस्थिति मात्र से ही सहज अनुशासन कायम रहता था। उनके इशारे एवं भाव-भंगिमा से ही श्रमिक किसान यह समझ जाते थे कि उन्हें काम कैसे एवं कब तक पूरा करना है। इसमें वे पूर्व निष्ठा एवं समर्पण के साथ काम करते थे। कर्मियों के सुख-दुःख एवं पारिवारिक समस्या का निराकरण करने में पं. लखन सदैव अग्रसर रहते थे। समय पड़ने पर उन्हें हर प्रकार की सामाजिक एवं आर्थिक मदद तत्काल उपलब्ध कराते थे। इसीलिए उनकी खेती में अधिकांश श्रमिक पीढ़ी-दर-पीढ़ी से थे। तीन खाप होने के कारण खेतों की जुताई, बोआई, कटाई एवं मिजाई (Threshing) में स्वस्थ प्रतिस्पर्धा चलती थी। कृषि कार्य के लिए तीन खापों में 21 नागर (हल) के लिए 42 बैलों की आवश्यकता पड़ती थी, जिसकी पूर्ति कोठार के ही बैलों एवं बछड़ों से हो जाती थी।

महात्मा गांधीजी की ग्राम स्वराज अवधारणा के अनुसार, ग्रामीण कृषि व्यवस्था को पूर्णतः आत्मनिर्भर बनाना चाहते थे। परिवारों की आर्थिक स्वायत्तता हेतु कृषकों को उत्तरदायी बनाना चाहते थे। पं. लखन की अवधारणा थी कि नमक एवं मिट्टी तेल को छोड़कर कोई भी सामान उन्हें शहर से खरीदना न पड़े। गाँव का कम-से-कम पैसा शहर में जाना चाहिए। तभी गाँव उन्नत एवं आत्मनिर्भर बन सकते हैं। इस अवधारणा के अनुसार उन्होंने ग्रामीण आत्मनिर्भर कृषि व्यवस्था को अपनाया। पं. लखनलाल गाँव के मोची द्वारा बनाई चमड़े की चप्पल एवं पनहीं (काला जूता) पहनते थे। इसी प्रकार गाँव की भेड़ों की ऊन से गाँव में गड़रिया ऊन का कंबल बनाकर दे जाता था। कुम्हार अपनी हँडिया पकाने के लिए कोदो का पैरा ले जाते थे एवं घर में पकाने-खाने का पूरा मिट्टी का बरतन दे आते थे। बाद में काँसे के बरतनों का चलन आया। गाँव का चर्मकार, बैलगाड़ी का नहना, जोता एवं लोहार बँसुला, टंगिया, आरा आदि औजार बनाकर देता था एवं समय-समय पर उनकी मरम्मत भी करता था। खाने के लिए तिल्ली तेल एवं अलसी की पिराई गाँव में ही होती थी। घी घर में ही बना लिया जाता था। इस प्रकार आम जीवन की सभी जरूरतें ग्रामीण साधनों से ही पूरी कर ली जाती थीं। नाऊ प्रतिदिन आकर घर में मालिश करता था। बाल कटाई एवं दाढ़ी बनाने का काम पूरे गाँव के लिए भी करता था। फसल आने पर नाउ, लोहार, कुम्हार, राऊत आदि को एकमुश्त निर्धारित अनाज दिया जाता था। जिसे पौनी कहा जाता था। अगुआ एवं दरोगा को अलग से जमीन दी जाती थी, जिसकी पूरी उपज वे स्वयं रखते थे। कृषि में उत्पादन लागत को कम करने के लिए विशेष खुर्रा पद्धति से धान की बोआई कराते थे। इस प्रकार वे आत्मनिर्भर कृषि एवं ग्रामीण अर्थव्यवस्था की स्वायत्तता के प्रबल पक्षधर थे। एक गाँव के अंदर में इस प्रकार की व्यवस्था निर्मित की जाए, जिसमें सभी की प्राथमिक आवश्यकताओं को श्रम के द्वारा पूरा किया जा सके। व्यक्ति को इतना समय एवं स्वतंत्रता दी जाए कि वह गरिमामय ढंग से जीवन जीते हुए अपने व्यक्तित्व का विकास कर सके। यह उनका सपना था।

ग्राम मूरा में सिंचाई की व्यवस्था पर्याप्त नहीं थी। कृषि कार्य के लिए मानसूनी वर्षा का ही अवलंबन था। अल्प वर्षा, खंड वर्षा एवं असमय वर्षा

की स्थिति में पूरा परिश्रम करने के बाद भी अकाल पड़ जाता था। इससे ग्रामीण अर्थव्यवस्था एवं रहन-सहन का विपरीत प्रभाव पड़ता था। किसानों को अपनी उपज का वास्तविक मूल्य नहीं मिल पाता था। व्यापारी अपने निर्मित उत्पादों के लागत मूल्य में लाभ जोड़कर उसके मूल्य का निर्धारण स्वयं करते थे। किसानों को अपने अनाज का मूल्य निर्धारित करने का अधिकार नहीं था। शासन ही इसकी कीमत निर्धारित करता था। यह अपर्याप्त था। इससे वे व्यथित रहते थे।

छत्तीसगढ़ के ग्रामीण क्षेत्रों से मजदूरों के पलायन की परंपरा रही है। ग्रामीण क्षेत्र में धान की पैदावारवाले क्षेत्रों में वर्ष भर काम नहीं मिलने के कारण एवं लगातार अकाल के कारण छत्तीसगढ़ के किसान रोजी-मजदूरी की तलाश में प्रतिवर्ष चार-छह महीने के लिए अन्य प्रदेशों में चले जाते थे। वहाँ काम के साथ उन्हें बेहतर मजदूरी मिल जाती थी। कुल मिलाकर इससे उनका गुजर बसर ही हो पाता था। अतिरिक्त प्राप्त राशि आने-जाने एवं बीमारी के इलाज में समाप्त हो जाती थी। छत्तीसगढ़ से कृषि मजदूरों के पलायन से प्रदेश की श्रम शक्ति घटती है। यह एक स्वस्थ परंपरा नहीं है। मजबूरी में विकसित हुई परंपरा है। इसलिए पं. लखन का विचार था कि सिंचाई के साधनों का विकास कर वर्ष भर रबी एवं खरीफ की फसलों के साथ ही साथ बाड़ियों में सब्जी उत्पादन एवं फलदार वृक्षों की खेती को बढ़ावा देना चाहिए। उन्होंने अपने इस विचार का क्रियान्वयन भी किया। विभिन्न दुर्लभ प्रजातियों के पौधों को उन्होंने बाड़ियों में लगाया। उनके द्वारा लगाए गए बनारसी बेर को आसपास के कृषक उत्सुकता से देखने आते थे।

खेती की सीमित आमदनी में मितव्ययिता के साथ उन्होंने जीवन व्यतीत किया। फिजूल खर्ची के वे खिलाफ थे। सादा जीवन एवं उच्च विचार उनका आदर्श था। अपने दस बच्चों एवं दो बहनों की शानदार एवं धूमधाम से शादी तथा बच्चों की शिक्षा-दीक्षा कृषि की गाढ़ी कमाई से की। पूर्वजों की विरासत को सँभाले रखा। समय-समय पर आनेवाली आर्थिक विपरीतताओं के बावजूद उन्होंने अपने पूर्वजों की जमीन को नहीं बेचा। वे सच्चे अर्थों में माटीपुत्र थे।

□

राजनैतिक संघर्ष एवं मोहभंग

भारत की आजादी के पश्चात् देश के पुनर्निर्माण एवं विकास का लक्ष्य सामने था। पं. लखनलाल ने सामान्य कृषक के रूप में जीना पसंद किया, तथापि तत्कालीन राजनैतिक वातावरण में आ रहा चारित्रिक पतन भी उनकी नजर के सामने था। सत्ता के बँटवारे में सभी वर्ग अपनी भागीदारी करने के लिए आतुर थे। गांधीजी का प्रभाव कम होता जा रहा था। संप्रदायवादी एवं जातिवादी तथा अलगाववादी ताकतें बढ़ रही थीं। राजनीति में पं. लखन पारदर्शिता एवं शुचिता के पक्षधर थे। उनका विचार था कि राजनैतिक नेतृत्व का चरित्र ईमानदार एवं खुली किताब की तरह होना चाहिए, जिससे भावी पीढ़ी प्रेरणा ले सके। सत्ता की राजनीति एवं उठा-पटक उन्हें पसंद नहीं थी। राजनीति को वे जन- सेवा का माध्यम समझते थे। देश की आजादी के पश्चात् अपने अंतिम दिनों में राष्ट्रपिता महात्मा गांधीजी ने कहा था—कांग्रेस पार्टी ने आजादी का लक्ष्य प्राप्त कर लिया है। अब पार्टी को विघटित हो जाना चाहिए।

संभवतः राष्ट्रपिता महात्मा गांधी को इस बात की आशंका थी कि अब तक जो लोग देश की आजादी के लिए ब्रिटिश शासन से लड़ते रहे, वे सत्ता के लिए आपस में न लड़ने लगें। किसी भी कीमत पर सत्ता प्राप्त करने की आकांक्षा हमारे नेताओं को पतित कर सकती है। गांधीजी की आशंका सत्य साबित हुई। सत्ता की राजनीति में उठा-पटक का दौर प्रारंभ हो गया। इस दौरान वैचारिक भिन्नता के कारण अनेक स्वतंत्रता संग्राम सेनानियों ने कांग्रेस से नाता तोड़ लिया। जो कुछ हो रहा था, वह उन्हें बरदाश्त नहीं था। उनकी बात न सुनी जा रही थी। ऐसी स्थिति में शांत बैठने के सिवाय कोई चारा नहीं था।

पं. लखनलाल मिश्र डिस्ट्रिक्ट कौंसिल रायपुर के उपाध्यक्ष रहे। उपाध्यक्ष की हैसियत से उन्होंने शैक्षणिक संस्थाओं के स्तर में सुधार लाने का प्रयास किया। सन् 1948 में प्रौढ़ शिक्षा कार्यक्रम का प्रादेशिक उद्घाटन समारोह रायपुर के खम्हारडीह गाँव में हुआ। इस समारोह में म.प्र. के प्रथम मुख्यमंत्री पं. रविशंकर शुक्ल एवं प्रदेश के प्रथम लोक शिक्षण निदेशक फ्रेंकलिन एवं अंचल के प्रख्यात शिक्षाविद् प्रो. सरयूकांत झा भी थे। संचालक लोक शिक्षण सरयूकांत झाजी को प्रौढ़ शिक्षा कार्यक्रम के संचालन की जिम्मेदारी दी गई थी।

छत्तीसगढ़ महाविद्यालय के छात्रों के साथ प्रौढ़ शिक्षा केंद्र की संभावनाओं की तलाश में प्रोफेसर झा ग्राम मूरा पहुँचे। अपने संस्मरण में प्रो. झा ने लिखा है, ''पं. लखनलाल मिश्रजी से हमारी प्रथम भेंट प्रौढ़ शिक्षा के प्रचार और प्रसार की वृहत् योजना को लेकर हुई। उनके शुभ्र उज्ज्वल एवं स्वस्थ व्यक्तित्व का जीवंत स्वरूप आज भी हमारे मन-मस्तिष्क पर अमिट छाप बनकर अंकित है। लंबा छरहरा गौर वर्ण, हँसमुख चेहरा, हार्दिकता से लबालब स्नेहिल आँखें, स्वागत में उठे आजानु लंबे हाथ, शुभ्र खादी की धोती और कुरते के भीतर से छलकती सुगठित शरीर की आभा, श्वेतश्याम केश के नीचे चमकता माथा और स्वागत के अस्फुट बोलों के उच्चारण में थरथराते से पतले होंठ। पारिवारिक एवं ग्रामीण भद्रजनों के साथ उठ खड़ा हुआ वह आकर्षक शरीर छायाचित्र के समान आज भी अंकित है।''

आगे उन्होंने लिखा है कि इस क्षेत्र में प्रौढ़ शिक्षा के विस्तार का इतिहास रचने में इस भेंट ने अविस्मरणीय भूमिका रची थी। मिश्रजी के व्यक्तित्व के समान उनका निवास भी बड़ा आकर्षक था। इस भेंट का दृश्य आज भी अमिट है, जाग्रत् ही है। प्रौढ़ शिक्षा का नेतृत्व करने के लिए उस क्षेत्र का प्रौढ़ मस्तिष्क अपनी कर्मठता के साथ प्रस्तुत था। परिचय की औपचारिकताओं को उनके साथ मेरे पितृ पुरुषों के पूर्व परिचय ने अनावश्यक कर दिया। वार्त्तालाप के क्रम में सबसे अद्भुत बात यह रही कि जब तक उन्होंने मनोवांछित आवभगत नहीं कर ली, तब तक मुख्य उद्देश्य के पास तक किसी को फटकने की अनुमति नहीं दी। पुलिस विभाग की नियंत्रक भूमिका आज भी

उनमें कायम थी और जब उन्होंने प्रौढ़ शिक्षा में अपनी समर्पित पूर्ण भागीदारी की घोषणा की, तब तो यही प्रतीत होने लगा कि इतना बड़ा शिक्षाविद् अभी तक कहाँ छिपा हुआ था।

उन्होंने अपने बाड़े को ही शिक्षा-केंद्र के रूप में प्रस्तुत कर दिया। गाँव के लोगों को सारी बातें समझाने लगे। शिक्षा के प्रति उनके महान् विचारों को सुनना भी एक सुखद अनुभव था। आज उनके उच्च शिक्षा में निष्णात परिवार को देखकर उसके मूल स्रोत की सहज कल्पना हो जाती है। छत्तीसगढ़ महाविद्यालय ने औपचारिक शिक्षा के साथ अनौपचारिक प्रौढ़ शिक्षा में जो उल्लेखनीय सफलता अर्जित की है, उसका श्रेय स्वर्गीय पं. लखनलाल मिश्र को ही जाता है। उनके सद्व्यवहार ने पूरे कार्यक्रम को गौरवान्वित किया था। मैं तो सभी बातों में उनसे छोटा था, पर उन्होंने हम सबको महिमा मंडित कर दिया।

शिक्षा के बारे में पं. लखनलाल मिश्र के विचारों को रेखांकित करते हुए प्रोफेसर सरयूकांत झा ने बताया था कि पं. लखनलाल मिश्रजी शिक्षा को चरित्र निर्माण एवं संस्कार निर्माण का साधन मानते थे। प्रजातंत्र के विकास में नागरिक चेतना के उन्नयन के लिए स्वस्थ वातावरण बनाने हेतु प्रत्येक मनुष्य के लिए शिक्षा की अनिवार्यता को स्वीकार करते थे।

आजादी के पश्चात् म.प्र. के प्रथम मुख्यमंत्री पं. रविशंकर शुक्ल ने मिश्रजी के त्याग, तपस्या एवं स्वतंत्रता संग्राम में उनकी भागीदारी को सम्मानित करने के लिए उन्हें प्रदेश स्तर पर विजिलेंस ऑफिसर के पद पर नियुक्त करना चाहा, लेकिन मातृभूमि की सेवा के बदले किसी भी प्रकार का भुगतान लेना उन्होंने स्वीकार नहीं किया। अपनी खेती-किसानी, बच्चों को शिक्षा के संस्कार देने एवं एक सामान्य नागरिक की हैसियत से राष्ट्रसेवा का व्रत लिया। अपने द्वारा किए गए उल्लेखनीय त्याग के बावजूद उन्होंने स्वतंत्रता संग्राम सेनानी के रूप में न तो कोई आवेदन दिया, न ही निःशुल्क रेल-मोटर का पास लिया और न ही अपने पुत्रों को नौकरी दिलाने में कोई लाभ उठाना चाहा।

एक बार प्रदेश कांग्रेस के तत्कालीन नेता सेठ गोविंद दास का मूरा ग्राम के

निकट बंगोली में आगमन हुआ था। उन्होंने पं. लखनलालजी को विशेष रूप से बुलवाया था। इस समय उन्हें यह प्रस्ताव दिया गया था कि यदि वे क्षेत्र में कांग्रेस के तत्कालीन नेतृत्व के साथ रहें, तो आगे उन्हें संसदीय सचिव बना दिया जाएगा। इसे उन्होंने अस्वीकार कर दिया।

पं. लखनलाल मिश्र कांग्रेस में आ रहे चारित्रिक पतन से अत्यंत दुःखी थे। उनकी मान्यता थी कि नेताओं को ईमानदार, निष्कपट एवं जनता के प्रति समर्पित होना चाहिए। उन्होंने आजादी के आंदोलन में ईमानदार नेताओं का नेतृत्व देखा था। आजादी के पश्चात् सत्ता की राजनीति के कारण कांग्रेस अपने आदर्शों से पीछे जा रही थी। गांधीवादी समाजवाद की अवधारणा नारों तक ही सीमित होती जा रही थी। कांग्रेसी नेताओं द्वारा अपनी महत्ता बढ़ाने के लिए की जा रही भाग-दौड़, कूटनीति एवं राजनैतिक चालों से पं. लखनलाल मिश्र का मन वितृष्णा से भर जाता था। कांग्रेस पार्टी में रहकर अन्याय सहन करना उनकी बरदाश्त से बाहर था। पार्टी में अवसरवादियों, चापलूसों एवं सत्ता के दलालों को महत्त्व दिया जा रहा था। कांग्रेस के शीर्ष नेतृत्व एवं प्रादेशिक सिपहसालारों को लगता था कि चुनाव जीतकर हमें बहुमत में तो आ ही जाना है। अतः वे विकास की बजाय आंतरिक सत्ता संघर्ष एवं गुटबाजी में ही उलझे रहते थे। चापलूसों को राजनीति में बढ़ाने के साथ ही साथ चारित्रिक रूप से उन्नत नेताओं को हतोत्साहित किया जाता था। आजादी के तत्काल बाद जनमानस में यह अवधारणा प्रबल थी कि देश को आजादी महात्मा गांधी के नेतृत्व में कांग्रेस पार्टी ने दिलाई है। इसलिए आम जनता का सहज रूप से विश्वास कांग्रेस पार्टी की ओर था। एक तरफ जनता का प्रबल भावनात्मक जन-समर्थन एवं दूसरी ओर प्रजातंत्र में शक्तिशाली विपक्ष का अभाव। इन स्थितियों ने कांग्रेस को निरंकुश रूप से शक्तिशाली बना दिया था। वे अब अपनी आलोचना सहन नहीं कर पाते थे। अपने खिलाफ आवाज उठानेवालों से दुश्मनों सा व्यवहार करते थे।

पं. लखनलाल मिश्र *का विचार था कि देश की आजादी की लड़ाई आम जनता एवं किसानों व मजदूरों ने प्रमुख रूप से लड़ी है। यह लड़ाई राष्ट्रीय स्वाभिमान के अलावा अंग्रेजों के शोषण एवं अत्याचार के खिलाफ थी। आजादी*

के पश्चात् गरीबी, शोषण, अत्याचार एवं भुखमरी बंद होना चाहिए थी। किसानों एवं मजदूरों को उनका हक मिलना चाहिए था। सत्ता का चरित्र निष्पक्ष एवं न्यायपूर्ण होना चाहिए था। स्वतंत्रता के बाद भी जब उन्होंने नेताओं एवं प्रशासनिक मशीनरी के रवैये में सकारात्मक सुधार नहीं देखा तो उन्हें काफी पीड़ा हुई। उनका विचार था कि कांग्रेस को अब अंग्रेजों की तरह शासन नहीं करना चाहिए, बल्कि जनसेवा करनी चाहिए। सत्ता का उपयोग अपने अहंकार एवं उपभोग की पूर्ति के लिए नहीं, बल्कि अधिकतम जन कल्याण के लिए करना चाहिए। उनके क्रांतिकारी विचार तत्कालीन कांग्रेस नेतृत्व को रास नहीं आते थे।

कांग्रेस पार्टी के तत्कालीन दौर में अनेक ऐसे नेता थे, जो कांग्रेस की वर्तमान रीति-नीति से संतुष्ट नहीं थे। इनमें राष्ट्रीय स्तर पर श्री जय प्रकाश नारायण, डॉ. श्यामाप्रसाद मुकर्जी, डॉ. भीमराव अंबेडकर, आचार्य श्री जे.बी. कृपलानी एवं डॉ. राममनोहर लोहिया प्रमुख थे। सन् 1948 में डॉ. रामनोहर लोहिया, आचार्य नरेंद्र देव एवं जय प्रकाश नारायण ने कांग्रेस छोड़ दी और हैदराबाद में सोशलिस्ट पार्टी की स्थापना की। डॉ. श्यामाप्रसाद मुकर्जी ने 19 अप्रैल, 1950 को कांग्रेस मंत्रिमंडल से इस्तीफा दे दिया। डॉ. मुकर्जी ने 21 अक्तूबर, 1951 को दिल्ली में नए राजनैतिक दल भारतीय जनसंघ की स्थापना की।

छत्तीसगढ़ में सन् 1950 में ठाकुर प्यारेलाल के नेतृत्व में किसान-मजदूर प्रजा पार्टी का गठन किया गया। 17 मई, 1951 को आचार्य जे.बी. कृपलानी ने रायपुर में विशाल जनसभा को संबोधित करते हुए कहा कि उन्होंने कांग्रेस से त्याग-पत्र दे दिया है और एक नया दल महाकौशल संयोजक समिति बनाया जा रहा है। आचार्य कृपलानी से प्रेरित होकर ठाकुर प्यारेलाल सिंह एवं डॉ. खूबचंद बघेल ने कांग्रेस से इस्तीफा दे दिया एवं वे महाकौशल संयोजक समिति के सदस्य बन गए। इस प्रकार कांग्रेस से समाजवादी विचारधारा के कांग्रेस नेताओं का मतभेद हुआ। वे आचार्य जे.बी. कृपलानी के साथ कांग्रेस से अलग हो गए। ठाकुर प्यारेलाल सिंह, डॉ. खूबचंद बघेल, बैरिस्टर छेदीलाल, डॉ. ज्वालाप्रसाद मिश्र, व्ही.वाई. तामस्कर, कमलनारायण शर्मा आदि भी कांग्रेस से अलग होकर प्रजा सोशलिस्ट पार्टी में शामिल हो गए।

डॉ. खूबचंद बघेल से पं. लखनलाल मिश्र का छात्र जीवन से ही आत्मीय संबंध था। दोनों गवर्मेंट स्कूल रायपुर के छात्र थे। डॉ. खूबचंद बघेल का जन्म ग्राम पथरी में हुआ था, जो पं. लखनलाल मिश्र के गाँव मूरा से मात्र 15 किलोमीटर दूर स्थित है। पथरी सिलियारी रेलवे स्टेशन से तीन किलोमीटर दूर है। डॉ. खूबचंद बघेल एवं पं. लखनलाल मिश्र का नियमित संपर्क ग्राम कुर्रा बंगोली के मालगुजार तोक सिंह नायक से था। बंगोली, ग्राम मूरा से तीन किलोमीटर दूर है। मूरा से रायपुर आने के लिए बंगोली होकर ही जाना पड़ता है। बंगोली छत्तीसगढ़ में स्वतंत्रता संग्राम सेनानियों का प्रमुख गढ़ था। ग्राम कुर्रा के स्वतंत्रता संग्राम सेनानियों में तोक सिंह नायक, निरंजन नायक, सुकालू ढीमर, बिसरू वर्मा, नारायण वर्मा, जगतराम वर्मा, गिरवर वर्मा, बिसराम वर्मा प्रमुख हैं। इसी प्रकार ग्राम बंगोली के स्वतंत्रता संग्राम सेनानियों में अनंतदास बैरागी, निर्भय राम वर्मा, जगतराम वर्मा, खुमानसिंह वर्मा, जंतू वर्मा, भागबती सतनामी, जीवराखन नायक, बादुल वर्मा, नंदलाल वर्मा, विश्वासा बाई, रमौतिन बाई, दयाबती वर्मा, भागबती वर्मा, थानूराम वर्मा, भुलकराम वर्मा, प्यारेलाल आदि प्रमुख हैं।

इस प्रकार एक छोटे से लगे क्षेत्र कुर्रा बंगोली मूरा में इतने अधिक स्वतंत्रता संग्राम सेनानियों का होना, इस अंचल के सुखद गौरवशाली इतिहास का एहसास कराता है। ग्राम कुर्रा में खादी भंडार एवं कंट्रोल दुकान थी, जो अंचल के स्वतंत्रता संग्राम सेनानियों का वैचारिक केंद्र एवं शरणस्थल था। यहाँ स्वतंत्रता संग्राम सेनानी एवं जैन धर्म के संत यति यतनलालजी का अधिकांश समय बीतता था। पं. लखनलालजी यति यतनलाल के विचारों एवं त्याग तपस्यामय जीवन से विद्यार्थी जीवन से ही अत्यंत प्रभावित थे। 19 फरवरी, 1942 को यति यतनलालजी के गुरु गणीजी का महाप्रयाण हो गया। यति यतनलालजी ने कांग्रेस की सक्रिय राजनीति से संन्यास लेकर विवेक वर्धन सेवा आश्रम के माध्यम से महासमुंद में रहकर दीन-दुखियों की सेवा को अपना ध्येय बना लिया। इस प्रकार पं. लखनलाल मिश्र के प्राय: सभी साथियों का कांग्रेस से मोहभंग हो गया। अंतत: पं. लखनलाल ने भी कांग्रेस छोड़ी एवं ठाकुर प्यारेलाल एवं डॉ. खूबचंद बघेल के साथ प्रजा सोशलिस्ट

पार्टी में प्रवेश ले लिया। छत्तीसगढ़ में प्रजा सोशलिस्ट पार्टी ही कांग्रेस के मुकाबले प्रमुख विपक्षी पार्टी थी।

सन् 1952 एवं 1956 के विधानसभा चुनावों में उन्होंने डॉ. खूबचंद बघेल के चुनाव का प्रचार धरसींवा विधानसभा में किया था। डॉ. खूबचंद बघेल प्रजा सोशलिस्ट पार्टी के उम्मीदवार थे। कांग्रेस पार्टी ने उनके विरुद्ध नंदकुमार दानी को प्रत्याशी बनाया। डॉ. खूबचंद बघेल एवं श्री नंदकुमार दानी, दोनों स्वतंत्रता संग्राम सेनानी, कर्मठ देशभक्त एवं ईमानदार थे। नंदकुमार दानी के पास कोऑपरेटिव बैंक की जीप, पूरी सरकारी मदद एवं धनकुबेरों की टीम थी, जबकि डाक्टर खूबचंद बघेल उम्रदराज होने के बावजूद साइकिल से अपना चुनाव प्रचार करते थे। उनके सहयोगी भी किसान परिवारों से थे। अत: वे गाँव-गाँव जाकर व्यक्तिगत संपर्क करते थे। डॉ. साहब एवं उनके सहयोगी छत्तीसगढ़ी भाषा में भाषण देते थे एवं छत्तीसगढ़ की अस्मिता एवं पहचान को जगाते हुए प्रचार करते थे। दोनों ही चुनावों में कांग्रेस के प्रत्याशी नंदकुमार दानी पराजित हुए एवं डॉ. खूबचंद बघेल काँटे की टक्कर में लगभग तीन सौ से चार सौ मतों से विजयी हुए।

संसाधनों की कमी से हार गए

विधानसभा चुनाव-1956

सन् 1956 के विधानसभा चुनाव में डॉ. खूबचंद बघेल ने आरंग विधानसभा क्षेत्र से पं. लखनलाल मिश्र को प्रजा सोशलिस्ट पार्टी का प्रत्याशी बनाया। उस समय संपूर्ण छत्तीसगढ़ में सोशलिस्ट पार्टी, जिसका चुनाव चिह्न झोंपड़ी छाप था, उसका बोलबाला था तथा सभी बड़े नेता इसी पार्टी के थे। उनके विरुद्ध कांग्रेस के प्रत्याशी श्री लखनलाल गुप्ता थे। पं. लखनलाल मिश्र बहुत कम मतों से चुनाव हार गए। सरकारी मशीनरी के दुरुपयोग एवं संसाधनों के कारण वे पराजित हुए। चुनावों में धनबल का प्रभाव इस समय पड़ना प्रारंभ हो गया था। छत्तीसगढ़ की गरीब जनता को चुनावों में प्रलोभन एवं साइकिल, रेडियो, कंबल, शराब आदि बाँटकर प्रभावित कर लिया जाता

था। आज तो यह बीमारी अधिक बढ़ गई है। आम आदमी बढ़ते चुनावी खर्चों के कारण चुनाव लड़ने की हिम्मत नहीं कर पाता एवं यदि हिम्मत करता भी है तो पराजित हो जाता है। पं. लखनलाल मिश्र ने यह चुनाव उधार रकम लेकर लड़ा था। आनेवाले वर्षों में किसानी से प्राप्त आय में से उन्हें धीरे-धीरे कर्जों को चुकाना पड़ा। यह चुनाव उनके लिए आर्थिक रूप से अधिक हानिकारक था। पं. लखनलाल मिश्र की चुनावी पराजय पर डॉ. खूबचंद बघेल ने कहा, ''दुर्भाग्य यह है कि हम लोगों के पास पैसा नहीं है। बाहरी नेता एवं बाहरी व्यापारियों की साँठ-गाँठ एवं अपने लोगों के असहयोग के कारण हम लोग शक्ति के रूप में नहीं उभर पाते और चुनाव हार जाते हैं।'' छत्तीसगढ़ को वह दरजा नहीं दिला पा रहे हैं, जिसका वह हकदार है। आज भी छत्तीसगढ़ हर तरफ से शोषित, पीड़ित एवं पराजित है। छत्तीसगढ़ियों की सरलता उनके लिए अभिशाप बनती जा रही है। भविष्य में उन्हें संगठित होना होगा। जातीय स्वाभिमान को समाप्तकर छत्तीसगढ़ के स्वाभिमान को जगाना होगा। स्वयं के भीतर अलगाववादी विचारों को समाप्तकर संपूर्ण छत्तीसगढ़ के विकास की दिशा में आगे बढ़ना होगा। आत्म चिंतनकर स्वयं को शक्तिशाली बनाकर छत्तीसगढ़ियों के विकास के लिए अनवरत प्रयास करना होगा। तभी हम अपने एवं स्वाभिमान की रक्षा कर सकेंगे।

कालांतर में उन्होंने महसूस किया कि राजनीति का वर्तमान चरित्र उनके विचारों के अनुकूल नहीं है। चुनावी राजनीति में भ्रष्ट तरीके से चुनाव लड़ने एवं जीतने के वे पक्षधर नहीं थे। षड्यंत्रकारी राजनीति में ऊपर उठने के लिए तथा मूल्यों के प्रति निष्ठावान बने रहने के लिए अपने सिद्धांतों से समझौता करना उन्हें मंजूर नहीं था। खर्चीली चुनाव प्रणाली में बने रहने के लिए अतिरिक्त धन जुटाने में नैतिक पतन होगा। यह सब उनके लिए संभव नहीं था। अपने जमीर से समझौताकर जिंदगी में उन्होंने कोई भी काम नहीं किया। अपने आदर्शों पर चलते हुए उन्हें टूट जाना मंजूर था, लेकिन झुकना मंजूर नहीं था।

अत: काफी विचार-मंथन के पश्चात् उन्होंने चुनावी राजनीति से संन्यास ले लिया। अपनी प्रवृत्ति के अनुरूप राजनैतिक, सामाजिक एवं धार्मिक क्षेत्र

में आजीवन सक्रिय रहे। अब उन्होंने एक किसान के रूप में ग्राम मूरा पर अपना ध्यान केंद्रित किया। छत्तीसगढ़ में प्राय: अकाल पड़ता रहता था। अतिवृष्टि, अनावृष्टि एवं कीट प्रकोप के कारण किसानों को उनकी मेहनत का फल नहीं मिल पाता था। इससे किसानों की आर्थिक हालत दिनोदिन बिगड़ती जा रही थी।

इसीलिए यह लोकोक्ति प्रचलित हो गई, ''किसान का बेटा कर्ज में पैदा होता है। कर्ज में जीता है, और कर्ज में ही मर जाता है।'' आर्थिक विपन्नता के कारण वह सूदखोरों एवं महाजनों के चंगुल में फँसा रहता है। किसानों की इस दुर्दशा के प्रति उन्हें अत्यधिक बेचैनी थी। उनका मानना था कि फसल का उचित मूल्य किसानों को नहीं मिल पा रहा है। यह अन्यायपूर्ण था। मेहनत कर किसान अनाज उपजाता था एवं उसकी कीमत सरकार में बैठे लोग तय करते थे। वे सही आकलन न कर कम मूल्य में धान खरीदते थे। किसानों का संगठित बाजार नहीं था। शासन की इस नीति के कारण वर्ष भर मेहनत करने के बावजूद किसान अभावग्रस्त रहता था, यहाँ तक कि भूखा मरता था। इन्हीं कारणों से छत्तीसगढ़ का किसान, श्रमिक मजदूर के रूप में छत्तीसगढ़ से पलायनकर अन्य राज्यों में जाकर काम करता था। यह उनकी मजबूरी थी। वहाँ भी उनके साथ बंधुआ मजदूरों से भी बदतर व्यवहार किया जाता था। ठेकेदार के लठैतों का आतंक उनके दिलों में छाया रहता था।

जेल भरो आंदोलन 1959

सन् 1959 में छत्तीसगढ़ में अकाल पड़ा। अन्न के बिना लोगों का जीना मुश्किल हो गया। डॉ. खूबचंद बघेल विधायक थे। डॉ. कैलाशनाथ काटजू मुख्यमंत्री थे। किसानों में असंतोष था। छत्तीसगढ़ में धान की फसल एवं मध्य भारत एवं तथा विंध्य प्रदेश में गेहूँ की फसल अधिक होती है। मध्य भारत एवं विंध्य प्रदेश में किसानों को राहत पहुँचाने के लिए शासन ने गेहूँ का शासकीय खरीदी मूल्य बढ़ा दिया। डॉ. बघेल एवं पं. लखनलाल मिश्र ने मुख्यमंत्री डॉ. कैलाशनाथ काटजू से कहा कि मध्य भारत एवं विंध्य प्रदेश में जिस प्रकार गेहूँ का मूल्य बढ़ाया गया है, उसी प्रकार छत्तीसगढ़ में धान

का खरीदी मूल्य बढ़ाया जाए। सरकार ने उनकी बात नहीं मानी। उस समय किसानों को मंडी में ही शासकीय समर्थन मूल्य पर धान बेचना पड़ता था। उन्होंने पुन: माँग उठाई कि छत्तीसगढ़ के किसानों को अपना धान भारत के अन्य प्रांतों में भेजने एवं विक्रय करने की अनुमति दी जाए। शासन ने यह बात भी नहीं मानी। छत्तीसगढ़ से धान निकासी की राजबंदी एवं जिलाबंदी कर दी गई। इससे धान की कीमतों में उल्लेखनीय गिरावट आ गई। एक तो अकाल एवं उस पर कीमतों में गिरावट से किसानों पर दोहरी मार पड़ी। डॉ. खूबचंद बघेल एवं पं. लखनलाल मिश्र ने धान सत्याग्रह करने का निर्णय लिया। यह फैसला लिया गया कि सरकारी लोगों को उपज का धान नहीं देना है। भले ही भूखे मर जाना है, लेकिन सरकार की इन अन्यायपूर्ण एवं किसान विरोधी नीतियों का जमकर विरोध करना है।

उस समय भी ब्रिटिश शासन की पुलिसिया मनोवृत्ति आजादी के बाद की भारतीय पुलिस से हटी नहीं थी। पुलिस का खौफ अभी भी ग्रामीणों पर था। धान सत्याग्रह आंदोलन के प्रति पुलिस का दमन चक्र चालू हो गया। लगभग दो हजार छत्तीसगढ़ के किसानों को जेल में डाल दिया गया। डॉ. खूबचंद बघेल एवं उनके अन्य सत्याग्रहियों को बाघ नदी पार करने के पश्चात् ही जेल में डाल दिया गया। पं. लखनलाल मिश्र के नेतृत्व में रायपुर कलेक्टोरेट कार्यालय के समक्ष जंगी प्रदर्शन एवं विरोध किया गया। शासन ने पं. लखनलाल मिश्र एवं कुर्रा, बंगोली मूरा ग्राम के सौ से अधिक किसानों को दिनांक 01.09.1959 को पुलिस हिरासत में ले लिया। डॉ. खूबचंद बघेल एवं पं. लखनलाल मिश्र को आजाद भारत में किसानों के वाजिब माँगों के समर्थन में प्रदर्शन करने पर एक वर्ष के सश्रम कारावास की सजा सुनाई गई। उन्हें सेंट्रल जेल रायपुर में रखा गया। इससे छत्तीसगढ़ में असंतोष फैल गया। जगह-जगह धरना-प्रदर्शनों का दौर प्रारंभ हो गया। सरकार को अंततः झुकना पड़ा। 45 दिनों तक जेल में रखने के बाद सभी आंदोलनकारियों को रिहा कर दिया गया।

"यह एक अजीब विडंबना थी कि ब्रिटिश शासन में पुलिस में रहकर आंदोलनकारियों की मदद करने के बाद भी ब्रिटिश शासन उन्हें गिरफ्तार नहीं

कर पाया, यहाँ तक कि खुले आम वंदे मातरम् एवं महात्मा गांधी की जय का उद्घोषकर पुलिस की नौकरी छोड़ने पर भी ब्रिटिश शासन में उन्हें गिरफ्तार नहीं किया गया, लेकिन आजाद भारत में किसानों पर होनेवाले अत्याचारों एवं शोषण का विरोध करने पर उन्हें जेल में डाल दिया गया।''

उक्त घटनाक्रम के पश्चात् उनका विश्वास सरकार से उठ गया। राजनीति से उन्हें वितृष्णा हो गई। प्रजा सोशलिस्ट पार्टी से संबंध तोड़कर उन्होंने राजनीति से संन्यास ले लिया।

□

वंश वृक्षावली एवं सामाजिक दायित्व

पिताश्री पं. रामबगस मिश्र की मृत्यु के पश्चात् पूरे परिवार की जिम्मेदारी लखनलालजी पर आ गई। सन् 1933 में मूरा गाँव की कृषि व्यवस्था के लिए उन्होंने रामाधीन दीवान को मुख्तियार बनाया। कहते हैं कि विपत्ति कभी अकेले नहीं आती। जुलाई, 1933 में पिताजी की मृत्यु के एक महीने पश्चात् सबसे बड़ी बहन श्रीमती विंदा बाई के पति श्री रमानाथ तिवारी (पलौद एवं भलेरावाले) की मृत्यु हो गई। श्रीमती विंदा की एकमात्र पुत्री का नाम सरोजनी था, जिसका विवाह श्री सत्यनारायण तिवारी से हुआ। एक भाई 6 बहनों में श्रीमती बिंदाबाई, रुक्मीन बाई, राही एवं कंचन की शादी हो चुकी थी। जामा बाई की शादी सन् 1935 में एवं उससे छोटी बहन कुमारी बाई का विवाह सन् 1940 में पंडित लखनलालजी ने स्वयं संपन्न कराया।

मिश्रजी की बहन रुक्मीन की शादी श्री माधोप्रसाद तिवारी (पौंता) के साथ हुई थी। तीसरी बहन राही बाई की शादी श्री द्वारिका दुबे (देवादा अंजोरवाले) के साथ एवं चौथे कंचन की शादी श्री गोवर्धन शुक्ल (कन्हेरा कुम्हारीवाले) के साथ हुई थी। पाँचवें क्रम की बहन जामा का विवाह रामनारायण मिश्र (कसडोलवाले) से एवं सबसे छोटी बहन कुमारी का विवाह मुन्नालाल (तोड़गाँववाले) से हुआ था। पं. लखनलाल मिश्र के 5 पुत्र एवं 5 पुत्रियाँ हैं। ग्राम मांठ के जमींदार एवं पं. रामबगस मिश्र के भतीजे श्री रामशरण के यहाँ जब ईश्वरी का जन्म हुआ, तब पं. रामबगस ने कहा था कि मेरे यहाँ भी भगवान् की कृपा से नाती होगा। मैं रायपुर से बैंड बाजा लाकर बजवाऊँगा। नियति का विधान, पं. रामबगस की मृत्यु के पश्चात् लखनलाल

मिश्र को प्रथम पुत्र रत्न की प्राप्ति हुई। उनका नाम रामेश्वर प्रसाद मिश्र रखा गया। रामेश्वर मिश्र का विवाह लोहरसीवाले (शिवकुमार) की पुत्री प्रभा से हुआ। उनके पुत्र आलोक मिश्र, नोटरी एवं अधिवक्ता हैं। उनकी तीन पुत्रियाँ—श्रीमती आशा मिश्र, दामाद डॉ. योगेशचंद्र मिश्र चिकित्सक जिला चिकित्सालय रायपुर, द्वितीय श्रीमती अलका मिश्र, दामाद श्री कृष्ण कुमार शर्मा आयकर आयुक्त मुंबई एवं डॉ. अनामिका शर्मा, दामाद डॉ. विनोद शर्मा डायरेक्टर आल इंडिया हार्ट फाउंडेशन नई दिल्ली हैं। रामेश्वर मिश्र ने विधि स्नातक की शिक्षा के पश्चात् भिलाई स्टील प्लांट में विधि अधिकारी के पद पर कार्य किया। शिक्षा के क्षेत्र में सन् 1963 में अभूतपूर्व योगदान देते हुए छत्तीसगढ़ कल्याण समिति का गठन किया। भिलाई में तत्कालीन म.प्र. के एक बड़े महाविद्यालय कल्याण स्नातकोत्तर महाविद्यालय की स्थापना की। दूसरे क्रम में श्री विश्वनाथ मिश्र (बिसन) का विवाह श्रीमती उर्वशी मिश्र (सोढ़ार) से हुआ। पं. रविशंकर शुक्ल विश्वविद्यालय के अर्थशास्त्र विभाग में प्राध्यापक पद पर कार्यरत बिसन अत्यंत मिलनसार थे। उनके एक मात्र पुत्र सौरभ मिश्र रायपुर जिला जनपद पंचायत के पूर्व सदस्य रहे है। पाँच पुत्रियाँ डॉ. श्रद्धा मिश्र, पति श्री अमिताभ (टेलीकाम इंजीनियर) शुभ्रा, श्रुति की शादी हो चुकी हैं एवं दोनों दामाद श्री शरद तिवारी एवं पंकज शर्मा महत्त्वपूर्ण पदों पर रायपुर में कार्यरत हैं।

तीसरे पुत्र श्री ज्ञानेश्वर मिश्र शासकीय छत्तीसगढ़ महाविद्यालय में समाजशास्त्र के प्रोफेसर हैं। पुत्र अमित मिश्र टाटा इंफोटेक एजुकेशन संस्थान का संचालन करते हैं एवं पुत्री गरिमा मिश्र अध्ययनरत हैं। चौथे पुत्र बबला (गिरीश चंद्र दुबे) को पं. लखन श्रवणकुमार कहते थे। अपने साढू श्री छेरका प्रसाद दुबे ग्राम दोंदे के निस्संतान होने के कारण उन्होंने बबला को गोद में दिया था, जिसके कारण उनका सरनेम दुबे हो गया था। पाँचों पुत्रों में सबसे छोटे श्री गणेशशंकर का विवाह पं. रामगोपाल तिवारी सहकारिता पुरुष पूर्व सांसद एवं अध्यक्ष प्रदेश कांग्रेस कमेटी म.प्र. के पुत्र डॉ. प्रशांत मिश्र की पुत्री डॉ. प्रीति मिश्र से हुआ। डॉ. प्रीति मिश्र शासकीय महिला महाविद्यालय में प्रोफेसर हैं। उनकी पुत्री डॉ. गीतिकाशंकर एम.बी.बी.एस.

के पश्चात् पोस्ट ग्रेजुएशन जवाहरलाल नेहरू मेडिकल कालेज वर्धा से कर रही हैं। दामाद डॉ. नितिन तिवारी, ग्रांट मेडिकल कॉलेज मुंबई से एम.एस. कर रहे हैं। पुत्र पीयूष ने इंजीनियरिंग स्नातक तथा आई.एम.टी. गाजियाबाद से एम.बी.ए. किया है।

(1) पं. लखनलाल मिश्र की पाँच पुत्रियाँ हैं। बड़ी लड़की श्रीमती मंदाकिनी शुक्ल का विवाह डॉ. संत कुमार शुक्ल के साथ हुआ था। इनके तीन पुत्र एवं एक पुत्री है। सबसे वरिष्ठ अनिल कुमार शुक्ल, द्वितीय डॉ. प्रदीप कुमार शुक्ल, प्रोफेसर छत्तीसगढ़ प्रशासन अकादमी रायपुर में है एवं कनिष्ठ अजीत शुक्ल सहायक भू-जलविद् रायपुर में है। पुत्री श्रीमती अनीता शुक्ल पति श्री जितेंद्र शुक्ल वरिष्ठ प्रबंधक बिलासपुर रायपुर ग्रामीण बैक बिलासपुर है।

(2) द्वितीय पुत्री श्रीमती विमल तिवारी तथा दामाद श्री लक्ष्मीनारायण तिवारी ग्राम अडभार जिला बिलासपुर निवासी अवकाश प्राप्त जिला एवं सत्र न्यायाधीश। इनकी मृत्यु पश्चात् श्रीमती तिवारी रायपुर में निवासरत हैं। इनके पुत्र श्री राजकुमार तिवारी सहायक आयुक्त वाणिज्य कर इंदौर, श्री अनूप तिवारी प्रबंधक बस्तर ग्रामीण बैंक जगदलपुर, श्री संजय तिवारी सहायक आयुक्त आबकारी हैं। पुत्री डॉ. श्रीमती रीता तिवारी, पति डॉ. हर्षवर्धन तिवारी वैज्ञानिक एवं पूर्व उपकुलपति बरकतउल्ला विश्वविद्यालय भोपाल हैं।

(3) तृतीय पुत्री श्रीमती रत्ना शर्मा, पति स्व. ध्रुव प्रसाद शर्मा सेवानिवृत्त प्राचार्य शास. छत्तीसगढ़ स्नातकोत्तर महाविद्यालय रायपुर, बिलासपुर में निवासरत हैं। इनके पुत्र श्री प्रवीण शर्मा एस.ई.सी.एल. कोरबा, श्री प्रणय शर्मा एस.ई.सी.एल. बिलासपुर, श्री प्रशांत शर्मा गुरु घासीदास विश्वविद्यालय बिलासपुर, श्री प्रबुद्ध शर्मा एन.टी.पी.सी. में कार्यरत हैं।

(4) चतुर्थ पुत्री श्रीमती पुष्पा तिवारी पति स्वर्गीय वीरेंद्र तिवारी (दरबावाले), जो पं. रविशंकर शुक्ल विश्वविद्यालय में व्याख्याता थे। इनके तीन पुत्रों में श्री मनीष इंग्लैंड में इंजीनियर हैं, श्री नीतीश

तिवारी पं. रविशंकर वि.वि. रायपुर में कार्यरत हैं। श्री आशीष तिवारी पूना में कंप्यूटर इंजीनियर हैं।

(5) सबसे छोटी पुत्री श्रीमती वीणा तिवारी, पति श्री अर्जुन तिवारी सेवानिवृत्त मुख्य अभियंता लोक निर्माण विभाग बिलासपुर के पुत्र श्री समीर तिवारी इंजीनियर इंदौर, श्री शिशिर तिवारी सॉफ्टवेयर इंजीनियर वॉशिंगटन (यू.एस.ए.) पुत्री डॉ. श्रीमती दीप्ति, पति कैप्टन राजीव मिश्र नई दिल्ली है।

पं. लखन मिश्र के भानजों में श्री चंद्रप्रकाश शर्मा, श्री बालकृष्ण तिवारी, डॉ. आदित्य शुक्ल, श्री अरुण शुक्ल, श्री अश्वनी शुक्ल, डॉ. रामेंद्र शुक्ल एवं श्री राम भगवान् दुबे, श्री रामानंद दुबे, श्री सुरेंद्रनाथ मिश्र, श्री सनत कुमार मिश्र, श्री सुरेश मिश्र अपने दायित्वों का निर्वहन करते हुए पारिवारिक परंपरा का निर्वहन कर रहे हैं।

मूरा परिवार की ख्याति पुलिस विभाग में तीन भाइयों द्वारा दी गई सेवाओं के लिए सर्व विदित है। मूरा परिवार में सन् 1933 में पं. लखनलाल मिश्र सब इंस्पेक्टर के रूप में नियुक्त हुए। इसके पश्चात् उनके अनुज श्री शारदा प्रसाद मिश्र (अवकाशप्राप्त डी.आई.जी.) एवं श्री चंद्रिका प्रसाद मिश्र (अवकाशप्राप्त डिप्टी सुपरिंटेंडट ऑफ पुलिस) पुलिस सेवा में गए।

पं. लखन के छोटे काका श्री झब्बूलाल मिश्र का स्वर्गवास अल्पायु में हो गया था। वे निस्संतान थे। दूसरे क्रम में श्री रामभरोसा मिश्र अधिवक्ता के दो पुत्र श्री चंद्रिका प्रसाद मिश्र एवं श्री ईश्वरी प्रसाद मिश्र हैं। श्री चंद्रिका प्रसाद मिश्र के तीन पुत्र श्री सतीश मिश्र, श्री रमेश मिश्र एवं श्री विधान मिश्र पूर्व मंत्री छ.ग. शासन हैं। पुत्री श्रीमती जयश्री तिवारी, दामाद श्री सुशील तिवारी महाप्रबंधक भिलाई इस्पात संयंत्र भिलाई में कार्यरत हैं। ईश्वरी प्रसाद मिश्र के दो पुत्र, श्री डॉ. रंजन मिश्र एस.ई.सी.एल. में चीफ मेडिकल ऑफिसर से सेवानिवृत्त होने के बाद रायपुर में निवासरत हैं। छोटे पुत्र श्री राजीव मिश्र मुंबई में वैज्ञानिक हैं। सबसे बड़े काका श्री रामचरण मिश्र के दो पुत्र श्री शारदा प्रसाद मिश्र एवं श्री ओम प्रकाश मिश्र दिल्ली में वरिष्ठ पत्रकार हैं। तीन पुत्रियों में प्रथम कली शुक्ल, दामाद श्री रामखिलावन शुक्ल अवकाश

प्राप्त जिला एवं सत्र न्यायाधीश, द्वितीय निर्मला मिश्र, दामाद श्री विष्णु मिश्र (छेरीखेड़ीवाले श्री रामाधीन मिश्र के पुत्र) एवं तृतीय श्रीमती मनोरमा शुक्ल, दामाद श्री विष्णु शुक्ल अवकाशप्राप्त कंजरवेटर ऑफ फॉरेस्ट हैं।

श्री शारदाप्रसाद मिश्र के तीन पुत्र एवं दो पुत्रियाँ हैं। सबसे बड़े पुत्र स्व. अरुण मिश्र मुख्य अभियंता म.प्र. विद्युत मंडल जबलपुर, द्वितीय पुत्र अतुल मिश्र दिल्ली एवं तृतीय पुत्र विवेक मिश्र इंदौर हैं। दो पुत्रियों में श्रीमती रेखा मिश्र दामाद डॉ. एस.एन. मिश्र (परसदा वाले) एवं शीला (बबली) दामाद श्री ओ.पी. गर्ग अतिरिक्त पुलिस महानिदेशक मध्य प्रदेश हैं।

मूरा परिवार के पूर्वज मायाराम के दो पुत्र क्रमशः पोटू एवं परसराम थे। पारिवारिक व्यवस्था के तहत ग्राम मूरा की जमींदारी पोटू एवं ग्राम मांठ की जमीदारी परसराम को दी गई। परसराम ने मांठ में रहकर जमींदारी प्रारंभ की। यहीं से मूरा परिवार की एक शाखा के रूप में मांठ परिवार विकसित हुआ। मांठ एवं मूरा ग्राम आसपास है। लखनलालजी के मांठ परिवार से आत्मीय एवं घनिष्ठ संबंध थे। दोनों ग्राम के परिवारजन एक-दूसरे के प्रति अपनत्व एवं समर्पण रखते थे। मांठ के रामशरण एवं उनके पुत्र ईश्वरी प्रसाद मिश्र से लखनलाल की विशेष आत्मीयता थी। मांठ परिवार में रामशरण के तीन पुत्र ईश्वरी, नंदकुमार एवं रामबिशाल है। ईश्वरी के पुत्र मुकेश नंदकुमार के विक्रम एवं गौतम तथा रामबिशाल के राजीव एवं रवींद्र हैं। मांठ के लखन के पुत्र विष्णु, रामकृष्ण एवं रामकुमार है। रामकृष्ण के पुत्र डॉ. प्रीतम एवं राजेश तथा रामकुमार के पुत्र राहुल हैं। श्री झुमुकलालजी के पुत्र गजानंद, जिनके पुत्र डॉ. अशोक, राकेश एवं सुरेश तथा रामनिहाल के पुत्र नीरज संजय एवं आशीष हैं।

इसी प्रकार मूरा परिवार की एक शाखा ग्राम नेवारी फुलवारी में विकसित हुई। जहाँ भुवन मिश्र, पूर्व कुलसचिव रविशंकर शुक्ल विश्वविद्यालय रायपुर के पुत्र डॉ. रवींद्र, जितेंद्र, डॉ. धीरज, राजकुमार एवं डॉ. रामसहाय के पुत्र समीर हैं। मूरा परिवार की लखनपुर शाखा में दिलीप के पुत्र त्रिभुवन, घनश्याम प्रेमशंकर महेश एवं शैलेंद्र हैं। इस प्रकार परिवार के सभी सदस्यों के प्रेरणास्रोत लखनलालजी थे, जिनका सहज स्नेह एवं मार्गदर्शन सभी को

मिलता रहा है। पं. लखनलालजी सभी रिश्तेदारों एवं संबंधियों को अपने ही परिवार के समान आदर एवं स्नेह प्रदान करते थे। यह उनके व्यक्तित्व की विशेष पहचान थी।

श्री शारदा प्रसाद मिश्र (सेवानिवृत्त पुलिस उप-महानिरीक्षक) ने अपने संस्मरण में लिखा है कि जब मैं प्राथमिक स्कूल में था, उसी समय बड़े भाई पं. लखन का चयन सब इंस्पेक्टर पद पर हो गया। उनकी लंबी कद-काठी, उस पर इंस्पेक्टर की वरदी एवं उनका रौबीला व्यवहार, हर किसी को गहराई से प्रभावित करता था। बाल मन में बसी छवि अंतर्मन का स्थायी हिस्सा बन जाती है। लखनलाल मिश्रजी की दबंगता एवं अनुशासनप्रियता ने मुझे काफी प्रभावित किया। संभवतः अंतर्मन की उसी प्रेरणा ने मुझे पुलिस सेवा की ओर आकर्षित किया। सन् 1948 में मैंने डिप्टी सुपरिंटेंडेंट ऑफ पुलिस का पदभार ग्रहण किया एवं सन् 1979 में डिप्टी इंस्पेक्टर जनरल ऑफ पुलिस (इंदौर) के पद से सेवानिवृत्त हुआ। पुलिस की नौकरी से इस्तीफा देकर भाई लखनलाल ने ग्राम मूरा में जाकर पैतृक खेती-किसानी में पूरा ध्यान लगाया। 'जय जवान एवं जय किसान' के नारे को उन्होंने श्री लाल बहादुर शास्त्री के आह्वान के पूर्व ही अपने जीवन में उतार लिया था। भाई के जिस गुण का मैं सर्वाधिक कायल था, वह उनकी अनुशासनप्रियता थी। उस समय 25-30 नौकर कार्य करते थे। पं. लखन कभी सुबह 9 बजे एवं कभी दोपहर को आरामकर अपराह्न 4 बजे खेतों की ओर जाते थे। उनमें गजब का आत्मबल एवं नेतृत्व क्षमता थी। नौकरों में उनकी किसी भी बात की अवज्ञा करने का साहस नहीं होता था। उनके अधीनस्थ सौंपे गए कार्यों को पूरा करके ही घर लौटते थे। भले ही उसमें कितना ही समय लग जाए। व्यवस्थित रूप से कठोर परिश्रम करनेवाले लोग उस जमाने में गिनती के थे। मात्र कृषि के सहारे उन्होंने अपने परिवार के 12 बच्चों की शादियाँ कीं एवं एक भी एकड़ जमीन नहीं बेची। सभी बच्चों को उच्च शिक्षा दिलाई। यह उनके कठोर परिश्रम, अध्यवसाय एवं दूरदर्शिता का प्रमाण है। हमारा परिवार उन्हें पितपुरुष के रूप में पाकर गौरवान्वित हुआ है।

पं. लखन के चाचा रामभरोसा मिश्र रायपुर के प्रसिद्ध अधिवक्ता थे।

उनके पुत्र चंद्रिका मिश्र ने इंटर परीक्षा उत्तीर्ण करने के बाद पढ़ाई छोड़ दी। इस पर उनके पिता ने कहा कि तुम्हें नहीं पढ़ना है, तो गाँव में जाकर खेती करो या खाली बैठो। इस संक्रमण-कालीन किंकर्तव्यविमूढ़ स्थिति में चंद्रिका ने भाई लखन से मार्गदर्शन माँगा। इस पर उन्होंने हौसला देते हुए कहा कि तुम अधिक चिंता मत करो। कोई-न-कोई रास्ता निकल आएगा। उस समय वे दुर्ग जिले में पदस्थ थे। विभागीय अधिकारियों की दृष्टि में उनकी छवि ईमानदार एवं दबंग अधिकारी की थी। सेवानिवृत्त डी.एस.पी. श्री चंद्रिका मिश्र ने संस्मरण में लिखा है कि सन् 1944 में पुलिस विभाग में आई.जी. के पद पर अंग्रेज अधिकारी वाटसन एवं डी.आई.जी. के पद पर पैरी बेंटन स्काट पदस्थ थे। लखन मिश्रजी ने उक्त दोनों अधिकारियों से चर्चाकर निवेदन किया कि उनका छोटा भाई पुलिस विभाग में सेवा देने के लिए इच्छुक है। कृपया उन्हें अवसर दीजिएगा। इस पर उक्त दोनों अधिकारियों ने उन्हें आश्वस्त किया। तत्पश्चात् नागपुर में सब इंस्पेक्टर चयन के लिए साक्षात्कार हुआ। वाटसन साहब ने मुझे बुलाकर पूछा, 'व्हाट इज युवर नेम।' मैंने कहा, 'माई नेम इज चंद्रिका प्रसाद मिश्रा।' तब श्री वाटसन ने कहा, 'राइट टैन लाइंस ऑन लॉ एन ऑर्डर।' मैंने दस लाइन अंग्रेजी भाषा में 'कानून एवं व्यवस्था' पर लिखकर तुरंत दे दी। श्री वाटसन ने उसे पढ़ा एवं संतुष्ट होकर कहा—यू कैन गो, यू आर सिलेक्टेड। उस समय वहाँ पर साक्षात्कार में अधिकांश प्रत्याशी ग्रेजुएट एवं पोस्ट ग्रेजुएट थे। जब चयन सूची जारी हुई तो लिस्ट में सबसे ऊपर मेरा नाम था। इस प्रकार के साक्षात्कार एवं चयन प्रणाली को जानकर आज भले ही आश्चर्य हो और शायद ऐसा भी लग सकता है कि यह पक्षपातपूर्ण चयन प्रक्रिया थी, पर वास्तव में ऐसा नहीं है। अंग्रेज प्रशासकों की यह निश्चित मान्यता थी कि प्रशासनिक एवं चारित्रिक गुणों की परिपक्वता एवं कुलीनता लंबे समय से चली आ रही वंशानुगत संस्कारों से आती है। प्रशासन में वे शैक्षणिक योग्यताओं की तुलना में वंशानुगत एवं स्वभावगत चारित्रिक संस्कारों की पृष्ठभूमि को अधिक महत्त्व देते थे। आज भी ब्रिटेन में प्रशासनिक दक्षता के संबंध में कुलीनता को पर्याप्त महत्त्व दिया जाता है।''

पुलिस सेवा में चयन के उपरांत लखन भैया ने मुझे बेमेतरा में अपने

पास रखा। उस समय वे बेमेतरा थाना के प्रभारी थे। हमारी भाभी सुशीला भी वहाँ थीं। भैया ने मुझसे कहा कि पुलिस की ट्रेनिंग तो सागर पुलिस कॉलेज में करोगे। यहाँ मेरे साथ रहकर आई.पी.सी., एवीडेंस एवं सी.आर.पी.सी.का व्यावहारिक ज्ञान पुख्ता कर लो। यह आगे बहुत काम आएगा। मैंने उनके सान्निध्य में रहकर रोजनामचा, एफ.आई.आर. एवं केस डायरी लिखना एवं आपराधिक प्रकरणों की विवेचना के संबंध में महत्त्वपूर्ण सावधानियों पर व्यावहारिक प्रशिक्षण प्राप्त किया। जो पुलिस सेवा में मुझे जिंदगी भर काम आया। उन्होंने मुझसे कहा कि जिंदगी में तीन बातों को हमेशा याद रखना। कार्य के प्रति समर्पण, कठोर परिश्रम एवं ईमानदारी। उनके द्वारा बताए गए उक्त मूलमंत्र को मैंने अपने जीवन में अपनाया। इसका परिणाम यह हुआ कि अपने पूरे पुलिस कॅरियर एवं पारिवारिक जिदंगी ने कभी भी मुझे अशांति एवं असफलता का सामना नहीं करना पड़ा। भैया ने मेरा कॅरियर बनाया। पुलिस सेवा में मेरे आदर्श बड़े भाई लखन मिश्र मेरे भाग्य-विधाता थे।

सन् 1945 में मिश्र के चाचाजी श्री रामभरोसा मिश्र का आकस्मिक निधन हो गया। उस समय उनके पुत्र ईश्वरी मिश्र बनारस विश्वविद्यालय में पढ़ रहे थे। अचानक इस दैवीय संकट से उनका परिवार लड़खड़ा गया। गाँव में उनकी खेती देखनेवाला कोई नहीं था। अत: उन्होंने अध्ययन छोड़कर गाँव में खेती करने का निर्णय लिया। उस समय लखन मिश्रजी ने कहा कि में तुम्हारी स्थिति भलीभाँति समझता हूँ। इसी प्रकार की स्थितियों का मैंने सामना किया है। अपना अध्ययन पूरा नहीं कर पाने का गम मुझे आज भी है। तुम बनारस जाकर अपना अध्ययन करो। जो भी खर्च लगेगा, उसकी पूरी व्यवस्था मैं करूँगा। मैं नहीं चाहता कि विषम परिस्थितियों के कारण मेरे परिवार में कोई अध्ययन न कर सके। उन्हीं की प्रेरणा एवं सहयोग से ईश्वरी मिश्र ने बनारस विश्वविद्यालय से गणित में एम.एस.सी. की शिक्षा पूरी की। रायपुर में वे गणित एवं भौतिक शास्त्र के अधिकारी शिक्षक माने जाते थे। श्री ईश्वरी मिश्र ने अपने संस्मरण में लिखा है कि उनके सभी बच्चों की शादी में भाई लखन मातृकापूजन में बैठते थे। विवाह की पूरी व्यवस्था करते थे। परिवार में किसी की भी एवं किसी प्रकार की समस्या को वे व्यक्तिगत रुचि

लेकर समाधान करते थे। आज के समय में व्यक्ति आत्मकेंद्रित एवं स्वार्थी होता जा रहा है। ऐसे समय में भाई लखन की स्मृति ताजी हवा के झोंके की तरह सुकून एवं ताजगी प्रदान करती है।

आजकल किसी की बात सुनने के लिए किसी के पास वक्त नहीं है, यहाँ तक कि पिता, पुत्र, भाई भी आपस में चर्चा के लिए समय नहीं निकाल पाते हैं। एक अंधी दौड़ में सभी का जीवन व्यस्त है, जबकि पं. लखनलाल मिश्र के पास सभी के लिए वक्त रहता था। उनसे मिलने पर ऐसा लगता था कि मानो वे स्वयं प्रतीक्षा कर रहे हों। पारिवारिक वैवाहिक कार्यक्रमों में वे पूर्व से ही आकर पूरी व्यवस्था सँभाल लेते थे। उनके आ-जाने से ही आधी समस्याओं का समाधान हो जाता था। उनका व्यक्तित्व एवं परिचय का दायरा इतना विस्तृत था कि उनकी उपस्थिति से ही सारे कार्य सहजता से संपन्न हो जाते थे। एक प्रसंग पर पं. लखन ने अपने अनुज रामकृष्ण से कहा था—

“जीवन में लोगों की मदद एवं भलाई करते रहना चाहिए। यह जरूरी नहीं है कि सभी आदमी एहसान मानें। कुछ लोग एहसानफरामोश भी होते हैं। भला करने के बावजूद पलटकर वार करते हैं, लेकिन ऐसे एहसानफरामोश लोगों के कारण भलाई का रास्ता बंद नहीं करना चाहिए। भले कार्यों के एवज में परमात्मा सदैव मदद करते हैं। यह अटल सत्य है।”

परिवार में वे संस्कार एवं शिक्षा को सर्वाधिक महत्त्व देते थे। संस्कार में विनम्रता एवं अदब पर सदैव अधिक जोर देते थे। न किसी से बेअदबी करते थे। न ही उनके सामने कोई बेअदबी करने का दु:साहस कर पाता था। स्वत: स्फूर्त अनुशासन उनके सान्निध्य में घटित होता था। यह उनके व्यक्तित्व की महत्त्वपूर्ण विशेषता थी।

□

बबला विरह

धार्मिक स्वभाव होने के कारण पं. लखनलाल मिश्र को संतों एवं तीर्थों के प्रति श्रद्धा थी। सामूहिक तीर्थाटन करना उनका शौक था। जब कभी जिम्मेदारियों से थोड़ी फुरसत पाते, बहनों एवं रिश्तेदारों को सूचित करते थे कि अमुक तीर्थ जाना है। सहमति प्राप्त होने के पश्चात् सभी के आने-जाने एवं भोजन की व्यवस्था वे स्वयं करते थे। अनेक बार संतमहात्मागण भी उनके साथ गए। वे सत्संग कराते हुए सभी को तीर्थों का दर्शन कराते थे। तीर्थाटन का मजा इससे दुगुना हो जाता था।

वे कहा करते थे कि जहाँ-जहाँ भगवान् के चरण पड़े हैं, वे सभी स्थान तीर्थ हैं। तीर्थों में जाने से एवं भगवान् के स्मरण एवं भजन-कीर्तन से शांति मिलती है। यह शांति आध्यात्मिक विकास में सहयोगी होती है। गृहस्थी के संघर्ष तो चलते रहते हैं। जीवन अविराम गति से चलता रहता है। सुख दुःख आते-जाते रहते हैं। इनके बीच समय निकालकर सभी को तीर्थाटन करना चाहिए। तीर्थों में पूरे भारत के सभी स्थानों से महापुरुष आकर विश्राम करते हैं। साधु-संतों का सहज जमाव तीर्थों में होता है। अतः तीर्थ जाने से सहज रूप से महात्मागण एवं उनका सत्संग उपलब्ध रहता है। तीर्थाटन में उनके साथ गाँव के नौकर, रसोइया एवं नाऊ भी जाते थे। भोजन की सभी सामग्री साथ लेकर चलते थे। पड़ाव स्थल पर सभी के लिए भोजन तैयार किया जाता था। सभी एक साथ भोजन करते थे। इसके अलावा सभी लोग अपने-अपने

घर से विविध प्रकार के व्यंजन स्वल्पाहार के लिए रखे रहते थे, जिसे आपस में बाँटकर खाते थे। बहुदिवसीय सामूहिक पिकनिक का आनंद भी आता था। एक बार जो इस प्रकार के तीर्थाटन का आनंद ले लेता था, उसके जीवन में यह अनमोल अनुभव संपदा की तरह संचित हो जाता था।

ऐसे ही सामूहिक तीर्थाटन में रायखेड़ावाले खोड़सराम नायक, मांठ के रामशरण मिश्र एवं सभी बहनों को लेकर वे हरिद्वार, ऋषिकेश होते हुए गंगोतरी से गंगाजल लेकर आए। गंगोतरी से लाए जल को धर्म परंपरा अनुसार ज्योतिर्लिंग रामेश्वरम् में चढ़ाना होता है। इसकी यात्रा के लिए श्री मिश्र के साथ ईश्वरी मिश्र, खोड़सराम नायक, सांसद रमेश बैस की माता श्रीमती केजा बाई, बहन रामबाई सहित 22 लोगों की टीम 21 फरवरी, 1975 को रायपुर से रेल की स्पेशल बोगी से तीर्थ के लिए रवाना हुई। रामेश्वरम् के लिए रवाना हुई ट्रेन कांचीपुरम स्टेशन पहुँच रही थी कि 3 मार्च, 1975 को लगभग 8.00 बजे प्रातः कांचीपुरम स्टेशन को नजदीक आता देखकर पं. लखनलाल मिश्र का पुत्र गिरीश (बबला) चलती ट्रेन में दरवाज़े पर आ गया। दरवाजे का हैंडल दोनों हाथों से पकड़कर शरीर को आगे की ओर ले जाकर स्टेशन आता देख रहा था। उसे पता नहीं था कि सामने एक लोहे का खंभा मौत के रूप में इंतजार कर रहा है। लंबा शरीर होने के कारण वह दरवाजे से अधिक बाहर हो गया। चलती गाड़ी में अचानक वह लोहे का खंभा सामने आ गया। हड़बड़ी में वह अपना सिर पीछे नहीं खींच पाया। खंभे से उसका सिर टकरा गया। वह पटरी पर गिर पड़ा। अचानक हुए इस हादसे से दरवाजे के पास खड़े सभी यात्रीगण हड़बड़ा गए। पूरी बोगी में अफरा-तफरी मच गई। 'बबला गिर गया, बबला गिर गया' यह आवाज जब पिता के कानों में पहुँची, तो पिता पं. मिश्र ने तुरंत जंजीर खींची। तब जाकर थोड़ी दूर पश्चात् गाड़ी रुक सकी। शायद तब तक ट्रेन घटना स्थल से लगभग 200 मीटर दूर जा चुकी थी। लोग दौड़े। गिरीश (बबला) पटरी पर पड़े हुए थे। सिर पर अंदरूनी गंभीर चोट लगी थी और पं. मिश्र ने तुरंत पुत्र के सिर को अपनी गोद में लेकर उसके मुँह में दो घूँट पानी डालने का प्रयास किया। पानी गले के अंदर जाने पर बबला के नेत्रों की पुतलियों में हल्की सी हलचल हुई। यह

शायद पिता से अंतिम विदा लेने का क्षण था और बबला की साँसें सदैव के लिए थम गईं। पं. मिश्र पर वज्रपात होने का यह क्षण था। मौके पर ही उनका देहावसान हो गया। पूरी ट्रेन में अफरा-तफरी मच गई। सभी लोग उतरकर गिरीश (बबला) के मृत शरीर के पास एकत्र हो गए।

पं. लखनलाल मिश्र, उनकी पत्नी श्रीमती सुशीला मिश्र उनके रिश्तेदारों एवं सभी तीर्थयात्रियों के ऊपर तो जैसे वज्राघात हो गया। अचानक हुए इस हादसे से पं. लखनलाल मिश्र बेसुध से हो गए। लोग ने गिरीश के मृत शरीर को पटरी से उठाकर रेलवे स्टेशन लाए। हिंदू धर्म शास्त्रों के अनुसार 7 पुरी में से एक पुरी कांचीपुरम् भी है। इसे दक्षिण की काशी के रूप में मान्यता प्राप्त है। रेलवे के अधिकारियों ने पं. मिश्र को समझाइश दी कि हम चाहते हैं कि यहाँ पर हमारा अंतिम समय हो, लेकिन ऐसा नहीं होता, आपको अंतिम क्रिया हेतु पार्थिव शरीर को नहीं ले जाना चाहिए, क्योंकि यह तो पुण्यतीर्थ है। सबकी सहमति से कांचीपुरम् में उनका अंतिम संस्कार किया गया। उनका दाह संस्कार ग्राम मांठ के उनके चाचा ईश्वरी प्रसाद मिश्र ने किया। उस समय स्वर्गवासी (बबला) की उम्र मात्र 21 वर्ष थी। वह दुर्गा महाविद्यालय रायपुर में बी.ए. अंतिम में अध्ययनरत थे। होनहार विद्यार्थियों में उसकी गिनती होती थी। पूरे परिवार एवं दुर्गा महाविद्यालय में शोक की लहर फैल गई। अपने व्यक्तित्व के गुणों एवं व्यवहार के कारण गिरीश परिवार परिचितों एवं मित्रों में लोकप्रिय थे।

पं. मिश्र के साथ-साथ परिवार के दस लोगों ने अपनी यात्रा स्थगितकर वापस रायपुर लौटने का निर्णय लिया तथा कांचीपुरम् में अपने प्रिय पुत्र का अंतिम संस्कार करके पं. मिश्र अपने स्वर्गवासी पुत्र के अस्थिकलश को लेकर रायपुर वापस आ गए। कांचीपुरम् से मद्रास व मद्रास से रायपुर वापसी यात्रा के संबंध में साथ में गए लोगों ने बताया कि पं. मिश्र शोक मग्न व चिंतित थे कि एक साथ दस लोगों की वापसी यात्रा व्यवस्था कैसे होगी, क्योंकि आरक्षण उपलब्ध नहीं था। आरक्षण कैसे मिलेगा, पं. मिश्र के मन की पीड़ा यह थी कि उनका पुत्र उन्हें बीच अधर में छोड़कर क्यों चला गया? वह तो कुशल यात्रा हेतु साथ आया था। उन्होंने बबला को याद किया कि ऐसा तुमने कैसे

किया ? आरक्षण उपलब्ध नहीं था तथा पं. मिश्र आरक्षण काउंटर से निराश होकर प्लेटफार्म की बैंच पर सिर पकड़कर बैठे थे, तभी एक व्यक्ति ने आकर पं. मिश्र से 10 टिकट चाहिए क्या ? यह पूछा और इस प्रकार आरक्षण की व्यवस्था हो गई। शायद यह व्यवस्था बबला ने ही की थी।

पं. लखनलाल मिश्र के ऊपर काल का यह तीसरा सांघातिक प्रहार था। प्रथम बार जब उनका बचपन प्रारंभ ही हुआ था, उनके दादाजी चल बसे। द्वितीय बार जब वे अपने गृहस्थ जीवन की जिम्मेदारियों को निभाने को तैयार हो रहे थे कि उनके पिताजी चल बसे। तीसरी बार जब वे वृद्धावस्था की दहलीज पर थे, उनका सबसे प्यारा पुत्र बबला चल बसा। वृद्ध पिता के सामने पुत्र का अंतिम संस्कार हो, यह असहनीय दुःख भी उनके प्रारब्ध में था। बबला की मृत्यु के पश्चात् वे काफी टूट गए थे। कहा करते थे कि बबला मेरा श्रवण कुमार था, जो अपने बूढ़े माँ-बाप को तीर्थाटन कराने ले जा रहा था। काल के क्रूर हाथों ने असमय उसे हमसे छीन लिया। इसके पहले उनकी जिंदगी में अनेक दुःख आए। उन्हें विपरीत परिस्थितियों का सामना करना पड़ा। उन्होंने कभी भी हार नहीं मानी। एक अपराजेय योद्धा की तरह हर मोर्चे पर डटे रहे। वृद्धावस्था में प्रिय पुत्र का बिछोह उनसे सहा नहीं जाता था। बबला को याद करते-करते, उनकी अश्रुधारा बहने लगती। अचानक वे दोनों हाथों से सिर पकड़कर फूट-फूटकर रोने लगते। उनके सब्र का बाँध रह-रहकर टूट जाता था। इस तरह रोना-धोना उनके व्यक्तित्व से मेल नहीं खाता था। अब तक किसी ने उन्हें कभी भी रोते हुए नहीं देखा था। उम्र के इस पड़ाव पर आकर वे अत्यंत भावुक हो गए थे।

नियति ने जैसे तय कर ही लिया था कि पं. लखनलाल मिश्र को रुलाना है। पं. मिश्र खूब रोए। यह रुंदन इतना बढ़ा कि कविता की पंक्तियाँ, सहज रूप से छंदबद्ध उनके मुँह से निकलने लगीं। उन्होंने जिंदगी में इससे पहले कभी भी कविता नहीं लिखी थी। बबला विरह में सहज रूप से कविता बहने लगी।

पं. मिश्र के साढ़ू थे, छेरका प्रसाद दुबे। ये दोंदे कौनकेरा राजिम के मालगुजार थे। निस्संतान थे। निस्संतान होने के कारण वे प्रायः दुःखी रहते थे। इसकी चर्चा वे पं. मिश्र से करते थे। चर्चा के दौरान अचानक उनके मुख

से निकला कि निस्संतान होने के कारण अधिक दुःख क्यों मनाते हो। मैं तुम्हें अपना पुत्र बबला गोद में दे देता हूँ। अपने वचन को उन्होंने निभाया। अपने कलेजे के टुकड़े को अपनी नजर से दूरकर उन्होंने उसे छेरका प्रसाद दुबे की गोद में डाल दिया। ऐसा करने के पूर्व उन्होंने किसी की रजामंदी नहीं ली थी। गिरीश (बबला) तो बाल्यावस्था में था, उससे तो पूछने का सवाल ही नहीं उठता था।

कभी-कभी उनके अवचेतन मन में लगता था कि बबला को अपने से दूर करके उन्होंने अच्छा नहीं किया है। इसीलिए वे बबला को गोद देने के बाद भी अत्यधिक चाहते थे। बबला अपने भाई-बहनों के साथ रहकर रायपुर में ही पढ़ता-लिखता था, लेकिन ग्रीष्म तथा दीपावली अवकाश में पं. छेरका प्रसाद दुबे के गाँव दोंदे जाता था। जब कभी छुट्टियों में वह मूरा आता, तब पं. लखनलालजी मिश्र का स्नेह उमड़ जाता था। वे उसे घंटों बिठाकर बातचीत करते थे। ज्ञान एवं दुनियादारी की सीख उसे देते थे। बबला की मृत्यु के पश्चात् कभी-कभी रोते-रोते बेसुध हो जाते थे। उनके अचेतन से आवाज निकलती थी। मैंने बबला को पहले भी अपने से दूर कर दिया था। शायद इसीलिए भगवान् ने उसे मुझसे छीन लिया।

बबला की याद में स्वतः स्फूर्त निकली पंक्तियों को उन्होंने लिखा। उसे 'बबला विरह' शीर्षक दिया। यह एक 20 पृष्ठीय छंदबद्ध कविता पुस्तिका है, जिसके तीन छंद उदाहरण के तौर पर प्रस्तुत हैं।

मंगलाचरण-कवित्त

गौरी गणराज आदि देव प्रभु गजानन
विघ्न हरो विघ्ननाशक संकट ईश दास के।
रचना मैं रचता हूँ, बबला विरह की आज
सुध-बुध न ज्ञान न ही आशा है ध्यान के॥
लेखनी चली नहीं कभी भी गद्य-पद्य में
फिर भी में लिख रहा हूँ कविता बिनु श्वाल के।
कृपा कहीं हो जाती आपकी हे शंकर सुत

स्व. बबला को पिता की अंतिम श्रद्धांजलि

हे गिरीश, प्रिय बबला प्यारा, था मेरे नयनों का तारा।
हाय, बिलखता छोड़ सभी को, तू गोलोक सिधारा॥
माता, पिता, सखा, बंधु सब, व्याकुल हैं तेरे बिछोह में।
हे सुत ऐसी क्या थी जल्दी, छोड़ गया तू हमें अधर में॥
सेवा माता-पिता की करके, तूने अपना धर्म निभाया।
पर मैं कैसे चुका सकूँगा, ऋण तेरा है मेरे जाया॥
हे श्रवण पुत्र शोकाकुल हो, है तड़फरहा यह लखनलाल।
यह दशरथ ने ले लिये प्राण, मन हुआ आज सबका बेहाल॥
कांचीपुर दक्षिण काशी में, तज प्राण गया तू मोक्षधाम।
सुख-शांति प्रदान करे तुमको, सबका रक्षक ईश्वर महान्॥
बबला प्यारा था मेरा, चाचा कह घर आय।
मधुर तोतली बात से, हम सबको हरषाय॥
हम सबको हरषाय, बोलता था, सच वाणी।
बचपन में देखा था मैं, था नहिं अभिमानी॥
प्यार दिखाता था, अपंग निर्धन प्रति अबला।
होनहार कुलपालक था, मेरा यह बबला॥
आशीष देंगे श्रोता वक्त, आशीष देंगे पंडित ज्ञानी।
आशीष से होता पुनर्जन्म, यह वेदमंत्र हमने जानी॥
दोहा-बंद हुई अब लेखनी, बबला विरह के साथ।
अंतिम यह श्रद्धांजलि, ईश नवाऊँ माथ॥

जीवन के चौथेपन में जवान पुत्र के असामयिक निधन ने पं. मिश्र को तोड़कर रख दिया। बबला की मृत्यु के पश्चात् उन्हें पूरा संसार असार लगने लगा। एकांत जीवन एवं अध्यात्म में वे गहरे उतरते चले गए।

□

॥ ॐ ॥

जन्म :
ग्राम मूरा
दि. ११ सितम्बर ५४

मोक्ष :
कांचीपुरम
(दक्षिण काशी)
दि. ३ मार्च ७५

स्व. बबला को पिता की अंतिम श्रद्धांजलि

हे ! गिरीश, प्रिय बबला प्यारा, था मेरे नयनों का तारा ।
हाय, बिलखता छोड़ सभी को, तू गोलोक सिधारा ॥
माता, पिता, सखा, बंधु सब, व्याकुल हैं तेरे बिछोह में ।
हे ! पुत्र ऐसी क्या थी जल्दी, छोड़ गया तू हमें भंवर में ॥
सेवा मात पिता की करके, तूने अपना कर्ज चुकाया ।
पर मैं कैसे चुका सकूंगा, ऋण तेरा हे मेरे जाया ॥
हे ! श्रवण पुत्र शोकाकुल हो, है तड़फ रहा यह लखनलाल ।
मम दशरथ ने ले लिये प्राण, मन हुआ आज सबका बेहाल ॥
कांचीपुर दक्षिण काशी में, तज प्राण गया तू मोक्ष धाम ।
सुख शांति प्रदान करे तुमको, सबका रक्षक ईश्वर महान ॥

साधना, सत्संग एवं अध्यात्म

पं. लखनलाल मिश्र को धार्मिक संस्कार बचपन से ही मिले हुए थे। जब उन्होंने होश सँभाला, दादा एवं पिता को रोज पूजा-अर्चना करते हुए देखा। इसी संस्कार के कारण वे भी बचपन से प्रात: नित्य कर्मों से निवृत्त होकर भगवती महामाया की पूजा करते और अपने काम में लग जाते। प्रतिदिन रामचरितमानस एवं गीता तथा विष्णु सहस्र नाम का पाठ करते। यद्यपि 11 वर्ष की अल्पवय में ही वे गृहस्थ आश्रम में आ चुके थे, पर अध्ययन का कार्य भी उन्हें नियमित रूप से करना था। ऐसे अनवरत संघर्षों के कारण उनकी पूजा औपचारिक ही थी। स्कूली शिक्षा के दौरान कक्षा 9वीं में प्रथम आने पर इन्हें 'रामचरितमानस का गुटका' पुरस्कार स्वरूप प्राप्त हुआ था। तब से वे नियमित आजीवन रामचरितमानस का पाठ करते रहे हैं। रामचरितमानस के नियमित पाठ से उनके जीवन में घटित चमत्कारिक घटनाओं के संदर्भ में वे हमेशा लोगों को बताया करते थे। उनके मन में सात्त्विक विचारों के प्रति श्रद्धा होने से वे कुसंग की ओर कभी भी आकर्षित नहीं हुए।

गृहस्थ आश्रम तो सभी आश्रमों का मूल है। वर्णाश्रम धर्म का पालन करना इनका कर्तव्य था। उन्होंने धैर्यपूर्वक जीवन में आनेवाली जटिल समस्याओं को परीक्षा समझकर सुलझाया। घर में आनेवाले सभी साधु संतों का यथोचित् सम्मानकर उनसे सत्संग लाभ लिया। उनके दादा एवं पिता के जमाने से ही ग्राम मूरा में प्राय: संतों एवं अतिथियों का आना-जाना लगा रहता था। संतगण, अपनी इच्छानुसार 15-20 दिनों तक भी वहाँ रुकते थे। सभी के आवास एवं भोजन की व्यवस्था की जाती थी। उन्हें वस्त्र, अन्न एवं मुद्रा देकर

विदा किया जाता था। साधुओं के पास गंतव्य स्थल तक जाने के लिए टिकिट के लिए ही पैसा रहता था। इसे ध्यान में रखते हुए उनके अगले पड़ाव स्थल तक जाने की पूरी व्यवस्था कर दी जाती थी। ग्रामीण व्यवस्था में जमींदारों के यहाँ आवास एवं भोजन की व्यवस्था सुनिश्चित होने के कारण साधुगण वहाँ रुकते थे। परिचितों के लिए तो वह आश्रय स्थल था ही। अपरिचित भी प्रथम बार आने के पश्चात् हमेशा के लिए घुल-मिल जाते थे।

ग्राम मूरा के घर में अलग पूजा कक्ष बना हुआ था, जो अभी भी यथावत् विद्यमान है। पूजा कक्ष में वे प्रतिदिन पूजा-पाठ करते थे। पं. मिश्र की सहधर्मिणी सुशीला मिश्रा उनकी सही अर्थों में जीवनसंगिनी थी, जिन्होंने सदैव जीवन के हर उम्र पड़ाव पर उनका साथ निभाया। साधुओं के घर पर आगमन से कुछ दिनों के लिए दिनचर्या का स्वरूप बदल जाता। आस-पास के गाँवों में खबर फैल जाती थी कि अमुक महाराज पधारे हैं। धर्मप्रेमी परिवारों में भी खबर भेज दी जाती थी। प्रात: 9 बजे से 11 बजे तक एवं अपराह्न चार बजे से दिन डूबते तक सभी जन साधुओं को घेरकर बैठ जाते। धर्मचर्चा चलती, भोजन होता, साथ ही लोग अपने गृहस्थ जीवन की समस्याओं पर भी चर्चा कर मार्गदर्शन प्राप्त करते थे। अपनी सुविधानुसार गाँव एवं आसपास के लोग इसमें शामिल होते थे। सभी के लिए स्वल्पाहार एवं भोजन की व्यवस्था की जाती थी। यह उस समय की परंपरा थी, जिसका निर्वाह सभी प्रेमपूर्वक करते थे।

परमात्मा को पाने के लिए घर छोड़ने की आवश्यकता नहीं है। केवल घर त्यागने से परमात्मा नहीं मिलता। ईश्वर की प्राप्ति के लिए स्वयं के कर्तव्यों का निष्ठापूर्वक पालन करना आवश्यक है। भगवतपाद आचार्य शंकर ने कहा है—

'स्ववर्णाश्रम धर्मेण, तपसाहरितोषणात्।
साधन प्रभवेत्पुसाम् वैराग्यादि चतुष्टयम्'

अर्थात् अपने वर्णाश्रम-धर्मपालन एवं तपस्या के द्वारा जो श्री हरि भगवान् को प्रसन्न करता है, उस मनुष्य को वैराग्यादि साधन चतुष्ट्य की प्राप्ति होती है। जो धर्मपूर्वक अपने कर्तव्य में लगा रहता है, उसका हृदय निर्मल हो जाता है।

ब्रिटिश शासन काल के अधीन अपने कार्यकाल के दौरान अपनाई

जाती रही समय की पाबंदी एवं अनुशासन के साथ उनकी शासकीय सेवा ज यादातर दुर्ग जिले में बीती। दुर्ग जिला राष्ट्रीय आजादी के आंदोलन का गढ़ था। घनश्याम सिंह गुप्त, रत्नाकर झा, व्ही.वाई. तामस्कर, नरसिंह अग्रवाल, मोहनलाल बाकलीवाल उस समय के अग्रणी नेता थे। उक्त नेताओं में धार्मिक संस्कार भी प्रबल था। स्वतंत्रता आंदोलन के उन सभी नेताओं से पं. मिश्रजी का आत्मीय संबंध था। उनके यहाँ होनेवाले धार्मिक आयोजनों में उन्हें बुलाया जाता तो वे सहर्ष उन आयोजनों में शामिल होते।

सन् 1935 में दुर्ग के प्रसिद्ध फौजदारी वकील द्वारिका प्रसाद रायजादा की प्रार्थना पर स्वामी मुक्तानंदजी दुर्ग आए। उनके घर में नियमित सत्संग होता था। यहीं पं. लखनलाल मिश्र का परिचय स्वामी मुक्तानंदजी से हुआ। दुर्ग जिला स्वामी मुक्तानंदजी के अध्यात्म प्रचार का केंद्र रहा है। धमधा, बालोद, बेमेतरा, डौंडीलोहारा, मानपुर में सन् 1935 से लेकर 1945 तक स्वामी मुक्तानंदजी का नियमित प्रवास रहा। इन्हीं स्थानों पर थाने में पं. लखनलालजी की पदस्थापना रही है। स्वामी मुक्तानंदजी ने छत्तीसगढ़ में सर्वप्रथम वेदांत दर्शन का प्रचार-प्रसार किया जाता था। रामचरितमानस एवं श्रीमद् भागवत के माध्यम से वे अध्यात्म् तत्त्व का प्रचार करते थे। उनकी सरल शैली में की गई व्याख्या श्रोताओं के दिलों में सीधे उतर जाती थी।

स्वामी मुक्तानंद के अनुसार वेदांत दर्शन का उद्देश्य मनुष्य के जीवन से दु:खों की निवृत्ति करना है। दु:खों की निवृत्ति तब तक नहीं हो सकती, जब तक उसे नित्य सुख (स्वरूप) की प्राप्ति नहीं हो जाती। उन्होंने धार्मिक, सामाजिक एवं राजनैतिक क्षेत्रों में कोई दखलअंदाजी नहीं देते हुए, विशुद्ध अध्यात्म तत्त्व, अपना स्वरूप भगवान्, आत्मा पर श्रवण, मनन एवं निदिध्यासन कराया। अत:करण की शुद्धि के लिए वे साधन बताते थे, लेकिन उनका यह भी कहना था कि साधन से ही मंजिल (स्वरूप बोध) नहीं मिलती। स्वामी मुक्तानंदजी हिंदी, संस्कृत, उर्दू एवं फारसी के अधिकारी विद्वान् थे। अध्यात्म पर उनकी एक गजल इस प्रकार है—

साधन से न मंजिल तय होगी
तप से न ये मंजिल तय होगी

चाहे लाखों जनम उपाय करो
तब भी न ये मंजिल तय होगी
मंजिले हकीकत पाना गर
मस्तों की आँख से आँख मिला
मैं ही तू है, तू ही मैं हूँ
मस्ती का दिल को जाम पिला
फिर देख तमाशा ए मुक्ता
कब दिन और रातें आती हैं
मंजिल पे पहुँचने के खातिर
मुतवातिर बातें होती हैं।

रामचरितमानस एवं श्रीमद्‌भागवत पर स्वामी मुक्तानंद के प्रवचनों से पं. लखनलाल मिश्र प्रभावित थे। पुलिस की सतत नौकरी में नियमित साधना के लिए उनके पास वक्त नहीं था। बचपन के संस्कार का गहरा रंग उनके संपूर्ण सेवा काल में भी पड़ता रहा। अपने कर्तव्य की अवधि में उस क्षेत्र में आनेवाले महात्माओं का दर्शन करना उनके स्वभाव में था।

सन् 1945 में आत्मप्रेरणा से ब्रिटिश शासन की नौकरी से इस्तीफा देकर वे स्वतंत्रता आंदोलन में कूद पड़े। देश की आजादी के पश्चात् उन्होंने स्वेच्छा से एक भारतीय किसान का जीवन अपनाया। अब वक्त आ गया था कि वे अपनी आध्यात्मिक यात्रा का विकास करते। ग्राम मूरा में रहकर खेती-किसानी का काम सँभालते। प्रातः समय पूजा-पाठ एवं आध्यात्मिक साधना में बीतता था।

स्वामी मुक्तानंद के शिष्य थे परमानंद शास्त्री। सन् 1951 में ग्राम सुरहुली के मालगुजार पं. रामेश्वर धर दीवान ने अपने ब्राह्मणपारा रायपुर स्थित मकान में श्री परमानंदजी शास्त्री से श्रीमद् भागवत पर कथा करवाई। इस कथा में पं. लखनलालजी मिश्र, रामचंद्र किशनदास बेंकर्स, वल्लभचंद्र थानवी, बलदाऊ शर्मा, सत्यनारायण तिवारी आदि नियमित रूप से जाते थे, इसके साथ ही परमानंदजी शास्त्री के घर में होनेवाले सत्संग कार्यक्रमों में सेठ हिम्मतलाल मानेकचंद, सांवलदास वैद्य, पं. लखनलाल मिश्र, माधोप्रसाद तिवारी, सेठ

लालशंकर चूड़ीवाले, कन्हैया लाल अग्रवाल, रामगुलाम दानी, पं. कुंजबिहारी झा, ठाकुर वृजराज सिंह, खरे मास्टर आदि जाते थे एवं अपनी आध्यात्मिक ज्ञान पिपासा का निराकरण पाते थे।

सन् 1965 से योगी शंकरनाथ महराज राजस्थान बीकानेर वाले का चतुर्मास कार्यक्रम अंबा मंदिर सत्संग भवन सत्तीबाजार में प्रारंभ हुआ। संतों की परंपरा रही है कि बारिश के 4 महीनों में वे एक ही स्थान पर रहते थे। अपनी आध्यात्मिक शक्तियों, प्रवचन, भजन एवं सत्संग के द्वारा श्रद्धालु जनता में आस्तिकता की भावना का विकास करते थे। इसके साथ ही उन्हें ज्ञान के द्वारा, योग के द्वारा अध्यात्म की दिशा में आगे बढ़ने के लिए प्रेरित करते थे।

श्री वल्लभ थानवी, नगर निगम रायपुर के शिक्षाविद् थे। वे योगी शंकरनाथ महाराज, राजस्थान बीकानेरवाले के शिष्य थे। वल्लभ थानवी के आग्रह पर पं. लखनलालजी मिश्र, योगी शंकरनाथ के संत्सग कार्यक्रम में अंबा मंदिर रायपुर पहुँचे। योगी शंकर नाथ से मिलते ही वे अत्यंत प्रभावित हो गए। पूरे चौमासा तक नियमित प्रातः एवं सायं होनेवाले प्रवचनों में वे पूरे समय तक रहते थे। इसके पश्चात् शंकरनाथ महाराज रायपुर लगातार 8-10 वर्षों तक अंबा मंदिर में चतुर्मास करने आए। सभी चतुर्मासों में पं. लखनलालजी मिश्र, ग्राम मूरा की खेती-किसानी का काम मुख्तियार को सौंपकर रायपुर आ जाते थे। इस काल में सत्संगियों की भोजन-व्यवस्था के लिए आवश्यक रसद एवं नौकर-चाकरों का प्रबंध करते थे और सत्संग में वे सदैव अपनी पत्नी श्रीमती सुशीला मिश्र को साथ ले जाते थे। पं. लखनलाल मिश्रजी के समर्पण एवं भक्तिभाव से शंकरनाथ महाराज अत्यंत प्रसन्न रहते थे। प्रातः के समय वे पं. लखनलाल एवं श्री थानवी को साथ लेकर पुराने रावणभाठा मैदान तक घूमने जाते थे। रास्ते में गूढ़ विषयों पर चर्चा होती थी। रावणभाठा मैदान में योगी शंकर नाथ महाराज पं. मिश्र को यौगिक क्रियाओं की प्रायोगिक शिक्षा भी देते थे। योग के अंतर्गत यम, नियम, आसन, प्राणायाम से शरीर शुद्धि एवं प्रत्याहार, धारणा, ध्यान समाधि से मन की शुद्धि कराकर, मन के दोषों-यथा मल, विक्षेप आवरण का नाश कराते थे। अजपा का अभ्यास कराते हुए, ज्ञान के साथ भजन भाव भक्ति पर भी जोर देते थे। नरसिंह मेहता का पद—

"वैष्णव जन तो तेने कहिए
जे पीर पराई जाने रे
पर दु:खै उपकार करै ते
मन अभिमान न आने रे।"

पं. लखनलालजी को अत्यंत प्रिय था। इसे वे अपने जीवन में उतारने का भरसक प्रयास करते थे। नौकरों के साथ सहयोगियों सा व्यवहार करते थे। कभी भी उनके मुँह से नौकरों को 'रे' कहते नहीं सुना गया। यही कारण था कि वे अपने सभी लोगों के बीच श्रद्धा एवं आदर के पात्र बने रहे। सभी के सुख दु:ख में सहज भाव से शरीक होते थे।

सन् 1954 में पं. लखनलालजी दोनों जोशी दादाओं (छोटे दादा-दत्तात्रेय केशव जोशी, बड़े दादा-मधुकर केशव जोशी) के सान्निध्य में आए। सन् 1957 में मधुदादा एवं छोटे दत्ता दादा के साथ वे सपरिवार शिरडी के साईं बाबा का दर्शन करने गए। दादा के घर (वर्तमान जेल रोड के पास) एवं बाद में चौबे कॉलोनी में होनेवाली सायंकाल की आरती वंदना में शामिल होते थे। दोनों दादा, बड़े भाई एवं छोटे भाई, अपने तरीके के संत थे। बिना दिखावे के दोनों का जीवन त्याग एवं सादगीमय था। उनके साथ पं. मिश्र का घरोबा जीवनपर्यंत बना रहा। दोनों दादा पं. लखन को बाबूजी एवं अम्मा को अम्मा कहते थे। वे आश्वस्त करते रहते कि कोई फिकर मत करो। सही रास्ते पर चलो। दीन-दुखियों की सेवा करते रहो।

प्रत्येक गुरुवार को सायंकाल साईंनाथ की विशेष प्रार्थना होती थी, जिसमें रायपुर दुर्ग भिलाई सहित पूरे छत्तीसगढ़ से भक्तगण शरीक होते थे। यह क्रम चौबे कॉलोनी के उनके मकान में अभी भी यथावत् है। पं. लखनलाल के द्वितीय पुत्र विश्वनाथ प्रसाद मिश्र के बाद उनके पुत्र सौरभ मिश्र इससे जुड़े हैं। दोनों जोशी दादा निस्स्वार्थ एवं अनासक्त सेवा के ज्वलंत उदाहरण थे। छोटे दादा के स्वर्गवास से पं. लखन को बड़ा आघात लगा। वे अकेलापन महसूस करने लगे थे।

दुनिया के प्रपंचों के बीच रहते हुए भी, उनसे निर्लिप्त कैसे रहा जा सकता है, इसका पर्याप्त अभ्यास उनको था। कमल, जल में ही पैदा होता

है, बढ़ता है और सदैव जल में ही रहता है। इसके बावजूद जल की कोई बूँद कमल के ऊपर नहीं ठहर पाती। इसी प्रकार उन्होंने त्याग, तपस्या, सत्संग एवं साधना से, जीवन में आनेवाले सुखों एवं दुःखों के बीच सम्यक् व्यवहार करते हुए अपना आंतरिक स्वभाव कमलवत् बना रखा था। यह उनके आध्यात्मिक उत्कर्ष का सहज फल था।

□

अब तुम्हारे हवाले वतन साथियो

बबला के 3 मार्च, 1975 को देहावसान के बाद सांसारिक गतिविधियों में उनकी रुचि कम हो गई। वे बीमार रहने लगे थे। शरीर में कुछ-न-कुछ व्याधियों का प्रकोप लगा ही रहता था। खान-पान के प्रति भी उदासीन रहने लगे। उनका स्वास्थ्य लगातार गिरता जा रहा था। इसके बावजूद वे आने-जानेवालों के प्रति गहन आत्मीयता का भाव रखते थे। उनके स्वागत-सत्कार का पूरा खयाल रखते थे। रिश्तेदारों-परिचितों के आने पर वे अपनी व्यथा भूल जाते थे। उनके जाने के पश्चात् फिर अंतर्मुखता में खो जाते थे। मौन साधना का अभ्यास उन्होंने इन्हीं दिनों किया। राग, द्वेष से दूर रहते हुए, निर्विकार अवस्था में ही रहने का अभ्यास करते थे। इसी भावदशा में रहकर संसार का पूरा व्यवहार निभाते रहते थे।

रायपुर निवास के दौरान कंकाली अस्पताल के पास घर में प्राय: सवेरे एवं शाम कुरसी लगाकर बैठे रहते। प्रत्येक परिचित को वे आग्रह के साथ बिठाते। स्वल्पाहार चाय, पानी से स्वागतकर उनका हाल-चाल पूछते। कभी-कभी यह कहते कि फलाँ से बहुत दिनों से मुलाकात नहीं हो पाई है। अभी मैं रायपुर में कुछ दिनों तक रुकूँगा। उन्हें जल्दी मेरे पास भेजना। इस प्रकार उन्हें अपने परिवारवालों, परिचितों एवं मित्रों से मिलने में असीम आनंद मिलता था। प्राय: वे कहा करते थे कि यदि मैं आत्मीय जनों से काफी समय तक नहीं मिल पाता हूँ तो एक आंतरिक बेचैनी महसूस करता हूँ। मिल लेता हूँ तो शांति मिलती है। यह उनकी अपनी जीवन-पद्धति थी।

उनका विचार था कि संस्कार का महत्त्व सदैव धन से बढ़कर है।

कालांतर में उनके सबसे छोटे पुत्र गणेशशंकर मिश्र का चयन वर्ष 1981 में डिप्टी कलेक्टर पद पर हुआ। इससे वे अत्यंत प्रसन्न हुए। उनमें जीवन की लालसा बढ़ गई। उस समय उनके प्रेरणास्रोत स्वतंत्रता संग्राम सेनानी एवं भूतपूर्व जिलाधीश दुर्ग आर.के. पाटिल (आई.सी.एस.) उनसे मिलने ब्राह्मणपारा स्थित निवास में आए। उन्होंने लखनलाल मिश्र से कहा कि आपका पुत्र कद एवं पद दोनों में आपसे बड़ा हो गया है। इस पर उन्होंने कहा कि हर पिता की आकांक्षा होती है कि उसका पुत्र उससे बड़ा होता चला जाए। गणेशशंकर को वे अपने वंश के लिए कुलदेवी भगवती महामाया के आशीर्वाद के रूप में स्वीकार करते थे, क्योंकि जिस दिन वे एक महत्त्वपूर्ण मुकदमा जीतने के बाद रायपुर से गाँव मूरा में महामाया का दर्शन किया उन्होंने उसी समय उन्हें पुत्र जन्म की सूचना मिली। इसीलिए पुत्र का नामकरण रणजीत प्रसाद भी उन्होंने किया था। यद्यपि वे सबसे छोटे पुत्र थे, लेकिन उसका घरेलू नामकरण उन्होंने दाऊ अर्थात् सबसे बड़ा रखा। निश्चित् रूप से उनकी आकांक्षा अपने छोटे पुत्र को विशाल वट वृक्ष के रूप में देखने की थी। बाद में पुत्र का नाम उन्होंने गणेशशंकर रखा।

गणेशशंकर मिश्र का विवाह 8 दिसंबर, 1982 को डॉ. प्रशांत तिवारी की पुत्री डॉ. प्रीति मिश्र से हुआ। यह उनके गृहस्थ जीवन की अंतिम जिम्मेदारी थी। वे यह सदैव कहते थे कि वे अपनी सभी जिम्मेदारियों को अपने जीवन कार्य में ही पूरा करना चाहते हैं। बहू को वे बेटी ही मानते थे। वे अपनी बहनों के प्रति अगाध स्नेह रखते थे। अपनी छह बहनों के वे इकलौते प्रिय भाई थे। अम्माजी अपनी ननदों से कहा करती थी कि तुम लोग अपने भाई से मिलने जल्दी-जल्दी आया करो। तुम लोगों के आते ही इनके चेहरे की रौनक बढ़ जाती है। इनकी आधी बीमारी समाप्त हो जाती है।

गणेशशंकर मिश्र प्रशासनिक अकादमी अरेरा कॉलोनी, भोपाल में प्रशिक्षण ले रहे थे। पं. लखनलाल मिश्र ने भारत की आजादी के पश्चात् सभी क्षेत्रों में आ रहे नैतिक पतन को नजदीक से देखा था। अब तक तो पुत्र साथ-साथ ही था। कहना-सुनना लगा रहता था। सेवा में पुत्र के दूर जाने पर पत्रों का ही सहारा था।

सन् 1981 से लेकर अपने अंतिम समय तक समय-समय पर अपने पुत्र गणेशशंकर एवं बहू को उन्होंने पत्र लिखे। वह अमूल्य धरोहर है। उनके जीवन का उनकी आकांक्षाओं का सार निचोड़ है, जो परिवार समाज एवं राष्ट्र के लिए आज भी प्रकाश स्तंभ है। इन पत्रों में उनका प्यार, उनकी सरलता, उनका ज्ञान एवं दायित्व बोध स्पष्ट रूप से झलकता है। इन पत्रों की बानगी एवं मुख्य अंश देखिए—

पुत्र के नाम पिता के पत्र

"दाऊ तुम मेरी आशा के केंद्र हो। मेरे घर के दीपक हो। भगवान् पर पूर्ण आस्था रखना। जीवन क्षणभंगुर है। कर्म को सदैव निभाना। खान-पान में कभी मत डिगना। मेरे परिवार, खानदान तथा पूर्वजों की आन-बान-शान को कायम रखना। पुरुषार्थ से सब संभव है। भगवान् तुम्हें पूर्ण सफलता दे। यही मेरी अंतिम मनोकामना है।

(24/6/81)

"तुमने माता की कोख को उज्ज्वल किया है। आशा है तुम सदैव आदर्श का व्यवहार करते रहोगे। पैसा हाथ का मैल है। वह ठीक रास्ते से आने पर ही लाभदायी होता है, अन्यथा अपने साथ सुख का साधन नहीं, बल्कि दुःख लेकर आता है। इस बात का सदैव ध्यान रखना। लक्ष्मीनारायण तथा शारदा प्रसाद की ईमानदारी की नौकरी का सदैव खयाल रखना। भगवान् तुम्हें सदैव सद्बुद्धि दे।

(02/08/81)

"मनुष्य योनि, फिर अच्छे ब्राह्मण कुल में जन्म लेना दुर्लभ है, लेकिन अधिकार पाकर व्यक्ति सबकुछ भूल जाता है और मनमानी में उतरकर सब गँवा डालता है। इसी बात की पूर्ण ट्रेनिंग लेनी है। तुम पर माँ दंतेश्वरी की विशेष कृपा है।

(25/8/81)

"समय का ठीक से उपयोग करना। Time & tide wait for none. तुम्हें मुस्तैदी से अपना कार्य निभाना है। काम करने की यही उम्र है। काम में दिलचस्पी लेने से भविष्य ठीक रहता है। अभी जो काम सीख जाओगे, वही उम्र भर अनुभव में रहेगा।

(10/9/81)

"सदैव उदारता का खयाल रखना। आजकल लोग छिछोरापन ज्यादा करते हैं। यह अशोभनीय होता है। गरीब एवं भिखारी लोगों को पाँच पैसा देते रहना। कांकेर में जोगी गुफा में बिलवा महाराज से मिलना। बीकानेरवाले महाराज को पत्र लिखना।

किसी का दिल मत दुखाना। क्योंकि, दिल भगवान् का मंदिर है। गरीब तथा निर्बल असहाय को मत तंगाना। हो सके तो अवश्य मदद करना। भगवान् अंतर्यामी एवं सर्वव्यापी है। जीवन क्षणभंगुर है। पानी का बुलबुला है।

नौकरी में संपत्ति जमा करने की अधिक चिंता नहीं होनी चाहिए।

साईं इतना दीजिए जामे कुटुंब समाय।
मैं भी भूखा न रहूँ, साधु न भूखा जाय॥

इसी में संतोष कर जीवनयापन करना है। बिना अर्थ के दुनिया का काम नहीं चलता है। यह सत्य अवश्य है, लेकिन सब अनर्थों की जड़ भी अन्याय से संचित अर्थ ही है। अन्याय से संचित अर्थ के साथ अनिवार्य रूप से चरित्र हनन होता है। रामायण का जितना बन सके, अवश्य नियमित पाठ को जीवन पर्यंत निभाना आवश्यक है।

(6/8/81)

"तुम्हारा पत्र पढ़कर लगा कि तुम मेरे बिल्कुल निकट हो और यह कोई अतिशयोक्ति नहीं है। प्रेम दूरी को दखल नहीं दे सकता। तुम अपने जीवन में ईमान में कभी खोट न आने देना। जीवन की सबसे बड़ी कमाई सत्य और ईमान है। भजन-पूजन में पूर्ण मन लगाना। मैं तुम्हारी ख्याति ईमानदार अफसर के रूप में देखना चाहता हूँ। यह भ्रष्टाचार का जमाना है।

काजल की कोठरी में, कैसे ही सयानो जाय।
एक रेख लागिहै, पे लागिहै, पे लागिहै,
भगवान् की शरण में जाने से असंभव भी संभव हो जाता है।

(26/12/81)

"शरीर है। व्याधि आती जाती रहती है। शरीर का धर्म तो निभाना पड़ेगा। मातेश्वरी दंतेश्वरी की कृपा है।

जा पर कृपा राम की होई।
ता पर कृपा करै सब कोई॥

"तुम लोगों का आनंद ही मेरा आनंद है। अपने धर्म, कर्म का पूरा खयाल रखना यही मेरी एक धरोहर है। धन–दौलत की जीवन में आवश्यकता अवश्य है, लेकिन वह सात्त्विक भाव से कमाया हुआ होना चाहिए। अंत समय में अपना कर्म ही साथ जाता है।

(16/1/82)

"तुमने Raid के बाद प्रलोभन को ठुकरा दिया। यह बड़ी बात हुई है। इस परंपरा को सदैव कायम रखना।

(30/4/82)

"तुम्हारा आश्चर्यजनक उत्कर्ष दैवी कृपा है, जो केवल चरित्र बल और ईमान के रास्ते को अनुसरण करने से ही प्राप्त होता है, अन्यथा रुक जाता है। तुम सदैव नित्य भगवत् भजन एवं चिंतन करना। उनकी कृपा से सब संभव है। सत्य और न्याय को मत छोड़ना। गरीब का उपहास या अपमान मत करना।

(15/05/82)

"तुम्हारी लोकप्रियता के समाचार से मैं अतिप्रसन्न हूँ। मेरे जीवन की केवल एक ही आकांक्षा है कि तुम बेहद ईमानदारी का जीवनयापन करो, क्यों कि जीवन क्षणभंगुर है। अंत समय में साथ में एक पाई भी नहीं

जाती है। परलोक तथा इस लोक में सुखी जीवन के लिए केवल अपना शुभ कर्म ही साथ देता है। अच्छे कार्य का अच्छा फल एवं बुरे का बुरा होता है। यह नियम अमिट है। ईमान में बड़ी शक्ति होती है। उसका फल अवश्य मिलता है।

(22/10/82)

""मुझे पूर्ण विश्वास है कि तुम अधिकार पाकर मेरे बाप दादों की संस्कृति व संस्कारों को कायम रखोगे।

धर्मो रक्षति रक्षितः,
यतोधर्मः ततो जयः॥

यह अकाट्य है। जीवन में सदैव इसका पालन करना।

सर्वधर्मान् परित्यज्य मामेकं शरणं व्रज। जीवन में मांस मंदिरा का प्रलोभन आता रहेगा। उससे तुम्हें बचना है। इसलिए Plain living and high thinking का आदर्श पालन करना है। मेरा जीवन कब तक साथ दे सकेगा, इसका कोई भरोसा नहीं है।

Well begun half done केवल अच्छी शुरुआत आवश्यक है। भगवान् में तुम्हारी पूर्ण आस्था है। अतः तुम अवश्य सफल होगे।

मूकं करोति वाचालं
पंगु लंघयते गिरिम्।
यत्कृपा तमहं वंदे
परमानंदम् माधवम्॥

उक्त पत्रों से पं. लखनलालजी के संपूर्ण जीवन-वृत्त का परिचय मिल जाता है। उन्होंने ईमानदार एवं शानदार जीवन जिया। कभी भी अपने सिद्धांतों से समझौता नहीं किया। वे सदा कर्तव्य को भावना से ऊँचा स्थान देते रहे। जैसा जीवन उन्होंने जिया, वैसा ही जीवन जीने के लिए पुत्र को प्रेरित किया। यह एक प्रकार से उनकी वसीयत है। जिसका निर्वाह गणेशशंकर को करना है। 'आत्मा वै जायते पुत्रः' के अनुसार आत्मा ही पुत्र रूप में जन्म लेता है। टाउन हाल रायपुर में आयोजित पं. लखनलाल मिश्र जयंती समारोह में

छत्तीगढ़ के तत्कालीन राज्यपाल श्री ई.एस.एल. नरसिम्हन ने मुख्य अतिथि की आसंदी से कहा था—

"कि स्वतंत्रता संग्राम सेनानी पं. लखनलाल मिश्र ने जो त्याग बलिदान किया। उसे हम लोग सब जानते हैं। उनका पुत्र एवं वरिष्ठ आई.ए.एस. अधिकारी गणेशशंकर मिश्र छत्तीसगढ़ के लिए क्या-क्या करेंगे, यह हमें देखना है।" इसी कार्यक्रम में राज्यपाल श्री ई.एस.एल. नरसिम्हन ने टाउन हॉल का नामकरण 'वंदे मातरम् भवन' करने की अनुशंसा राज्य शासन से की। इस पर समारोह की अध्यक्षता कर रहे संस्कृति मंत्री श्री बृजमोहन अग्रवालजी ने कहा कि महामहिम राज्यपाल की अनुशंसा राज्य शासन के लिए आदेश है। तत्काल उन्होंने मंच पर टाउन हॉल का नामकरण 'वंदे मातरम्' भवन किए जाने की घोषणा की।

डॉ. प्रीति मिश्रा ने अपने संस्मरणों में लिखा है कि मुझे अपने मायके एवं ससुराल में कोई अंतर महसूस नहीं हुआ। बाबूजी हमेशा कार्यों में हमारा उत्साह बढ़ाते रहते थे। विवाह के कुछ समय बाद हम लोग दंतेवाड़ा आ गए। मेरे पति उस समय वहीं पदस्थ थे। उन्होंने हमारे साथ घर का एक बुजुर्ग एवं अनुभवी नौकर भेजा ताकि हमें अपनी नई गृहस्थी व्यवस्थित करने में कोई असुविधा न हो। ऐसा खयाल एक पिता ही अपनी पुत्री का रख सकता है। मई, 1983 में हमारे भानजे का विवाह जगदलपुर में संपन्न हुआ। जिसमें सभी परिजन आए थे। विवाह कार्यक्रम पूर्ण संपन्न होने के बाद हमारे आग्रह पर बाबूजी अम्मा एवं मेरी दोनों ननद श्रीमती मंदाकिनी शुक्ला एवं श्रीमती रत्ना शर्मा दंतेवाड़ा आए।

दंतेवाड़ा प्रवास के दौरान एक दिन उन्होंने पूज्यनीया अम्मा से कहा—मिली (मेरा प्रचलित नाम) कौन है, जानती हो? अम्मा की समझ में नहीं आया कि वे क्या कहना चाहते हैं। बाबूजी ने आगे कहा कि यह वही लड़की है, जो इस जन्म में हमारी बेटी थी, जिसकी अल्प आयु में मृत्यु हो गई थी। (मेरे जेठ श्री ज्ञानेश्वर प्रसाद मिश्र के साथ उनकी एक जुड़वाँ लड़की हुई थी, जो अस्वस्थता के चलते कुछ ही समय पश्चात् चल बसी थी।) वही हमारी बहू बनकर आ गई है। उसे हमारे पास आना था। इसलिए वह आदरणीय

तिवारीजी के घर पैदा होकर हमारे घर वापस लौट आई। हमारा पुत्र पीयूष इनके आशीर्वाद के रूप में हमें प्राप्त हुआ। पूर्वजन्म में वे ससुर बनें तथा बेटे के रूप में वापस आए। उन्होंने अपनी इच्छा व्यक्त की थी कि उनके बाद मैं अपनी सास को सहेजकर उनकी धरोहर के रूप में अपने पास रखूँ, जिसका मैंने पूज्यनीया अम्मा की अंतिम साँस तक भरपूर निर्वाह करने का प्रयास किया तथा वे उनकी अमूल्य धरोहर के रूप में मेरे साथ रहीं।

रायपुर में शिरडीवाले साईं बाबा के महान् भक्त बड़े दादा श्री दत्तात्रेय जोशी के सान्निध्य में पं. लखनलाल का अधिकांश समय बीतता था। चिंतन-मनन में काफी दिनों से जोशीजी के निकटतम रहने के कारण वे विश्वासपात्र सहयोगी भक्त बन चुके थे। 18 नवंबर, 1983 को अचानक जोशीजी का देहावसान नागपुर में उनकी बहन के निवास स्थान में हो गया। इस समाचार ने मिश्रजी को शारीरिक एवं मानसिक रूप से तोड़ दिया। शरीर उनका निस्तेज हो गया। वे इस आघात को नहीं सह सके और बुझे से रहने लगे।

दिसंबर, 1983 में पं. लखनलालजी गंभीर रूप से बीमार पड़े। उन्हें सेक्टर 9 अस्पताल भिलाई में भरती किया गया। अंचल के प्रसिद्ध डॉ. आर. जे. चौबे के द्वारा इलाज किया गया। वे कैंसर से ग्रस्त थे। कैंसर की चिकित्सा के दौरान कीमोथेरेपी में असहनीय वेदना होती है। वे आँख बंदकर पूरी वेदना पी जाते थे। उन्हें अब एहसास हो गया था कि अंतिम विदाई की बेला निकट आ रही है। सभी रिश्तेदार परिचित एवं उनके मित्रगण उन्हें देखने के लिए सेक्टर 9 हॉस्पिटल जाने लगे। वे सभी से मिलते। असहनीय पीड़ा में भी मुसकराने का प्रयास करते। फिर आँख बंद करके सो जाते।

साक्षात्कार

छत्तीसगढ़ अंचल के विख्यात साहित्यकार डॉ. विमल पाठक ने 26 फरवरी, 1984 को सेक्टर 9 हॉस्पिटल में पं. लखनलाल मिश्र स्वतंत्रता संग्राम सेनानी का साक्षात्कार लिया। साक्षात्कारकर्ता डॉ. विमल पाठक के शब्दों में—

"उस भेट के दौरान मैं यह देखकर हैरान था कि कैंसर के तृतीय चरण अर्थात् अंतिम श्रेणी के मरीज होते हुए भी वे शांत चित्त थे। आँखें मूँदे ईश्वर

की आराधना में व्यस्त थे, जबकि यह सर्वविदित है कि कैंसर से ग्रस्त मनुष्य दर्द के कारण खुद तो रोता ही है, घर भर को अपने दर्द का एहसास कराता हुआ सभी को ईश्वर से दुआ माँगने को बाध्य सा कर जाता है कि मरीज को दर्द से मुक्ति दिलाने के लिए ईश्वर कृपा करें और मरीज की आत्मा को दैहिक लीला से मुक्त करें।

मेरे पहुँचने पर उन्होंने आँख खोलीं। चेहरे पर किंचित् मुसकराहट बिखेरकर अपने दोनों हाथ बढ़ाकर मेरे हाथों को नरमाई से सहलाया और कुशल-क्षेम पूछकर कुरसी पर बैठने हेतु आग्रह किया। उनके ज्येष्ठ पुत्र श्री रामेश्वर प्रसाद मिश्र अध्यक्ष छत्तीसगढ़ कल्याण समिति भिलाई ने उनसे कहा कि पाठकजी आपके जीवन की महत्त्वपूर्ण घटनाओं की जानकारी प्राप्त करने आए हैं। चेहरे पर बीते दिनों की याद करके जैसे तेज आ गया हो। वे बोलने लगे—"वे दिन हमारे जीवन के सर्वाधिक महत्त्वपूर्ण दिन थे।" महात्मा गांधी, नेताजी सुभाषचंद्र बोस, पं. जवाहरलालजी नेहरू, लाला लाजपतराय, श्री आर.के. पाटिल, श्री सुंदरलाल शर्मा, श्री रविशंकर शुक्ल, ठाकुर प्यारेलाल सिंह, डॉ. खूबचंद बघेल, व्ही.वाई. तामस्करजी आदि अखिल भारतीय एवं प्रांतीय नेताओं की याद करते हुए जैसे आँखें भर आई हों और डबडबाई आँखों से ही विगत को देखने का प्रयास करते हुए, वे बोलते गए। बतलाते गए।'

मुलाकात के दौरान देश की वर्तमान स्थिति पर पूछे जाने पर उन्होंने कहा था, "आज के हालातों को देखकर अत्यधिक दुःख होता है। आज तो रुपयों-पैसों के लिए अपनी नीयत को लोगों ने निम्न स्तर तक गिरा दिया है। आजीविका के लिए आत्मा तक को बेच दिया, जो सबसे बड़ी गद्दारी है। प्रलोभन तो शैतान के भेजे हुए हैं। उनसे बचने का प्रयास हर वर्ग के लोगों को करना चाहिए। दूसरों की जेबों का पैसा, मेरी जेब में न आने पाए। इस सिद्धांत पर अमल यदि हर कोई करे, तभी देश का भला होगा अन्यथा ईश्वर ही मालिक है इस देश का।" उन्होंने गहरी साँस लेते हुए कहा।

पाठकजी आश्चर्य करते रहे कि पूछे गए हर प्रश्न का उत्तर वे धाराप्रवाह बोलते हुए देते रहे। एक एक घटना और हर एक की तिथि, व्यक्तियों, स्थानों के नाम को याद करने के लिए एक मिनट सोचने हेतु उन्होंने नहीं लगाया।

ईश्वरोपासना से सद्‌गति और राष्ट्रभक्ति भावना, ईश्वर प्राप्ति पर अंतिम समय तक वे जोर देते रहे।

धीरे-धीरे उनका शरीर कमजोर होता जा रहा था। चिकित्सा से लाभ नजर नहीं आ रहा था। उनकी अंतिम इच्छा थी कि वे अपने नश्वर शरीर का त्याग जन्मभूमि मूरा में करें। उनकी इच्छा के अनुसार 28 फरवरी, 1984 को भिलाई अस्पताल से छुट्टी दिलाकर उन्हें ग्राम मूरा स्थित पैतृक निवास में लाया गया। जन्म भूमि की सुगंध एवं स्मृति ने उनकी चेतना शक्ति को जाग्रत् कर दिया। आसपास के लोग उनके दर्शन के लिए उमड़ पड़े। सुबह से लेकर शाम तक उनके दर्शन के लिए ग्रामीणों का ताँता लगा रहता था। अंततः 16 मार्च, 1984 को 75 वर्ष की आयु में प्रातः ब्रह्ममुहूर्त में 5 बजकर 22 मिनट पर उन्होंने संसार का त्याग कर दिया। उनकी कमी का एहसास आज भी पूरे परिवार, समाज एवं छत्तीसगढ़ को होता है। जीवन के प्रत्येक क्षेत्र में जिस प्रकार से एक कर्मयोगी की तरह अनवरत श्रम साधना करते हुए उन्होंने जीवन जिया, वह अनुकरणीय एवं आदर्श है।

"परिवर्तने ही संसारे मृतःको वा न जायते। स जातो येन जातेन, याति वंशः समुन्नतिम्॥" इस परिवर्तनशील संसार में कौन नहीं मरता, अर्थात् सभी मृत्यु को प्राप्त होते हैं। उसी का जन्म लेना सार्थक है, जो अपने कर्मों से राष्ट्र, समाज एवं परिवार का गौरव बढ़ाते हैं। ऐसे महापुरुष अमर होते हैं। उनकी स्मृति भावी पीढ़ियों को सदियों तक मार्गदर्शन देती है। उनकी कमी का एहसास सदैव होता है।

अंचल के वरिष्ठ साहित्यकार डॉ. विमल पाठक ने श्रद्धांजलि देते हुए लिखा है

आजादी संग्राम में, तपे हुए जो लोग।
तरह तरह से दे रहे, थे अपना सहयोग॥
थे अपना सहयोग, उन्हीं में लखनलालजी।
मूरा वाले मिश्र, किए थे जो कमालजी॥
कह पाठक कविराय, उसे जंग-ए-आजादी।

याद रखेगी सदा, बात यह सीधी-सादी॥
पुलिस दरोगा नौकरी, को पल भर में त्याग।
श्री पाटिल के साथ जो, देश प्रेम की आग॥
देश प्रेम की आग, हृदय में खूब संजोए।
तन मन में उत्साह, लिये जो जागे सोए॥
कह पाठक कविराय, कष्ट हँस-हँस जो भोगा।
वह सेनानी था प्रणम्य, जो रहा दरोगा॥

□

शहीदों की चिताओं पर लगेंगे हर बरस मेले

पं. लखनलाल मिश्र, वरिष्ठ स्वतंत्रता संग्राम सेनानी की स्मृतियों को जीवंत बनाए रखने के लिए पं. लखनलाल मिश्र स्मृति समारोह समिति का गठन किया गया। समिति के अध्यक्ष श्री केयूरभूषण, पूर्व सांसद एवं स्वतंत्रता संग्राम सेनानी, उपाध्यक्ष रामानुजलाल यादव (दुर्ग), सचिव प्रमोद चौबे (रायपुर) बनाए गए। संरक्षक मंडल में श्री सत्यनारायण शर्मा मंत्री म.प्र. शासन भोपाल, श्री हरि ठाकुर, श्री हरिप्रेम बघेल थे। इसके अलावा आयोजन समिति में श्री नारायण राव अंबिलकर अध्यक्ष स्वतंत्रता संग्राम सेनानी रायपुर, श्री मोतीलालजी त्रिपाठी, श्री लालमणि तिवारी, श्री गंगूराम बघेल, विधायक आरंग, श्री विधान मिश्र, विधायक धरसींवा, श्री बदरुद्दीन कुरैशी, विधायक भिलाई, श्री कन्हैया लाल कोसरिया, पूर्व मंत्री म.प्र. शासन श्री विजय गुरु, पूर्व मंत्री म.प्र. शासन श्री बबन प्रसाद मिश्र, संपादक नवभारत, श्री रमेश नैयर, संपादक दैनिक भास्कर, श्री सुनील, कुमार संपादक देशबंधु, श्री महंत रामेश्वर गिरी, आचार्य श्री सरयूकांत झा, श्री शारदा प्रसाद मिश्र सेवानिवृत्त उप–पुलिस महानिरीक्षक, श्री प्रदीप चौबे, श्री रधुवंश प्रसाद तिवारी, श्री दुर्गा प्रसाद सिरमौर, श्री विमल पाठक, श्री तिलकराम देवांगन, श्री तोरण सिंह ठाकुर, ज्ञानेश शर्मा, सी.पी. शर्मा एवं संतोष वर्मा शामिल किए गए।

समिति ने पं. लखनलाल मिश्र की जन्म स्थली ग्राम मूरा में शिलालेख अनावरण एवं स्वतंत्रता संग्राम सेनानी सम्मान समारोह का आयोजन पं. लखनलाल मिश्र की 15वीं पुण्यतिथि 16 मार्च, 1999 को करने का निर्णय लिया। उक्त कार्यक्रम के मुख्य अतिथि पं. श्यामाचरण शुक्ल भूतपूर्व मुख्यमंत्री

म.प्र. शासन थे। समारोह की अध्यक्षता डॉ. कन्हैयालाल शर्मा मंत्री म.प्र. शासन ने की। ग्राम मूरा में 16 मार्च, 1999 को मेला मड़ई का वातावरण था। रायपुर, बलौदाबाजार, बेमेतरा, भाटापारा, तिल्दा, खरोरा आदि नगर कस्बों एवं आसपास के गाँवों से लोग बस, जीप, कार, स्कूटर एवं बैलागाड़ी से काफिले की शक्ल में प्रातः से लेकर गोधूलि बेला तक पहुँचते रहे। शिलालेख अनावरण समारोह के ऐतिहासिक अवसर पर वे सहभागी होना चाहते थे। आसपास के गाँवों से सैकड़ों की संख्या में ग्रामीण जन अपने परंपरागत परिधानों में आ रहे थे। पंथी नाचा दल एवं राउत नाचा मंडली की विभिन्न टीमें मुख्य अतिथि का स्वागत करने के लिए बेताब थीं। मुख्य अतिथि के आगमन पर उनका स्वागत मिश्र परिवार के वरिष्ठतम सदस्य श्री शारदा प्रसाद मिश्र एवं आयोजन समिति के अध्यक्ष श्री केयूरभूषण, श्री रामेश्वर प्रसाद मिश्र एवं श्री गणेशशंकर मिश्र (आई.ए.एस.), महापौर बलबीर जुनेजा एवं डॉ. महादेव प्रसाद पांडेय ने किया। वंदे मातरम्, राष्ट्रगान के साथ कार्यक्रम प्रारंभ हो गया। अतिथि सहित हजारों की संख्या में उपस्थित जन खड़े हो गए। माहौल में देशभक्ति का जज्बा उफान पर था। चारों ओर फहराता तिरंगा, गांधी टोपी पहने हुए स्वतंत्रता संग्राम सेनानियों की गरिमामय उपस्थिति से उपस्थित जनसमूह आहलादित हो उठा।

वंदे मातरम् के पश्चात् मुख्य अतिथि पं. श्यामाचरण शुक्ल ने वरिष्ठ स्वतंत्रता संग्राम सेनानी पं. लखनलाल मिश्र के तैल चित्र पर माल्यार्पण किया एवं दीप-प्रज्वलन कर समारोह का शुभारंभ किया। मंच पर मुख्य अतिथि श्यामाचरण शुक्ल के साथ श्री केयूरभूषण, शारदाप्रसाद मिश्र, डॉ. कन्हैयालाल शर्मा विद्यमान थे। मंच से राष्ट्रपिता महात्मा गांधीजी का प्रिय भजन—वैष्णव जन तो तेने कहिए, जे पीर पराई जाणे रे, का सस्वर गायन किया गया। पूरी सभा में सन्नाटा छा गया। एक अभूतपूर्व समाँ का वातावरण निर्मित हो गया।

समारोह के मुख्य अतिथि पं. शुक्ल के उद्‌गार

पं. लखनलाल मिश्र वरिष्ठ स्वतंत्रता संग्राम सेनानी के त्याग एवं तपस्या का स्मरण करते हुए हम सबको गर्व की अनुभूति हो रही है। ब्रिटिश शासन में

पुलिस इंस्पेक्टर के पद पर रहते हुए उन्होंने सदैव स्वतंत्रता संग्राम सेनानियों एवं आजादी के लिए लड़नेवाले आंदोलनकारियों के प्रति सहानुभूति रखते हुए उन्हें यथा संभव भरपूर मदद दी। इस तरह वे स्वतंत्रता आंदोलन में अप्रत्यक्ष रूप से मदद करते रहे। उस जमाने में इस तरह की मदद करना काफी जोखिम का काम था। उस समय ब्रिटिश पुलिस के महकमे में अंग्रेजों के इशारे पर झूठे प्रकरण बनाकर आंदोलनकारियों एवं सामान्य जनता को आंतकित करनेवाले देशद्रोही अधिकारी भी थे, इनमें सी.आई.डी. इंस्पेक्टर नरेंद्र सिन्हा एवं सिटी इंस्पेक्टर मोहन लाल पांडे प्रमुख थे। जिन्होंने षड्यंत्रपूर्वक श्यामाचरण दुबे को अपना एजेंट बना लिया। यह खबर श्री मगनलाल बागड़ी ने भिजवाई थी कि दुबे अंग्रेजों का एजेंट बन गया है, उससे सावधान रहना, लेकिन जयनारायण पांडे उनके झाँसे में आ गए और कुछ जानकारी उन्होंने लीक कर दी। श्यामाचरण दुबे ने बूढ़ा तालाब के किनारे जयनारायण पांडे को गिरफ्तार करवाया। जयनारायण पांडे के झोले से पिस्तौल एवं बम बरामद हुए। उन्हें गिरफ्तारकर जेल में प्रताड़ित कर उगलवाया गया तो उन्होंने ईश्वरीचरण शुक्ल, कमलनारायण शर्मा एवं नारायण दास राठौर का नाम बता दिया। उक्त तीनों को गिरफ्तार कर सी.आई.डी. इंस्पेक्टर नरेंद्र सिन्हा एवं सिटी इंस्पेक्टर मोहन लाल पांडे ने ब्रिटिश शासन के खिलाफ युद्ध का मुकदमा बनाया। जेल में भी कंबल ओढ़ाकर खूब पिटवाया, ताकि मार के निशान शरीर पर मत पड़े। भीषण यातना इन तीनों को दी गई। इस प्रकार आततायी एवं देशद्रोही अधिकारी भी थे। इनकी पृष्ठभूमि में पं. लखनलाल मिश्र जैसे अफसरों का अनवरत सहयोग भारतीय स्वतंत्रता आंदोलन के इतिहास का एक उज्ज्वल अध्याय है, जिसकी कीमत कोई नहीं चुका सकता।

आगे उन्होंने बताया कि सन् 1942 में महात्मा गांधीजी ने 'अंग्रेजो भारत छोड़ो' एवं 'करो या मरो' का नारा देकर संपूर्ण राष्ट्र को एकता के सूत्र में बाँध दिया। 9 अगस्त, 1942 को प्रात:काल से पहले ही गांधीजी, मौलाना अबुल कलाम आजाद सहित देश के सभी प्रमुख नेता गिरफ्तार कर लिये गए। रायपुर में पं. रविशंकर शुक्ल एवं भगवती चरण शुक्ल भी गिरफ्तार कर लिये गए। 9 अगस्त, 1942 को रायपुर में भी आजादी के दीवानों की विशाल सभा हुई।

पुलिस लाठीचार्ज एवं गोली चलाने के लिए बंदूक ताने खड़ी थी, लेकिन अंत तक देशभक्त कलेक्टर आर.के. पाटिल ने लाठी एवं गोली चलाने का आदेश नहीं दिया। कलेक्टर आर.के. पाटिल ने स्वतंत्रता संग्राम सेनानियों को बचा लिया। पं. लखनलाल मिश्र के प्रेरणा स्रोत यही आर.के. पाटिल साहब थे।

समारोह की अध्यक्षता कर रहे डॉ. कन्हैयालाल शर्मा ने कहा

हमारे देश की यह पुरानी कमजोरी रही है कि हम लोगों ने इतिहास लेखन नहीं किया। छत्तीसगढ़ के स्वतंत्रता संग्राम सेनानियों की जीवनी प्रकाशित करनी चाहिए, ताकि भावी पीढ़ी प्रेरणा लेकर राष्ट्रनिर्माण में सहभागी हो सके। छत्तीसगढ़ डिवीजनल रिकॉड्र्स के 22 वाल्यूम नागपुर में हैं। उन्हें यहाँ लाया जाए, ताकि प्रामाणिक जानकारी के प्रकाश में इतिहास लेखन किया जा सके। उन्होंने ग्राम मूरा में कन्या पूर्व माध्यमिक विद्यालय खोले जाने का प्रस्ताव राज्य शासन को दिया।

इस अवसर पर राष्ट्रीय मेल के संपादक रम्मू श्रीवास्तव ने कहा

स्वाधीनता सेनानियों का विस्तृत प्रामाणिक इतिहास तैयार किया जाना चाहिए। हर आदमी भगत सिंह की तारीफ करता है, पर घर में कोई नहीं चाहता कि भगत सिंह पैदा हो। 21वीं सदी में लोग कल्पना नहीं कर पाएँगे कि बिना किसी प्रलोभन के स्वतंत्रता संग्राम सेनानियों ने अपना सर्वस्व दाँव पर लगा दिया।

नवभारत के संपादक बबन प्रसाद मिश्र ने कहा

यह मेरे लिए भावना का कार्यक्रम है। स्वजनों के साथ अभिभूत हूँ। स्वाधीनता की कितनी कीमत चुकानी पड़ती थी। वंदे मातरम् का नारा लगाने एवं तिरंगा लेकर चलने की कितनी कीमत चुकानी पड़ती थी। हममें से अधिकांश को नहीं मालूम। यह एक विडंबना है कि जिन सेनानियों के त्याग एवं तपस्या से हमें आजादी मिली है, उन्हें हम भूलते जा रहे हैं। ग्राम मूरा के निवासियों ने अनुकरणीय एवं प्रशंसनीय प्रकाश पर्व आयोजित किया है।

आजादी के लिए सर्वस्व न्योछावर करनेवालों को याद करने का अवसर दिया है। इसके लिए मैं सभी को साधुवाद देता हूँ। अपने लिए जीनेवाले व्यक्ति बहुत होते हैं, लेकिन देश के लिए आत्मोसर्ग करनेवाले विरले होते हैं एवं वे सदैव राष्ट्र एवं समाज के लिए प्रेरणा स्रोत होते हैं।

जब मैं युगधर्म में संपादक था। उस समय पं. लखनलालजी से मिलने का सौभाग्य मुझे प्राप्त हुआ था। वे कुछ प्रकाशन चाह रहे थे। आजादी के पश्चात् वे देश को पुष्पित-पल्लवित देखना चाहते थे। यही उनकी पीड़ा थी। नागरिकों के आम जीवन में राज्य का कम-से-कम हस्तक्षेप चाहते थे। देश के लिए कैसा जीवन जीना चाहिए, यह उन्होंने जीकर बता दिया है। राष्ट्र कर्तव्य के लिए उन्होंने न तो अपनी चिंता की एवं न ही अपने परिवार की चिंता की। उन्होंने राष्ट्र को यह बता दिया कि वरदी से देश बड़ा है। प्रशासनिक भावना से कर्तव्य बड़ा है।

जितने कष्ट कंटकों में है,
जिनका जीवन सुमन खिला।
गौरव गंध उन्हें उतना ही यत्र तत्र सर्वत्र मिला॥

इस प्रकार का आयोजन प्रतिवर्ष होना चाहिए। आज भी पं. लखनलाल मिश्र की जीवंत उपस्थिति महसूस होती है।

दैनिक देशबंधु के संपादक श्री सुनील कुमार ने कहा

मैं उसी पीढ़ी का हूँ, जिन्होंने आजाद भारत में जन्म लिया है। पराधीनता की पीड़ा को न मैंने देखा एवं न ही भोगा। आजादी के पश्चात् राजनीति विकृत होती जा रही है। किसी भी तरीके से सफल होना, संपन्न होना जीवन का ध्येय बन गया है। इससे नैतिकता का पतन हो रहा है। जब मूल्य ही नहीं रहेंगे तो उनके लिए संघर्ष कौन करेगा। भोगवादी संस्कृति का विकास हो रहा है। ऐसी स्थिति में स्वतंत्रता संग्राम सेनानियों का सम्मान कार्यक्रम हमारी पीढ़ी के लिए प्रेरणास्पद है। स्वतंत्रता संग्राम सेनानियों की उपस्थिति, उनका आचार-व्यवहार, उनका संघर्षमय जीवन उनसे प्रत्यक्ष बातचीत का अवसर मिलना हमारे जीवन की अमूल्य उपलब्धि है। सेनानियों को सम्मानकर हम

स्वयं सम्मानित होते हैं। हमें भी लीक से हटकर कुछ कर गुजरने की प्रेरणा मिलती है। यह जज्बा हम सबके दिलों में सलामत रहे। यह पुष्पित-पल्लवित होता रहे। यही मेरी कामना है।

समारोह के अध्यक्ष श्री केयूरभूषण ने कहा कि

मूरा गाँव के आसपास का क्षेत्र स्वतंत्रता आंदोलन का गढ़ रहा है। आसपास के प्रत्येक गाँव में 8-10 तक एवं कई परिवारों में 7-8 लोग स्वतंत्रता संग्राम सेनानी हैं। यह हमारे अंचल का गौरव एवं सौभाग्य है कि क्षेत्र में महान् स्वतंत्रता संग्राम सेनानी यति यतनलालजी का आश्रम रहा है, जिसने सैकड़ों लोगों को मार्गदर्शन दिया। यह आश्रम सेनानियों की शरणस्थली रहा है। पुरुषोत्तम वर्मा नामक प्रसिद्ध आल्हा गायक इसी क्षेत्र का है। आजादी की लड़ाई में मंडल, किसान, मालगुजार सभी जेल जाते थे। इस प्रकार स्वतंत्रता के लिए संघर्ष को प्रत्यक्ष रूप से पं. लखनलाल ने अपने बाल्यकाल से ही देखा था। अंचल के स्वतंत्रता संग्राम सेनानियों से उनका आत्मीय संबंध एवं घरोबा था। इसीलिए ब्रिटिश पुलिस में रौबदार पद पर रहते हुए भी वे संस्कार एवं मन से स्वतंत्रता संग्राम सेनानी थे। उनकी असाधारण कद-काठी एवं रौबदार व्यक्तित्व अपराधियों के दिलों में भय का संचार करता था। पीड़ितों के पक्ष में वे सदैव हमदर्द बनकर खड़े रहते थे। आंदोलन के दौरान अनेक बार हमें पं. लखनलालजी से पुलिसिया कार्यवाही होने की पूर्व सूचना मिल जाती थी और हम लोग अपना ठिकाना बदल लेते थे। कठिन समय में उनका यह सहयोग हमारे लिए किसी वरदान से कम नहीं था।

देश आजाद होने के पश्चात् सत्ता का आकर्षण बढ़ता गया। कांग्रेस के सत्ता संघर्ष एवं सत्ता में अवसरवादियों को मिलनेवाले महत्त्व से उन्हें पीड़ा थी। इसीलिए उन्होंने अपना शेष जीवन किसान के रूप में बिताया। इस दौरान समाज एवं क्षेत्र के लोगों से उनका जीवंत संपर्क रहा। जो भी उनके संपर्क में आता था, उन्हें वे जबरदस्त मानसिक संबल देते थे। उनकी मदद के लिए सहज रूप से तैयार रहते थे। अंचल में एवं समाज में अत्यंत लोकप्रिय थे। उनकी स्मृति में मूरा गाँव का नाम लखनपुर गाँव रखे जाने का प्रस्ताव उन्होंने

दिया। वे पुलिस अफसर के साथ साथ किसान के बेटे थे। सच्चे कृषक थे। पशुधन संरक्षण के क्षेत्र में उन्होंने दूरदर्शितापूर्ण एवं उल्लेखनीय कार्य किया। अतः ग्राम मूरा में पशुधन सेवा संरक्षण केंद्र की स्थापना की जानी चाहिए।

मुख्य अतिथि पंडित शुक्ल ने मंचासीन स्वतंत्रता संग्राम सेनानियों का शाल, श्रीफल एवं प्रतीक चिह्न से सम्मान किया। स्वतंत्रता संग्राम सेनानी श्री नारायण राव अंबिलकर, डॉ. महादेव प्रसाद पांडेय, मोती लाल त्रिपाठी, लालमणि तिवारी, रामाधार तिवारी, दुर्गा सिंह सिरमौर, पन्नालाल पंड्या, परसराम सोनी, नरेंद्र कुमार दुबे, श्रीमती भवानी बाई, फिरंता राम वर्मा, हरखराम चंद्रवंशी, चोवाराम वर्मा, गेंदरामजी, जमुना प्रसाद कसार, चंडी प्रसाद गुप्ता, हरि ठाकुर, केयूरभूषण, जगत रामजी, विजय रामजी, दीनदयाल मिश्र, बादल राम वर्मा आदि का सम्मान किया गया।

मुख्य अतिथि श्री श्यामाचरण शुक्ल पूर्व मुख्यमंत्री मध्य प्रदेश शासन ने स्वर्गीय पं. लखनलाल मिश्र की स्मृति समारोह समिति द्वारा बनाए गए शिलालेख का अनावरण किया। कार्यक्रम का संचालन लाल रामकुमार, वरिष्ठ उद्घोषक आकाशवाणी रायपुर ने किया एवं आभार प्रदर्शन श्री गणेशशंकर मिश्र (आई.ए.एस.) ने किया।

□

पुलिस अफसरी त्यागने में

पं. मिश्र के प्रेरणास्रोत श्री रामराव कृष्णराव पाटिल (आई.सी.एस)

जन्म 13 दिसंबर, 1907–स्वर्गवास 1 जून, 2007

एक युवा आई.सी.एस. अधिकारी, जिन्होंने वर्ष 1930 में बुलढाना में अपनी सेवा प्रारंभ की एवं सन् 1943 में जब वे बैतूल जिले में कलेक्टर थे, तब घोड़ाडोंगरी नामक स्थान में महात्मा गांधी के आह्वान पर सार्वजनिक रूप से अपने पद से त्याग-पत्र की घोषणा की थी। इस मध्य उनकी कुल सेवा अवधि 12 वर्ष की रही और तीन जिलों में कलेक्टर के रूप में कर्तव्य निर्वाह किया। दुर्ग कलेक्टर के रूप में उनकी द्वितीय पदस्थापना थी तथा 1943 तक यहाँ कलेक्टर रहने के दौरान ही पं. लखनलाल मिश्र उनके संपर्क में आए। वे सी.पी. एंड बरार प्रांत में मंत्री के पद पर भी कार्यरत रहे। उन्हें 15 मई, 2007 को 'महाराष्ट्र भूषण' से विभूषित किया गया।

श्री पाटिलजी का हस्तलिखित पत्र

(जो पं. मिश्र के पुत्र को प्रेषित है।)

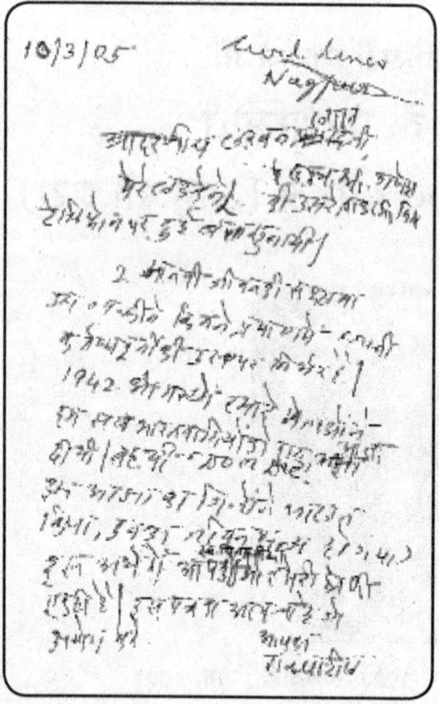
10/3/05 Civil Lines Nagpur

हस्तलिखित पत्र का मजमून

10/3/05 सिविल लाइंस नागपुर

मेरे लड़के ने आदरणीय लखनलालजी मिश्र के सुपुत्र श्री गणेशशंकरजी मिश्र की उनसे टेलीफोन पर हुई बात सुनाई।

मानवी जीवन की सफलता उस व्यक्ति ने कितने प्रमाण में अपनी कर्तव्य पूर्ति की उस पर निर्भर है।

1942, ओगस्ट में हमारे नेताओं ने हम सब भारतवासियों को एक आज्ञा दी थी। वह थी 'Do or Die'

इस आज्ञा का जिन्होंने पालन किया, उनका जीवन धन्य हो गया। इस अर्थ में आपकी, स्व. पिताजी की और मेरी श्रेणी एक ही है। इस पत्र का आप चाहें, जो उपयोग करें।

आपका

रा.कृ. पाटिल

थानेदार पं. लखनलाल मिश्र जी के हाथ से लिखा और हस्ताक्षरित तफ्तीश का एक दुर्लभ दस्तावेज (रोजनामचा)

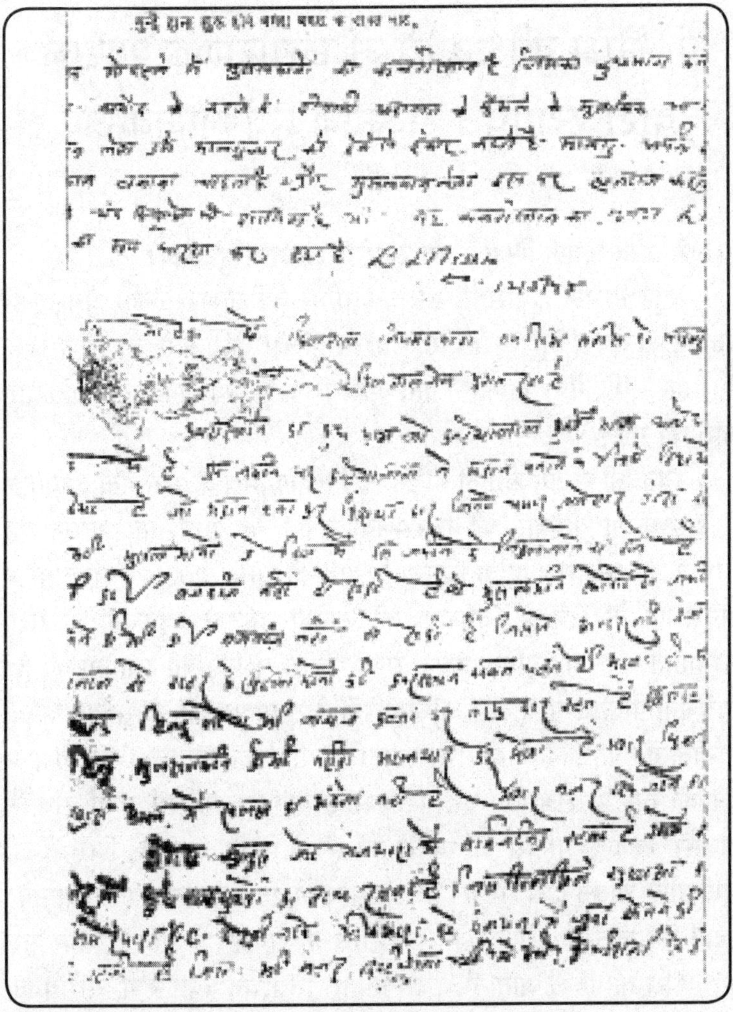

यह पत्र—तत्कालीन पुलिस अधीक्षक दुर्ग रमेशचंद्र शर्मा के सौजन्य से

पं. मिश्र की स्मृति में छत्तीसगढ़ शासन द्वारा स्थापित सम्मान एवं नामकरण

(1) पं. लखनलाल मिश्र राज्य स्तरीय सम्मान पुरस्कार

(गृह विभाग छत्तीसगढ़ शासन द्वारा हर वर्ष राज्योत्सव के अवसर पर उत्कृष्ट अन्वेषण हेतु ज्यूरी द्वारा चयनित पुलिस अधिकारी को दिया जाता है।) इस संबंध में राज्य शासन द्वारा अधिसूचना दि. 24 अक्तूबर, 2009 द्वारा जारी की गई है।

स्वतंत्रता संग्राम सेनानी पंडित लखनलाल मिश्र के स्वतंत्रता आंदोलन में असाधारण योगदान को चिरस्थायी बनाने हेतु छत्तीसगढ़ शासन गृह विभाग ने अधिसूचना क्र./एफ.-52/गृह-दो/सामा./2005 द्वारा अपराध अनुसंधान के क्षेत्र में विवेचक को उसकी उत्कृष्ट विवेचना के लिए सम्मानित करने की दृष्टि से एक राज्य स्तरीय सम्मान की स्थापना की है। विवेचना प्रक्रिया में पुलिस अधिकारियों के योगदान को प्रोत्साहित करने, मान्यता देने के उद्देश्य से राज्य शासन ने 'पंडित लखनलाल मिश्र सम्मान' देने का निर्णय लिया है। यह पुरस्कार/सम्मान प्रत्येक वर्ष राज्योत्सव के अवसर पर एक पुलिस अधिकारी को प्रदान किया जाता है, जिसमें उसे छत्तीसगढ़ शासन द्वारा सम्मान पत्र के साथ ही 25,000 रुपए की राशि नगद प्रदान की जाती है। पं. लखनलाल मिश्र के सम्मान में यह पुरस्कार उस अधिकारी को दिया जाता है, जिसके द्वारा विवेचित प्रकरण में अभियुक्त/अभियुक्तों को आजीवन करावास या मृत्यु दंड से दंडित किया गया हो।

सजा का निर्णय पिछले वर्ष से सम्मान वर्ष के 31 अगस्त की अवधि के दौरान घोषित होना चाहिए।

अधिसूचना के अनुसार आलोच्य वर्ष के लिए समस्त पुलिस अधीक्षक अपने जिले से पात्र उम्मीदवारों का नामांकन निर्धारित प्रारूप में पुलिस उप-महानिरीक्षक (अपराध अनुसंधान विभाग), पुलिस मुख्यालय रायपुर को दिनांक 28 अक्तूबर तक भेजेंगे। जिसे वे चयन समिति के समक्ष निर्धारित प्रारूप में प्रविष्टिकर संक्षेपिका सहित निर्णायक मंडल के समक्ष प्रस्तुत करेंगे। निर्णायक मंडल का गठन पुलिस महानिदेशक छत्तीसगढ़ पुलिस द्वारा किया जाएगा, जिसमें अध्यक्ष अतिरिक्त पुलिस महानिदेशक, अपराध अनुसंधान विभाग अथवा उनकी अनुपस्थिति में उनके स्तर का अन्य कोई अधिकारी होगा। इसके साथ ही पुलिस महानिरीक्षक प्रशासन, उप-पुलिस महानिरीक्षक स्तर के एक अधिकारी एवं सहायक पुलिस महानिरीक्षक स्तर के एक अधिकारी सदस्य होंगे। प्रत्येक वर्ष के सम्मान के लिए केवल एक पुलिस अधिकारी का चयन किया जाएगा।

राज्य शासन के द्वारा प्रथम **पं. लखनलाल मिश्र सम्मान** प्राप्त करने का गौरव सम्मान वर्ष **सन् 2009 में रोहिणी प्रताप अहिरवार,** उप पुलिस अधीक्षक (बिलासपुर) को प्राप्त हुआ है। श्री अहिरवार का जन्म 12 सितंबर, 1950 को जबलपुर में हुआ। वर्ष 1973 में उप-निरीक्षक के पद पर चयनित होकर रीवा, जबलपुर, रतलाम, छतरपुर, बस्तर, कोटा में पदस्थ रहे। दिनांक 16.03.1989 को निरीक्षक के पद पर पदोन्नत होकर वर्ष 2006 में मरवाही थाना (बिलासपुर) में पदस्थ हुए। मरवाही थाना के कार्यालय में अज्ञात अपराधियों के द्वारा बलात्कार पश्चात् हत्या के अत्यंत जटिल मामला में, 48 घंटे के भीतर चार अपराधियों को गिरफ्तार कर आवश्यक साक्ष्य एकत्र करने के पश्चात् न्यायालय प्रथम अपर न्यायाधीश पेंड्रा द्वारा 4 आरोपियों को मृत्यु दंड से दंडित किया गया। आरोपियों द्वारा दंडादेश के विरुद्ध माननीय उच्च न्यायालय में अपील किया गया, जिसमें माननीय उच्च न्यायालय द्वारा भी मृत्यु दंड की सजा को यथावत् रखा गया है। श्री अहिरवार की बुद्धिमत्ता एवं उच्चस्तरीय विवेचना से पीड़ित पक्ष को न्याय मिला।

छत्तीसगढ़ राज्योत्सव समारोह **सन् 2010 में पं. लखनलाल मिश्र सम्मान श्री लक्ष्मण प्रसाद कुमेटी,** उप-निरीक्षक थाना बागनदी (जिला राजनांदगाँव) को प्रदान किया गया। श्री कुमेटी का जन्म 22 जून, 1972 को जिला कांकेर तहसील भानुप्रतापपुर के एक छोटे एवं दूरस्थ गाँव कनेचूर में एक साधारण कृषक परिवार में हुआ। उन्होंने 8वीं कक्षा मिडिल स्कूल बैजनपुर व हाई स्कूल परीक्षा शासकीय नरहरदेव उच्चतर माध्यमिक विद्यालय कांकेर से 1992 में उत्तीर्ण की। उसके बाद कॉलेज की शिक्षा शासकीय स्नातक महाविद्यालय धरमपुरा (जगदलपुर) हॉस्टल में रहते हुए पूरी की। वर्ष 1997-98 में उप-निरीक्षक सीधी भरती में चयनित हुए। प्राथमिक शिक्षा के बाद उनकी पूरी शिक्षा हॉस्टल में हुई। उनके द्वारा विवेचित प्रकरण में दुग्ध वाहन में सवार महिला यशोदा बाई के साथ घटना दिनांक एवं समय पर रात्रि में वाहन चालकों एवं हेल्पर द्वारा सामूहिक बलात्कार कर हत्या की गई। प्रकरण में अभियुक्त राधे उर्फ नीलकमल, संजय युवनाटे, गजेंद्र कुमार, ओमप्रकाश को माननीय न्यायालय द्वारा दिनांक 11.06.2010 को आजीवन कारावास एवं दो अन्य अभियुक्तों को 10 वर्ष की सजा दी गई।

सन् 2011 में पं. लखनलाल मिश्र सम्मान पुरस्कार श्री उत्तर कुमार वर्मा, उप-निरीक्षक थाना पांडातराई जिला कबीरधाम को दिया गया। इनका जन्म 15 जून, 1960 में ग्राम चंदखुरी, जिला रायपुर के कृषक परिवार में श्री दुर्गा प्रसाद वर्मा के घर में हुआ। उत्तर कुमार वर्मा की नियुक्ति दिनांक 25 फरवरी, 1979 को पुलिस विभाग में आरक्षक के पद पर हुई। उन्होंने पुलिस प्रशिक्षण केंद्र राजनांदगाँव में बुनियादी प्रशिक्षण प्राप्त किया। उन्होंने जिला रायपुर, बस्तर, दंतेवाड़ा, दुर्ग एवं कबीरधाम के विभिन्न थानों में अपनी सेवाएँ दी हैं। इनके द्वारा कुशल कार्य संपादन करने के फलस्वरूप उन्हें समय पर पदोन्नति मिलती रही एवं दिनांक 27.12.2007 को उप निरीक्षक पद पर उन्हें पदोन्नति दी गई। वे वर्तमान में थाना बोड़ला, जिला कबीरधाम में उप-निरीक्षक पद पर पदस्थ हैं। सेवाकाल में उन्हें कुल 354 इनाम मिले। उनका सेवा रिकॉर्ड भी उत्कृष्ट श्रेणी का रहा है। उनके द्वारा विवेचित प्रकरण में दिनांक 23.04. 2010 को मृतक कुमारी बाई पति ईश्वर नट ग्राम दैहानपारा मोहगाँव थाना

पांडातराई के फाँसी लगाकर आत्महत्या करने की सूचना पर थाना पांडातराई में मर्ग क्रमांक 06/10 कायमकर विवेचना में लिया गया। मर्ग जाँच के दौरान परिस्थितिजन्य साक्ष्य के आधार पर आरोपी ईश्वर नट ग्राम दैहानपारा मोहगाँव थाना पांडातराई के द्वारा धारा 302, 201 भादवि का अपराध करना पाए जाने पर थाना पांडातराई में दिनांक 24.04.2010 को अप.क्र.-54/10 धारा 302,201 भादवि कायम किया जाकर विवेचक उप निरीक्षक उत्तर कुमार वर्मा द्वारा संपूर्ण विवेचना दर्जकर आरोपी को गिरफ्तारकर उनके द्वारा माननीय उच्च न्यायलय में चालान प्रस्तुत किया गया। अभियुक्त ईश्वर को धारा 302 भादवि के अतंर्गत आजीवन कारावास तथा धारा 201 भादवि के अंतर्गत 03 वर्ष के सश्रम कारावास से दंडित किया गया।

सन् 2012 में जिला दुर्ग के थाना खुर्सीपार का अपराध क्रमांक 312/09 धारा 302, 201, 120बी, 34 भादवि के प्रकरण में घटना दिनांक 21.10.09 को थाना खुर्सीपार के प्रसिद्ध बाबा बालकनाथ मंदिर तथा महालक्ष्मी परिसर के बीच स्थित नगर निगम के कचरा डंपिंग ग्राउंड में 01 अज्ञात पुरुष की अधजली लाश पड़े होने की सूचना मिलने पर निरीक्षक मोनिका पांडेय थाना प्रभारी खुर्सीपार स्टाफ के साथ मौके पर पहुँची एवं घटना स्थल एवं शव का निरीक्षण किया। शव निरीक्षण पर अज्ञात मृतक के शरीर के विभिन्न हिस्सों में चोट पाई गई। अज्ञात आरोपी द्वारा धारदार हथियार से मारकर साक्ष्य छिपाने की नीयत से शव को जला दिया गया था। प्रकरण की विवेचना में अज्ञात मृतक के जेब से मिले बिजली बिल के आधार पर अज्ञात मृतक शिवा उर्फ सनवर पिता जमाल खान, उम्र 28 वर्ष, निवासी गौतम नगर खुर्सीपार शिनाख्त हुआ।

आगे की विवेचना में प्रकरण के आरोपियों को गिरफ्तारकर प्रकरण में चालान नंबर 10/10 दिनांक 21.11.2010 को तैयारकर प्रकरण में चालान माननीय न्यायालय में पेश किया गया। माननीय न्यायालय द्वारा घटना स्थल पर पड़े मृतक के खून के धब्बे आदि की सफाईकर हत्या के साक्ष्य को विलोपित करना पाए जाने पर अभियुक्त राजा नायकर को धारा 302 आजीवन कारावास एवं धारा 201 सहपठित धारा 120बी भादवि के अपराध में 5 वर्ष सश्रम कारावास एवं 1000 रुपए अर्थदंड एवं अन्य आरोपी जया नायकर, चंदन साव,

नरेंद्र उर्फ तोत को 5 वर्ष सश्रम एवं 1000 रुपए अर्थदंड से दंडित किया गया।

सन् 2013 को राज्योत्सव में आदर्श आचार संहिता होने से उक्त सम्मान/पुरस्कार प्रदाय नहीं किया गया है।

सन् 2014 में पं. लखनलाल मिश्र सम्मान पुरस्कार श्री विभुदीप नंद उपनिरीक्षक को जटिल आपराधिक मामलों की पड़ताल करने पर दिया गया। 18 नवंबर, 1960 को जनमे श्री नंद की प्रारंभिक शिक्षा कोरबा के मिशन स्कूल में हुई। बी.ए. करने के पश्चात् एम.ए. लोक प्रशासन की डिग्री ली। सन् 1983 में उप-निरीक्षक चयनित हुए। पहली पदस्थापना थाना-बीजापुर, जिला-बस्तर में। अविभाजित रायपुर जिला में वर्ष 2004 से 2008 तक थाना प्रभारी (गरियाबंद रहे)। यहीं सत्यम रेड्डी उर्फ गोपन्ना एवं 02 हार्डकोर नक्सलियों को गिरफ्तार करने में अहम भूमिका निभाई। सन् 2002 में जयपुर, राजस्थान में ऑल इंडिया पुलिस ड्यूटी मीट में कांस्य पदक प्राप्त करने का गौरव हासिल किया।

(2) पं. लखनलाल मिश्र के नाम पर रायपुर में व्यावसायिक परिसर

नगर पालिक निगम रायपुर के महापौर श्री सुनील सोनी ने अपने कार्यकाल में छत्तीसगढ़ के स्वतंत्रता संग्राम सेनानियों के नाम से उद्यानों एवं भवनों को नामकरण किए जाने का प्रस्ताव पारित किया था ताकि आनेवाली पीढ़ी उनके कार्यों से प्रेरणा ले सकें। इसी तारतम्य में नगर पालिक निगम रायपुर द्वारा कंकालीपारा चौक में निर्मित व्यावसायिक परिसर का नामकरण पं. लखनलाल मिश्र व्यावसायिक परिसर किया गया।

(3) पं. लखनलाल मिश्र जलाशय

जलसंसाधन विभाग की बंगोली-मूरा स्थित मध्यम सिंचाई परियोजना पेंड्रावन टैंक का नाम पं. मिश्र के नाम पर किया गया है।

(4) शाला नामकरण

ग्राम-मूरा स्थित माध्यमिकशाला का नामकरण पं. लखनलाल मिश्र के नाम पर किया गया है।

(5) पं. लखनलाल मिश्र स्वतंत्रता सेनानी शोध पीठ की स्थापना

राज्य शासन द्वारा पं. लखनलाल मिश्र शोध पीठ की स्थापना पं. रविशंकर शुक्ल विश्वविद्यालय, रायपुर में भारतीय स्वतंत्रता के इतिहास में अंचल के सेनानियों के योगदान को रेखांकित करते हुई की गई है।

उक्त शोध पीठ द्वारा इस दिशा में कार्य प्रारंभ किया जा चुका है।

(6) नगर निगम दुर्ग द्वारा आदमकद मूर्ति की स्थापना

पं. मिश्र की इक्कीसवीं पुण्यतिथि के अवसर पर ग्राम मूरा में आयोजित कार्यक्रम में तत्कालीन महामहिम राज्यपाल श्री के.एम. सेठ के अनुरोध पर डॉ. रमन सिंह मुख्यमंत्री छत्तीसगढ़ शासन द्वारा दुर्ग में पं. मिश्र की आदमकद प्रतिमा स्थापित करने की घोषणा की गई थी। यह उल्लेखनीय है कि पं. मिश्र 15 दिसंबर, 1945 को दुर्ग रेलवे स्टेशन के प्लेटफार्म पर ही श्री आर.के. पाटिल (आई.सी.एस.) जो अपनी नौकरी से इस्तीफा देकर नागपुर जाने के दौरान प्लेटफार्म में रूके थे। उन्हें पुलिस की वर्दी में सूत की माला पहनाकर सैल्यूट कर दिया था तथा अपनी नौकरी से त्यापत्र दे दिया था।

पं. मिश्र के देशभक्ति और त्याग की इस गाथा से नई पीढ़ी को परिचित कराने के उद्देश्य से दुर्ग नगर निगम द्वारा जी.ई. रोड के किनारे सर्किट हाउस के पास पं. मिश्र की आदमकद प्रतिमा स्थापित करने की कार्यवाही छत्तीसगढ़ शासन की घोषणा के अनुरूप की गई है।

(7) नगर निगम रायपुर द्वारा आदमकद प्रतिमा

नगर पालिक निगम रायपुर की महापौर डॉ. श्रीमती किरणमयी नायक द्वारा कंकालीपारा चौक में निर्मित पं. लखनलाल मिश्र व्यावसायिक परिसर में पं. लखनलाल मिश्र की आदमकद प्रतिमा लगाए जाने का प्रस्ताव निगम की सामान्य सभा से पारित कर दिया गया।

□

पिता के पत्र

पं. लखनलाल मिश्र साहित्यनुरागी थे। उन्होंने अपने जीवन में धार्मिक ग्रंथों रामचरितमानस एवं श्रीमद् भागवत गीता का अनुशीलन किया था। तत्कालीन अनेक धार्मिक मासिक पत्रिकाओं जैसे कल्याण, मानसमणि, अखंड ज्योति, योग विद्या के नियमित ग्राहक थे। डाक द्वारा ये पत्रिकाएँ गाँव में उन तक पहुँचती थीं। धर्म के गूढ़ रहस्यों को संतों से आत्मसात् किया था।

सरल शब्दों में स्पष्टता के साथ गंभीर भावों की अभिव्यक्ति में कुशल थे। अपनी मृत्यु के 2 वर्ष के भीतर समय-समय पर अपने पुत्र गणेशशंकर मिश्र एवं बहू प्रीति मिश्र को उन्होंने पत्र लिखा। छोटी बहू डॉ. प्रीति मिश्र को, जिनका पत्रोत्तर उनके जीवन का अंतिम पत्र साबित हुआ। इसे मृत्यु के कुछ समय पूर्व ही उन्होंने लिखा था, जो संवेदना तथा भावनाओं से परिपूर्ण है। अपने छोटे पुत्र को शासन की प्रशासकीय सेवा में आने के पश्चात् उन्होंने हमेशा सिद्धांत व नैतिकता की सीख पत्रों के जरिए दी। और सचेत करते रहे कि पद के मद में कभी नहीं आना। गरीब व दीन-दुखियों का सदैव खयाल रखना तथा लोभ-मोह जैसे शैतानों से बचकर रहना। ऐसे कुछ पत्रों की बानगी यहाँ पेश है। इन पत्रों से उनके अंत:करण का पता चलता है।

नोट—अधिकांश पत्र हस्तलिखित हैं एवं कुछ पत्र टंकित।

बहू भी बेटी भी

1

श्रीमती मिली (डॉ. प्रीति मिश्र) का पत्र बाबूजी के नाम

9-2-'84, भोपाल

पूज्यनीय बाबूजी,

सादर चरण स्पर्श,

आशा करती हूँ कि आपके स्वास्थ्य में सुधार हो रहा होगा तथा वापस लौटने पर मैं आपको पुनः स्वस्थ पाऊँगी।

मेरी तबीयत की आप चिंता बिल्कुल मत करिएगा, मैं बिल्कुल ठीक हूँ, फिर भी डॉक्टर ने सलाह दी है कि मैं पूर्णतः बेड रेस्ट पर रहूँ, जिसका कि पालन मुझे करना पड़ रहा है। मैं, आपको पत्र लिखने का बहुत दिनों से सोच रही थीं, परंतु एक अनजान स्व संकोच आड़े आ जाता था, फिर यह सोचकर कि एक बेटी को अपने बाप से क्या संकोच करना चाहिए, मैं आपको पत्र लिख रही हूँ।

आशा है आप डॉक्टर की सलाह मानते हुए दवाइयों के साथ पूरी डाइट लेने में आना-कानी नहीं करते होंगे तथा पूरा ट्रीटमेंट ले रहे होंगे।

आपने तथा पूज्यनीय माँ व घर के सभी लोगों ने इतने कम समय में ही मुझे जो प्यार दिया है, उसने कभी मुझे महसूस नहीं होने दिया कि मैं अपने मायके को छोड़कर अपनी ससुराल में हूँ। मेरी भगवान् से यही विनती है कि वह आपको तथा माँ को हमेशा स्वस्थ बनाए रखे तथा आप लोग सदैव हमारे पास ही रहें। अब वहाँ आने के बाद मैं आपको व माँ को मूरा नहीं जाने दूँगी, क्योंकि वहाँ जाने के बाद आप अपनी तबीयत का खयाल नहीं रखते तथा लापरवाही बरतते हैं। आशा है आप मेरी यह बात अवश्य मानेंगे। आप भी पत्र लिखिएगा। पूज्यनीय माँ को मेरी तरफ से सादर चरण स्पर्श। अपना पूरा खयाल रखिएगा।

आपका पुनः चरण स्पर्श।

आपकी बेटी,
सौ. मिली

2
सौ. मिली (डॉ. प्रीति मिश्र) को प्रेषित पत्रोत्तर

केबिन नं. 7
भिलाई अस्पताल, सेक्टर-9

प्रिय बेटी,

सप्रेम आशीर्वाद।

बेटी मिली अभी-अभी तुम्हारा पत्र मिला है। तुम्हारा आज का पत्र मेरे लिए जीवन का एक अभूतपूर्व अंग है। विवाह के बाद दुल्हन होकर आने के बाद से तुम मुझसे जरा भी स्नेह प्यार नहीं ले पाई हो तथा बदले में तुमने मेरे ऊपर प्यार की बरसात की है। अगर ईश्वर ने मुझे इस संसार की जिम्मेदारियों से मुक्त नहीं किया (क्योंकि इस समय मैं जिंदगी और मौत के झूले में झूल रहा हूँ) तो मैं तुम्हें इस प्यार का प्रतिफल दे सकूँगा।

आत्मा तो अजर-अमर, अविनाशी है। अपने प्रयाण के बाद मैं तुम्हारी ही कोख में जल्द आ जाऊँगा, क्योंकि ईश्वर अंतर्यामी है अतः इस पर जरा भी शक मत करना।

बेटी तुम परम भाग्यशाली हो। तुम्हारे आने से मेरा घर जगमगा गया है। माननीय तिवारीजी मनुष्य नहीं वरन् देवदूत हैं और आदरणीय माँ और डॉक्टर साहब के बारे में मैं क्या लिखूँ। बेटी मुझे यही चिंता है कि मेरी बीमारी का हाल सुनकर तुम विचलित नहीं होना तथा पूर्ण विश्राम करना। मेरा दाऊ तुम्हें पाकर निहाल हो गया है और उसे तुम्हें सौंपकर मैं निश्चिंत हो गया हूँ। आजकल तुम्हारे दुर्ग के बँगले में रोज 10-15 लोग भोजन करते हैं, पूरा परिवार वहाँ इकट्ठा हो गया है। आजकल बाबू लक्ष्मीनारायण, विमला बेटी, बेटा राजू, माया बहू तथा अनुप भी आए हुए हैं। इनके अलावा वीणा बेटी व श्री अर्जुनप्रसाद, पुष्पा, रत्ना, मंदा व डॉ. संत कुमारजी भी यहीं हैं। इलाज डॉ. चौबे की गाइडेंस में चल रहा है।

बेटी तुम्हारे पत्र के एक-एक शब्द में जो भाव भरा हुआ है, वह बड़ा मार्मिक है। एक दुल्हन बहू का इतना भावपूर्ण पत्र लिखना एक विस्मय की बात है।

तुमने मेरे जीवन पर अमिट छाप डाली है, जो इस जन्म के अलावा अगले जन्म में भी कायम रहेगी। बबला की भाँति मैं तुम्हारे ही कोख से आकर अपनी इच्छा पूरी करूँगा, क्योंकि भगवान् श्रीकृष्ण ने भी गीता में कहा है—

ये यथा माँ प्रपिदन्ते तास्तथैव भजाम्यहम्
तेषानित्याभियुक्तानां''योगक्षेमंवहाम्यहम।

सभी बड़ों को मेरा प्रणाम व छोटों को आशीष कहना। मेरा तुमको विशेष आशीष।

आपका प्यारा पिता
लखनलाल

मेरे बाद तुम अपनी सास को फूल की तरह सहेजकर रखना, यही मेरी धरोहर है। मेरी इस अंतिम इच्छा का सदा खयाल रखना''बस।

भिलाई
तुम्हारा पिता
14-2-84, 3 पी.एम.
लखन लाल

सबसे छोटे पुत्र गणेशशंकर को हौसलाअफजाई एवं सीख

1

ॐ

प्रिय दाऊ मूरा

24-7-1981

सप्रेम आशीष।

तुम्हारा पत्र कल प्राप्त हुआ। पढ़कर बड़ी प्रसन्नता हुई। सब समाचार विदित हुआ। कुमारी बाई और बड़ी बहन 15 दिन के लगभग रहकर गत सोमवार को वापस गई है। रूखमिन बाई पहले चली गई थी। उनका तिजहा भी साथ में दे दिया हूँ। यहाँ मेरी अनुपस्थिति का लाभ उठाकर जेठू ने बड़ा ऊधम मचा दिया था। अच्छा हुआ, जो तुम ढाबा की चाबी को मनराखन के हाथ में दे दिए थे। मनराखन को भी अब दरोगा में सत्रहखंडी में बैसाख पूर्णिमा तक के लिए नियुक्त किया हूँ। उसे सर्वोपरि अधिकार दिया हूँ। केजू का भी दर्जा बढ़ गया है। जेठू नाम मात्र को काम में लगा है। बीच में छुड़ाना ठीक नहीं है। उसे विश्वास को गया था कि मैं पुनः आराम होकर पुरा नहीं लौटूँगा, इस खयाल से उसने अपने अधिकार का दुरुपयोग किया। अब वह सबकी आँख से गिर गया है। काम में चुस्ती आ गई है। सब काम सुचारू रूप से चलने लगा है। जेठू के बाड़ा के भीतर का आना-जाना कम हो गया है। चाह पानी भी बंद हो गया है। सख्ती से अब उसे कमैया लोगों के ऊपर लगाकर खेत सवेरे से शाम तक भेजकर काम ले रहा हूँ। ताला-चाबी तथा सब जिम्मेदारी मनराखन के हाथ में है। मेरा स्वास्थ्य बहुत अच्छा है। गले का Free Movement होता है, Almost Normal है। 54 सूई लग चुकी

है तथा 36 सूई में केवल 20 सूई बकाया है। रोज बंगोली का कंपाउंडर आकर सुबह सूई लगा रहा है। Urine भी Natural Course से होता है। कोई तकलीफ नहीं है। हालाँकि अभी Tube लगा है। पानी परसों अच्छा गिरा था, लेकिन व्यासी के लिए वह काफी नहीं था। अब वर्षा होने से व्यासी हो जाएगी। इस वर्ष 06 खंडी कोदो तथा राहर और तिल ज्यादा बोया गया है। टमाटर का थरहा तैयार है। पानी गिरने से वहाँ पर खेत में व्यासी होते ही एक हफ्ता में टमाटर लग जाएगा। बिसन हर शनिवार को आकर सोमवार को वापस जाता है। मैंने तुम्हारे नाम से एक पत्र राजू के आने के तुरंत बाद भेजा था। समय पर प्राप्त हुआ होगा। यह मेरे जीवन का नया अनुभव है। ज्ञानू गत शनिवार को विशन के साथ आया था। अभी भी आया था। **दाऊ, तुम मेरी आशा के केंद्र हो। मेरे घर के दीपक हो। भगवान् पर पूर्ण आस्था रखना। जीवन क्षणभंगुर है। धर्म को सदैव निभाना। खानपान में कभी मत डिगना। मेरे परिवार, खानदान तथा पूर्वजों की आन, बान और शान को कायम रखना। मैं, तुम्हारी अम्माँ तुम पर खूब प्रसन्न हैं। U.P.S.C. की तैयारी अवश्य करना। पुरुषार्थ से सब संभव है। Written में उत्तीर्ण हो गए तो फिर भगवान् अवश्य सफलता देंगे। यह समाज के लिए अनोखी बात होगी।** मैं तुम्हारा सब समान लेकर रायपुर 13 तारीख को तुम्हारी अम्माँ के साथ पहुँच जाऊँगा। तुम्हारा पत्र भी श्री गोपालजी तथा मातेश्वरी को भेंट हो चुका है। तुम्हारे लिए जैगुड़ी का बारीक चावल, राहर दाल, चना दाल आदि समान तैयार करा रहा हूँ, ताकि तुम्हें विमला के यहाँ ठहरने में संकोच न होवे। तुम्हारी अम्माँ तथा मेरा पुनः आशीष। भगवान् तुम्हें पूर्ण सफलता देवे। यही मेरी अंतिम मनोकामना है। शु.चि.ल.ला.मिश्र

प्रति,
श्री जी.एस. मिश्रा, प्रोबेशनर
डिप्टी कलेक्टर,
प्रशासन अकादेमी, ई-7 अरेरा कॉलोनी,
न्यू कैंपियन स्कूल के पास, पो.आ. रविशंकर नगर
भोपाल, (म.प्र.)
पिन नं.-462016

प्रेषक,
ल.ला. मिश्र मूरा
रायखेड़ा, रायपुर (म.प्र.)

**इस पत्र में यथास्थान अत्यंत निजी अंश हटा दिए गए हैं।*
इसकी मूल प्रतियाँ पृष्ठ संख्या 169-172 पर देखें।

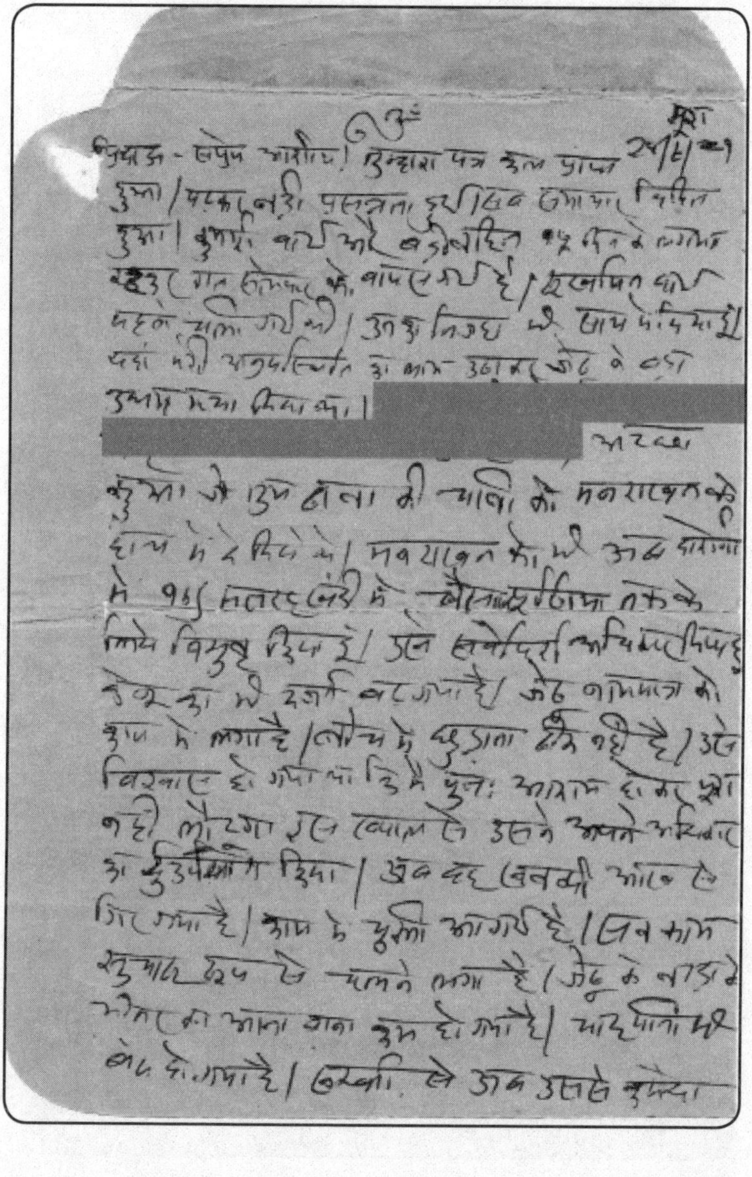

मालों के ऊपर लगाकर रखेंगे उनके [illegible]
[illegible] है। माता जी का सब जिम्मेदारी
[illegible] के हाथ में है। मेरा स्वास्थ्य बहुत अच्छा
है। गले का Free movement होता है Almost
normal है। ४४ सुई लग चुकी है २० सुई के
ऊपर और सुई लगाया है। रोज [illegible] का
[illegible] [illegible] सुई लगाया रहा है
urine भी Natural Course से होता है। कोई
तकलीफ नहीं है। हालांकि अभी Tube लगा है
पानी पहले अस्पताल का लेकिन [illegible] है कि वह
[illegible] नहीं था। अब [illegible] हो जायेगा। इस
[illegible] [illegible] और [illegible]
गया है। [illegible] है। [illegible]
वहाँ पर स्वास्थ्य [illegible] होते ही [illegible]
लग जायगा।

[illegible] के [illegible] को [illegible]
मैंने तुम्हारे [illegible] के आने के तुरंत बाद
भेजा था। [illegible] प्राप्त हुआ होगा।

यह मेरे जीवन का नया अनुभव है। शायद गत शताब्दी के [illegible] आया था। आंधी की भांति था। पर तुम मेरी आशा के केन्द्र हो। मेरे घर के दीपक हो। भगवान पर पूरी आस्था रखना जीवन सफल होगा है। धर्म को सदैव निभाना। खान पान के ऊपर मत डिगाना। मेरे परिवार खानदान तथा पूर्वजों की आन, बान और शान को उज्ज्वल रखना। मैं तुम्हारी अम्मा तुम पर बहुत प्रसन्न हैं। U.P.S.C तैयारी अवश्य करना। पुरुषार्थ ही सब कुछ है Written में इन्टरव्यू होता है फिर Still leave no stone unturned. भगवान अवश्य सफलता देंगे। यह जहाज के लिये जाने की बात होगी। मैं तुम्हारा जब जहाज लेकर बाहर पहुँचाओगे तो मैं तुम्हारी अम्मा के साथ पहुँच जाऊँगा। तुम्हारा पत्र श्री गोपाल जी तथा ज्योतिषी जी को दे दिया चुका है। उनके लिये [illegible] का [illegible] चावल, [illegible] दाल, मूंग दाल आदि सामान तैयार करा रहा हूँ ताकि तुम्हें मिलने के बाद [illegible] से उपयोग कर सको। तुम्हारी अम्मा तथा मेरा पूर्ण आशीष। भगवान तुम्हें पूर्ण सफलता दें यही मेरी अंतिम मनोकामना है। [illegible] मिश्रा

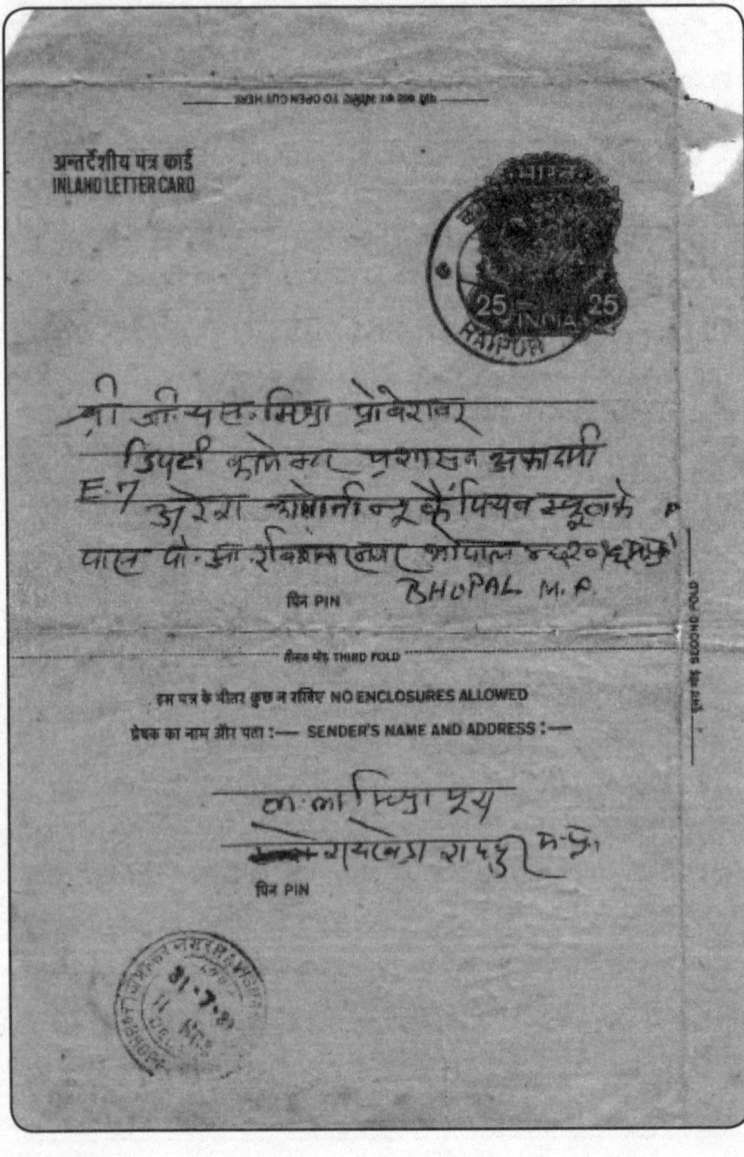

मुड़ि यहां पर खोलिए TO OPEN CUT HERE

अन्तर्देशीय पत्र कार्ड
INLAND LETTER CARD

भारत 25 INDIA 25
RAIPUR

श्री ओ.पी.एल. मिश्रा प्रोफेसर
डिप्टी कलेक्टर प्रशासन अकादमी
E-7 अरेरा कॉलोनी न्यू कैंपियन स्कूल के
पास पो.ऑ. शिवाजी नगर भोपाल
पिन PIN BHOPAL M.P.

तीसरा मोड़ THIRD FOLD

दूसरा मोड़ SECOND FOLD

इस पत्र के भीतर कुछ न रखिए NO ENCLOSURES ALLOWED

प्रेषक का नाम और पता :— SENDER'S NAME AND ADDRESS :—

ल.ला. मिश्रा पूर्व
रायपुर म.प्र.
पिन PIN

31-7-8

2

ॐ

प्रिय दाऊ

मूरा

10-9-1981

सप्रेम आशीष।

मेरी तबीयत साधारणत: ठीक है। भगवान् वहाँ तुम लोगों को कुशल-आनंद रखे। राजू बहुत दूर चला गया है, इसलिए चिंता लगी रहती है। मैं तुम्हें लगभग 02 हफ्ता पूर्व पत्र लिखा था। तुम्हारा वहाँ पहुँचने के बाद कोई पत्र अभी तक नहीं आया है। शायद मेरा पत्र भी तुम्हें मिला कि नहीं, इसमें भी संदेह हो रहा है। डाक विभाग का कार्य तो ठीक ही चलता होगा, फिर मेरा पत्र नहीं मिलने का कोई कारण नहीं है और मिलने पर इसका अभी तक कोई जवाब नहीं आने का भी कोई कारण नहीं है। क्या वहाँ कार्य अधिक है, जिससे अवकाश कम मिलता है। तुम्हारी अम्माँ रोज खयाल करती है। मैं चेक कराने अभी 01 हफ्ता पूर्व भिलाई गया था, डॉ. चौबे अभी छुट्टी पर हैं। बाबू रामेश्वर प्रसाद के क्वाटर में आकर सब मुलाहिजा किए। सब नॉरमल पाए। Duty Join करते ही ट्यूब को खोलने को बोले हैं। खानपान में बहुत परहेज करना पड़ता है। कारण पाचन-क्रिया बरसात में मंद हो गई है। वहाँ का दिनचर्या लिखना। **समय का ठीक उपयोग करना। “Time and Tide wait for no man.” तुम अपनी तैयारी U.P.S.C. के लिए नियमित अभी से चालू रखो, क्योंकि यह कार्य एक दिन का नहीं है। अपना आदर्श सदैव ऊँचा रखना चाहिए। तुम्हें मातेश्वरी दंतेश्वरी ने अपने गोद में बुला लिया है। अतः उनकी प्रतिष्ठा का खयाल करके तुम्हें U.P.S.C. में सफलता प्राप्त करना है।** बाबू ल. ना. का वरद हस्त तुम्हें प्राप्त है और बेटी विमला की छत्रच्छाया में तुम पहुँच गए हो। हम लोग इससे निश्चिंत हो गए हैं। इस वर्ष वर्षा अनुकूल हो रही है। कृषि-कार्य उत्तम है। जेठू भी पूर्ण नियंत्रण में आ गया है। सब कार्य ठीक चल रहा है। टमाटर का फसल दशहरा तक आ जाएगा। पार में आम का झाड़ लग रहा है। धान

और कोदो बढ़िया है। वेवरा धान दशहरा के पूर्व कट जाएगा। वहाँ तुम्हारा जो समान कम पड़े, लिखना। दीवाली के वक्त दाल, राहर, चना का तैयार कराऊँगा। तुम्हारी अम्माँ खीरा की बड़ी बना रही है। नीबू का अचार दशहरा में तैयार होगा। **शायद तुम्हें यहाँ आने का अवकाश दशहरा-दीवाली में न मिल सके, कारण शासन का काम सदैव चलता है और तुम्हें मुश्तैदी से अपना कार्य निभाना है। काम करने का यही उम्र है। काम में दिलचस्पी लेने से भविष्य ठीक रहता है। टल्ले निवेशी में समय नहीं बिताना है। अभी जो काम सीख जाओगे, वही उम्र भर अनुभव में रहेगा।** तुम्हारी अम्माँ का बाबू ल.ना. विमला, अनूप तथा संजय को आशीष तथा मेरा सबको प्यार तथा आशीष। रायपुर में विजय शंकर तुम्हारे नाम से चौंकता है। छोटी मूरा में है और तुम्हारा और राजू का रोज नाम लेती है, राजू को जल्दी नजदीक खींचना है। शेष शुभ ल.ला. मिश्र वीना को मेरा याद दिलाना।

प्रति,
Shri G.S. Mishra, Deputy collector,
C/o श्री एल.एन. तिवारी
डिस्ट्रिक जज
जगदलपुर, मध्य प्रदेश, जिला-बस्तर (म.प्र.)

प्रेषक,
ल.ला. मिश्र
पोस्ट-रायखेडा. रायपुर (म.प्र.)

** इसकी मूल प्रतियाँ पृष्ठ संख्या 175-178 पर देखें।*

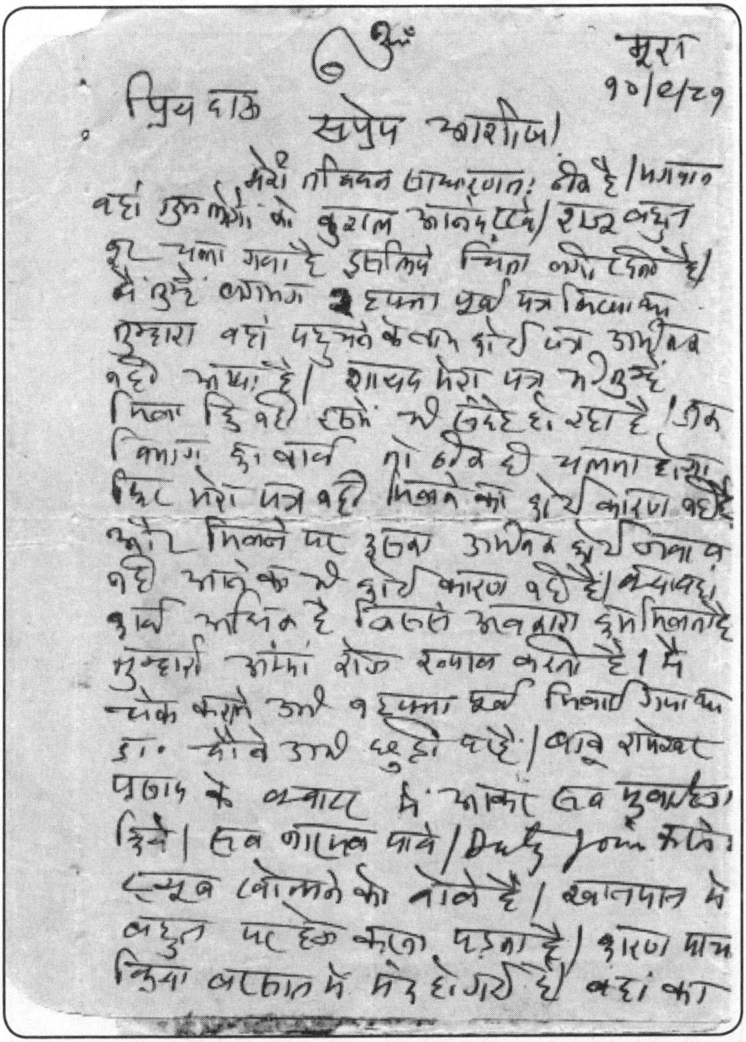

ॐ

मूरी
10/9/79

प्रिय दाऊ
सप्रेम आशीष।

मेरी तबियत साधारणतः ठीक है। भगवान वहाँ तुम लोगों को कुशल आनंद रखें। राजू बहुत दूर चला गया है इसलिये चिंता लगी रहती है। मैं तुम्हें लगभग 2 हफ्ता पूर्व पत्र लिखा कि तुम्हारा वहाँ पहुँचने के बाद कोई पत्र अभी तक नहीं आया है। शायद मेरा पत्र न तुम्हें मिला हो [illegible] देर हो रहा है। [illegible] का कार्य तो ठीक ही चलता होगा। फिर मेरा पत्र नहीं मिलने का कोई कारण नहीं और मिलने पर उसका जवाब [illegible] नहीं आने का भी कोई कारण नहीं है। [illegible] अधिक है जिससे [illegible] मिलता है तुम्हारी [illegible] रोज ख्याल करती है। मैं चेक कराने [illegible] 9 हफ्ता पूर्व [illegible] गया था डा० चौबे [illegible] नहीं। बाबू राजेन्द्र प्रसाद के अस्पताल में जाकर तब दिखलाया है। तब [illegible] पाये। Duty [illegible] स्कूल खोलने को बोले हैं। खानपान में बहुत परहेज करना पड़ता है। कारण [illegible] किया [illegible] में देर हो गयी है वहाँ का

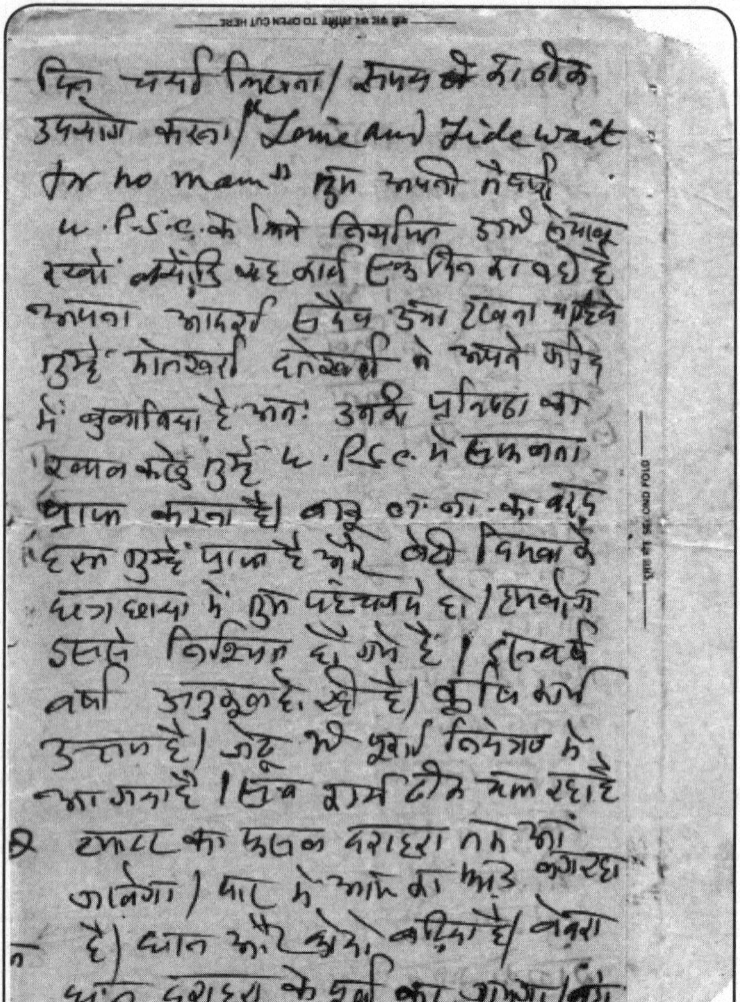

नित्य चर्या लिखना / समय का ठीक
उपयोग करना / "Time and Tide wait
for no man" तुम अपनी तैयारी
U.P.S.C. के लिये नियमित जारी
रखो क्योंकि यह कार्य कठिन हो रहा है
अपना आदर्श ध्येय ऊँचा रखना चाहिये
तुम्हें भगवान दत्तात्रेय ने अपने गोद
में बुला लिया है अतः उनकी प्रतिष्ठा का
ध्यान रखते हुए तुम्हें U.P.S.C. में सफलता
प्राप्त करना है। बाबू ओ.पी. का बड़ा
स्नेह तुम्हें प्राप्त है और देवी [illegible] के
छत्रछाया में तुम पहुँच गये हो / इसलिए
[illegible] निश्चिन्त हो गये हैं / इस वर्ष
वर्षा अनुकूल हो रही है / कृषि कार्य
उत्तम है / [illegible] श्री [illegible] निर्देशन में
आ गया है / [illegible] ठीक चल रहा है
[illegible] का [illegible] दशहरा तक हो
जायेगा / [illegible] के आगे का [illegible] हो रहा
है / धान और [illegible] बढ़िया है / केवल
धान दशहरा के बाद कट जायेगा / [illegible]

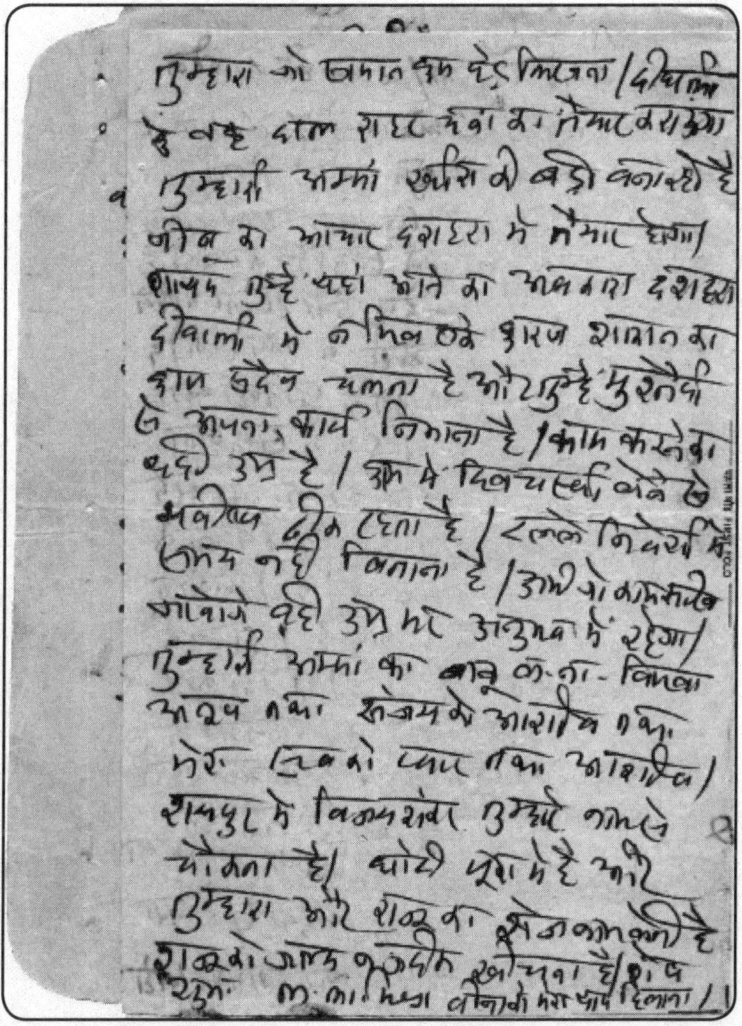

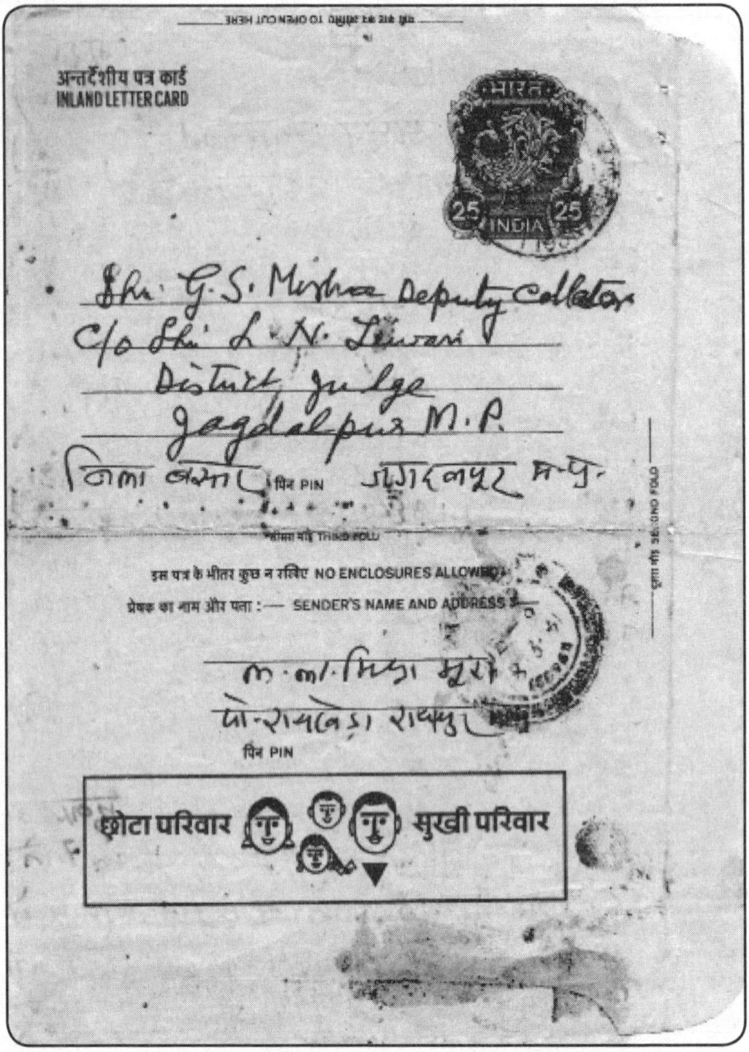
अन्तर्देशीय पत्र कार्ड
INLAND LETTER CARD
भारत
25 INDIA 25
Shri G. S. Mishra Deputy Collector
C/o Shri L. N. Tewari
District Judge
Jagdalpur M.P.
पिन PIN
इस पत्र के भीतर कुछ न रखिए NO ENCLOSURES ALLOWED
प्रेषक का नाम और पता :— SENDER'S NAME AND ADDRESS
पिन PIN
छोटा परिवार सुखी परिवार

3

ॐ

मूरा

6-10-1981

प्रिय दाऊ,

सप्रेम आशीष।

दिनांक 20.09.81 का जगदलपुर का पत्र आज ही प्राप्त हुआ। 17.09.81 का पत्र दंतेवाड़ा का अभी नहीं मिला है। शायद Interior होने से विलंब से मिल सके। मैंने रायखेड़ा पोस्ट मास्टर को इस संबंध से सावधानी बरतने को सतर्क कर दिया है। 20-09 का पत्र 06-10, याने 16 दिन बाद प्राप्त हुआ। मालूम नहीं डाक, महकमे में इतनी शिथिलता कैसे पैदा हो गई है। पत्र से सब विस्तृत समाचार पढ़कर अति आनंद हुआ। यहाँ सब कुशल आनंद है। भगवान् वहाँ सबको आनंद रखे। **दंतेवाड़ा में मातेश्वरी के दरबार में सर्वप्रथम जाकर प्रणाम करने के बाद अपना कार्य प्रारंभ किये तथा साड़ी वगैरह जाकर भेंट किए, इससे मुझे अति संतोष हुआ। यहाँ आज ही मैंने मातेश्वरी को तुम्हारे नाम से साड़ी का श्रृंगार कराया है।** जँवारा भी बोवाए हैं। कल विसर्जित होगा। मुख्यमंत्री 08-10-81 को दशहरा जगदलपुर में मनाने वाले हैं। ऐसा समाचार है। शायद तुमको आने का अवकाश न मिल सके। अत: बाद में फिर कब अवकाश प्राप्त होगा, लिखना। **S.D.O. ने दंतेवाड़ा में तुम्हारे खाने का बिल पटाया, इसका सदैव ख्याल रखना और जब कभी वे जगदलपुर आवें तो तुम उन्हें अपने सौहार्दपूर्ण व्यवहार से संतुष्ट रखना। जिन-जिन अफसरों से भेंट-मुलाकात होती है, उनसे एक बार परिचय होने के बाद हमेशा उदारतापूर्वक निभाना। जहाँ तक संभव हो, अपना खाने-पीने का बोझ दूसरे के मत्थे मत मढ़ना। लेकिन व्यवहार में स्वीकार भी करना पड़ता है तो जब कभी अवसर मिले Return करने का अवश्य खयाल रखना। मुझे तुम्हारे दंतेवाड़ा प्रवास तथा उस क्षेत्र के विस्तृत समाचार से बहुत ही संतोष वा आनंद हुआ। सदैव उदारता का खयाल रखना।**

आज लोग छिछोड़ापना ज्यादा करते हैं, वह अशोभनीय होता है। गरीब व भिखारी लोगों का पाँच पैसे देते रहना। कांकेरवाले महाराजजी गए थे, मुलाकात नहीं हुई, इसलिए उन्हें पत्र लिखकर अपना दुःख प्रकट करना। वे परम हितैषी हैं। बीकानेरवाले महाराजजी को भी अवश्य विस्तृत पत्र लिखना। उनका आशीर्वाद फलवती रहेगा तथा अपने शुद्ध से अपने वीना नीनी तथा जीजा को प्रसन्न रखना। वे लोग तुम्हारे आदर्श हैं। मैं तुम्हारे लिए दशहरा में आने की कल्पना से चावल, दाल, घी, गेहूँ आदि समान तैयार कराया। दिनांक 05.11.81 को बाबू लक्ष्मीनारायण के मारफत या फिर राजू से मुलाकात होगी तो राजू के मारफत भेजूँगा। अगर दीवाली में आ सको तो तुम स्वयं लेते जाना। धीरे-धीरे तुम्हारा पत्र विलंब से मिलते गया है। देर शायद वहीं से होती है। डॉ. चौबे लगभग दो माह से झमेले में पड़ गए हैं। स्थानांतर तो रुक गया है, लेकिन प्रमोशन की समस्या अभी तक हल नहीं हुआ है। अत: अभी तक Join नहीं किए हैं। उनके Join करने के बाद ही चेकिंग करेंगे। बाबू ल. ना. दिनांक 05.11.81 को रायपुर राजू के Interview के दिन आनेवाले हैं। उन्हें पहले से ही आना बेहतर होगा। रायपुर किस तारीख को पहुँचेंगे, सूचित करना, ताकि मैं तुम्हारी अम्माँ के साथ उनके आगमन के पूर्व ही रायपुर पहुँच सकूँ। बाबू ल.ना. के वहाँ रहने से तुम्हें सब प्रकार की सुविधा है तथा अनजान स्थान में होते हुए भी तुम्हें पूर्ण परिचित का व्यवहार मिल रहा है तथा ऑफिसर वर्ग में भी तुम्हें विशेष प्रतिष्ठा मिल रही है। **यह सब दैवी कृपा है। इसलिए तुम हमेशा अपना नित्य कर्म मे जहाँ तक हो सके, शिथिलता मत आने देना। 'धर्मो रक्षति रक्षितः' किसी का दिल मत दुखाना, क्योंकि दिल भगवान् का मंदिर है। गरीबों तथा निर्बल-असहाय को मत तँगाना, हो सके तो अवश्य मदद करना। भगवान् अंतर्यामी-सर्वव्यापी है। जीवन क्षणभंगुर है, पानी का बुलबुला है। मनुष्य जीवन और उसमें ब्राह्मण कुल में जन्म होना भगवान् की कृपा है, नौकरी में संपत्ति जमा करने की अधिक चिंता नहीं होना चाहिए। 'साईं इतना दीजिए जामे कुटुंब समाये, मैं भी भूखा न रहूँ, साधू न भूखा जाय'। इसी में संतोष कर जीवनयापन करना है,**

क्योंकि बिना अर्थ के दुनिया का कोई काम नहीं चलता है। यह सत्य अवश्य है, लेकिन सब अनर्थों का जड़ भी अन्याय से संचित अर्थ ही है। अन्याय से संचित अर्थ के साथ अनिवार्य रूप से चरित्र हनन होता है। यह सब सैद्धांतिक बात है। रामायण का जितना बन सके, अवश्य नियमित पाठ को जीवन पर्यंत निभाना आवश्यक है तथा U.P.S.C. के लिए भी अभी से तैयारी कर देना है। माँ दंतेश्वरी की गोद में हो। क्या संभव नहीं है ? दीवाली में आसानी से आ सको तो आना, वरना मत आना। कलेक्टर के रुख का सदैव खयाल रखना। विशेष कुशल। तुम्हारी अम्माँ की आशीष। मेरा सब को आशीर्वाद। शु.चि.ल.ला. मिश्र

पत्र जल्दी देते रहना तुम्हारी अम्माँ सदैव पत्र की प्रतीक्षा करती रहती है।

ल.ला.मिश्र

** इसकी मूल प्रतियाँ पृष्ठ संख्या 182-187 पर देखें।*

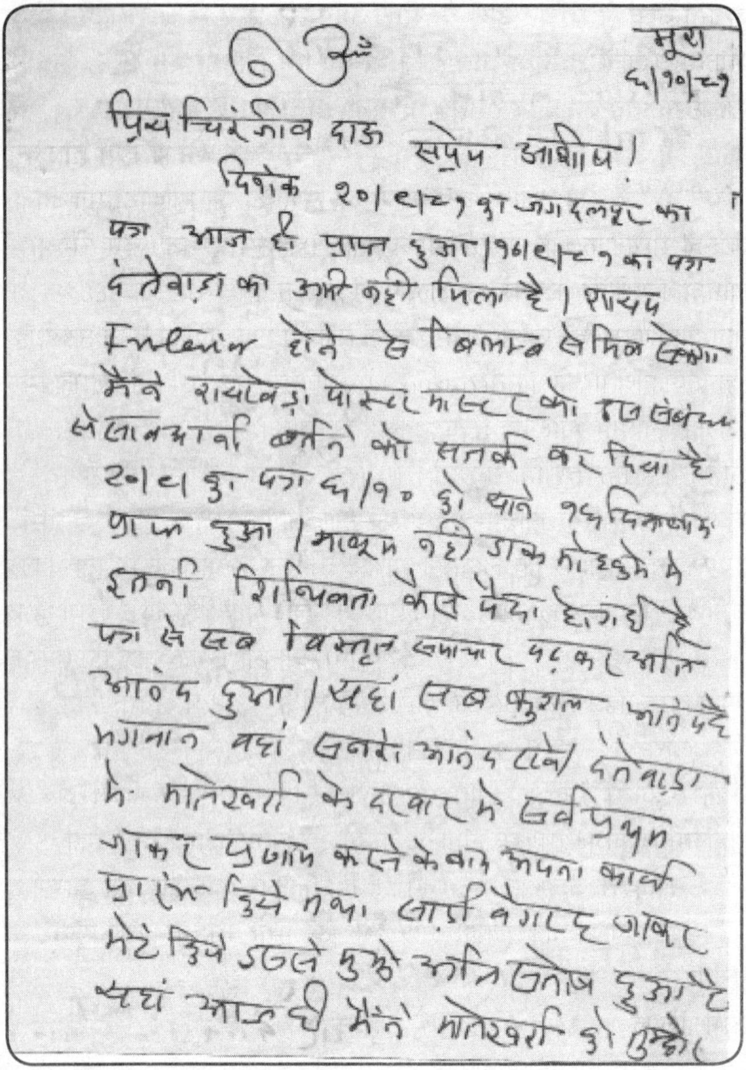

ॐ

मुरा
५/१०/७९

प्रिय चिरंजीव दाऊ सप्रेम आशीष।
दिनांक २०/८/७९ का जगदलपुर का
पत्र आज ही प्राप्त हुआ। १६/८/७९ का पत्र
दंतेवाड़ा का अभी नहीं मिला है। शायद
Forwarding होने से विलम्ब लेकिन ऐसा
मैंने रायखेड़ा पोस्ट मास्टर को इस संबंध
से आवश्यक कार्य को सतर्क कर दिया है।
२०/८ का पत्र ५/१० को याने १५ दिन बाद
प्राप्त हुआ। मालूम नहीं डाक महकमें में
इतनी शिथिलता कैसे पैदा हो गई है।
पत्र से सब विस्तृत समाचार पढ़ कर अति
आनंद हुआ। यहां सब कुशल चाहते हैं
भगवान वहां उनको आनंद रखे। दंतेवाड़ा
में मातेश्वरी के दरबार में सर्वप्रथम
जाकर प्रणाम करने के बाद अपना कार्य
प्रारंभ किये होंगे। जाकर बैगा दूर जाकर
भेंट किये उससे मुझे अति संतोष हुआ है
यहां आज ही मैंने मातेश्वरी को उन्हें

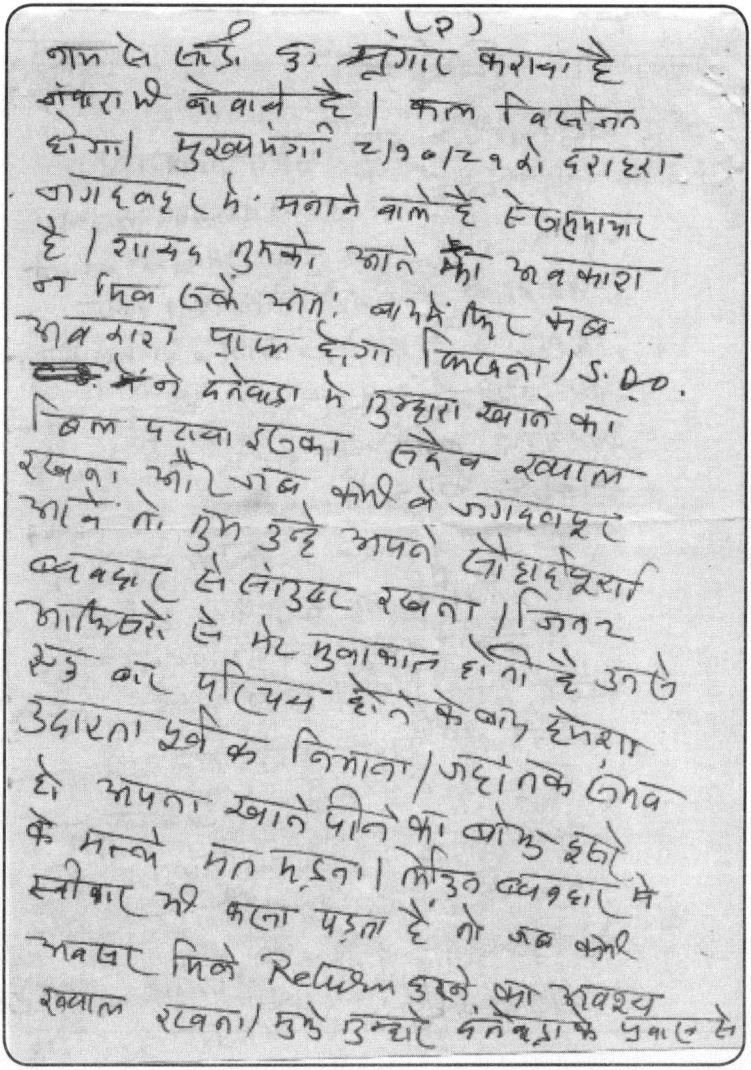

(२)

[illegible] कराया है

[illegible] है। कल विसर्जन

होगा। मुख्यमंत्री २/१०/२१ को दशहरा

जगदलपुर में मनाने वाले हैं [illegible]

है। शायद तुमको आने का अवकाश

न मिल सके अतः बाद में फिर जब

अवकाश प्राप्त होगा लिखना। S.D.O.

ने दंतेवाड़ा में तुम्हारा खाने का

बिल पटाया इसका हमेशा ख्याल

रखना और जब कभी वे जगदलपुर

आवें तो तुम उन्हें अपने सौहार्द्रपूर्ण

व्यवहार से संतुष्ट रखना। जितने

अधिकारी से मेरी मुलाकात होती है उनसे

मेरा परिचय होने के बाद हमेशा

उदारता पूर्वक निभाना। जहाँ तक सम्भव

हो अपना खाने पीने का बोझ इनके

के मत्थे मत पड़ना। लेकिन व्यवहार में

स्वीकार भी करना पड़ता है तो जब कभी

अवसर मिले Return करने का अवश्य

ख्याल रखना। मुझे तुम्हारे दंतेवाड़ा के प्रवास से

(3) तथा उस क्षेत्र के विस्तृत समाचार से
बहुत ही सन्तोष व आनंद हुआ।
सदैव उदारता का ख्याल रखना। आजकल
लोग जिस आराधना जारी करते हैं वह
अशोभनीय होता है। गरीब व भिखारी
लोगों को दान पैसा देते रहना। फोकट
वाले महाराज जी गये थे मुलाकात नहीं
हुई इसलिये उन्हें पत्र लिखकर अपना
दुःख प्रकट करना। वे परम हितैषी
हैं। बीकानेर वाले महाराज जी को भी
अवश्य विस्तृत पत्र लिखना। उनका
आशीर्वाद सदैव फलवती रहेगा
तथा अपने शुद्ध [illegible] अपने विमल
बीना नीर्जा तथा अपने जीजा को
प्रसन्न रखना। वे लोग तुम्हारे
आदर्श हैं। मैं तुम्हारे लिये बराहरा
में आने की कल्पना से चावल, दाल,
घी, गेहूं आदि सामान तैयार कराया। दिनांक
५/११/७१ को बाबू [illegible] [illegible] नारायण के

(2)

मकान में या फिर राजू से मुलाकात हो जाती
तो राजू के मकान भेजूंगा। आप दीवाली
में आ सको तो तुम स्वयं लेते जाना। ठीक है २
तुम्हारा पत्र विलम्ब से मिलता गया है। देर
शायद वहीं से होती है। डा. चौबे
महाराज की पांव से कुचले में पड़ गये हैं
प्लास्टर तो कट गया है लेकिन प्रमोशन
की समस्या अभी तक हल नहीं हुई है। अतः
अभी तक Join नहीं किये हैं। उनके
Join करने के बाद ही चेकिंग करेंगे।
बाबू ल. ना. दिनांक ५।११।८९ को रायपुर
राजू के Interview के दिन जाने वाले हैं।
उन्हें पहले से ही जाना बेहतर होगा। रायपुर
किस तारीख को पहुंचेंगे सूचित करना ताकि
मैं तुम्हारी अम्मा के साथ उनके आगमन के
पूर्व ही रायपुर पहुंच सकूं। बाबू ल. ना. के
वहां रहने से तुम्हें सब प्रकार की सुविधा है
अतः अनजान स्थान के होते हुए भी तुम्हें

५.

पूरी परिस्थिति का ब्यवहार दिख रहा है
तथा आफिसर वर्ग में भी तुम्हे विशेष
प्रतिष्ठा मिल रही है। यह सब
देवी कृपा है। इसलिये तुम हमेशा
अपना नित्य कर्म में जहां तक हो
सके शिथिलता मत आने देना
“धर्मो रक्षति रक्षितः” किसी का
दिल मत दुखाना क्योंकि दिल
भगवान का मंदिर है। गरीबों
तथा निर्बल असहाय को मत
भुलाना हो सके तो आवश्य मदत
करना। भगवान अर्न्तयामी सर्व
ब्यापी है। जीवन क्षण भंगुर है
पानी का बुलबुला है। मनुष्य जीवन
और उसमें में ब्राह्मण कुल में
जन्म होना भगवान की कृपा है
नौकरी में सम्पत्ति जमा करने की

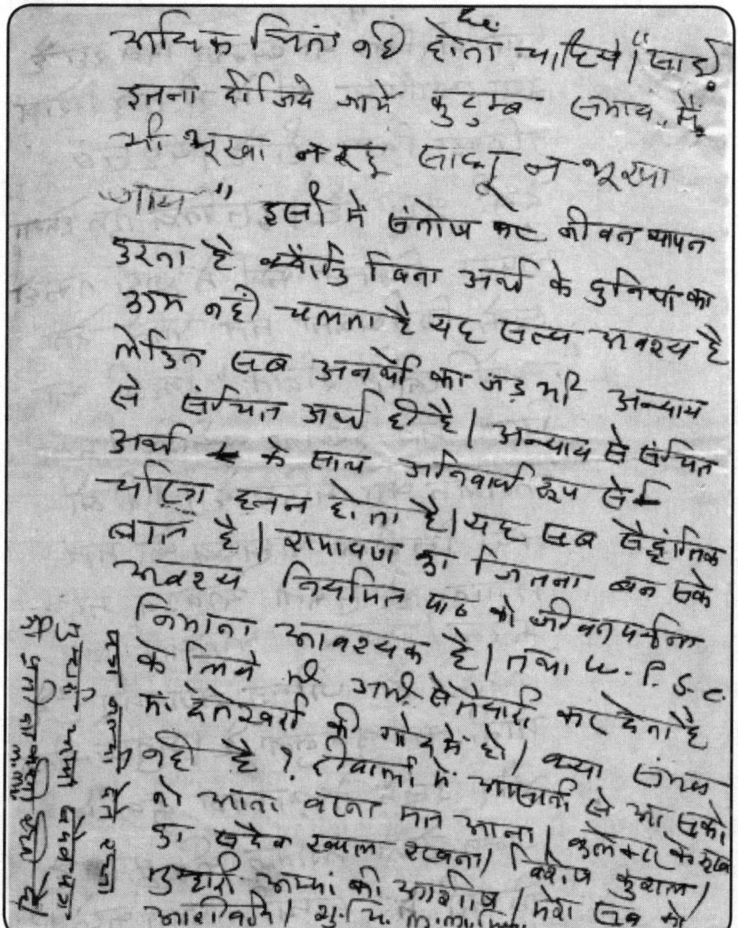

अधिक चिंता नहीं होना चाहिये। "साईं इतना दीजिये जामें कुटुम्ब समाय, मैं भी भूखा ना रहूं साधु न भूखा जाय" इसी में संतोष कर जीवन यापन करना है क्योंकि बिना अर्थ के दुनियां का काम नहीं चलता है यह सत्य अवश्य है लेकिन सब अनर्थों का जड़ और अन्याय से संचित अर्थ ही है। अन्याय से संचित अर्थ के साथ अनिवार्य रूप से चरित्र हनन होता है। यह सब सैद्धांतिक बात है। रामायण का जितना बन सके अवश्य नियमित पाठ को जीवनपर्यन्त निभाना आवश्यक है। तथा U.P.S.C. के लिये भी आप सेवार्थ कर देना है मां सरस्वती की गोद में हो। क्या संभव नहीं है? दिवाली में आसानी से आ सको तो आना वरना मत आना। [illegible] ख्याल रखना। [illegible] विशेष कुशल। तुम्हारी अम्मां की आशीष। सब को आशीर्वाद। शु.चि. [illegible]

4

ॐ

मूरा

27-12-1981

प्रिय दाऊ,

सप्रेम आशीर्वाद

तुम्हारा दिनांक 22.12.1981 का पत्र कल शाम को प्राप्त हुआ। पढ़कर बहुत प्रसन्नता हुई। कुछ देर तक भावावेश में ऐसा प्रतीत होने लगा कि तुम मेरे बिल्कुल निकट हो और यह कोई अतिशयोक्ति नहीं है। प्रेम दूरी को नहीं दखल दे सकता है। 19.12.1981, शनिवार को डाईलेशन हुआ था और उसके बाद उसकी प्रतिक्रिया स्वरूप पिछले बखत की सभी प्रतिक्रियाएँ शुरू हो गईं। बुखार, कै आने लगा। अब सब धीरे-धीरे नियंत्रण में आ रहा है। खाने से अरुचि होने और बुखार के सबब से कमजोरी आ गई, जो अब धीरे-धीरे दूर हो जावेगी। विशेष चिंता की कोई बात नहीं है। दाऊ, तुम अपने स्वास्थ्य का पूरा खयाल रखना, क्योंकि वह जंगल का स्थान है। यहाँ पर सब कुशल आनंद है। भगवान् वहाँ तुम सब लोगों को मंगलमय रखे। वीणा के समाचार से अति प्रसन्नता हुई है। बैंक का चुकता कर्ज 19 हजार अदा हो गया है। तुम्हारे जाने से भाव उचित मिल गया। उसके बाद में अब 127 रुपए का चल रहा है। 5 हजार रुपए दादा का भी अदा हो चुका है। ऋण की चिंता से मुक्ति मिली है। गृहस्थ में एक-न-एक खर्च लगा ही रहता है और समाज में अपनी प्रतिष्ठा को बनाए रखने के लिए जीवन-स्तर ऊँचा उठाना पड़ता है। मैं बिसन को जनवरी के दूसरे या तीसरे सप्ताह में निमंत्रण देने के लिए जगदलपुर और सुकमा भेजूँगा। [illegible] उसका अनुभव तुम्हें भी हो चुका है। अभी धान निकालने में काफी घाटा सहना पड़ेगा। मुमकिन है, धान का भाव और गिरकर 125 रुपए न हो जाए। [illegible] यह संकोच का विषय है। सिर्फ चार-छह महीने के लिए रकम उठाकर फिर बाद

में वापस कर देंगे। इसके संबंध में बिसन निमंत्रण देते वक्त ईशारा कर देगा। तुम उस क्षेत्र में हो, तुमको इसका भान हो सकता है। हम लोगों की चर्चा करने में इस लायक स्थिति नहीं होगी तो उनको व्यर्थ मानसिक ग्लानि होगी। दाऊ, तुमको घर की जिम्मेदारी महसूस होती है। एक बात उनके जीवन में बहुत महत्त्वपूर्ण है, जो परोपकार में अपना समय लगा रहे हैं। यह मेरे लिए बड़े संतोष की बात है। तुम अपने जीवन में ईमान में कभी खोट न आने देना। जीवन की सबसे बड़ी कमाई सत्य और ईमान है। भजन पूजन में पूर्ण मन लगाना, तुम्हारे मनीऑर्डर करने से निजी खर्च में असुविधा न होने पावे। मैं तुम्हारी ख्याति ईमानदार अफसर के रूप में देखना चाहता हूँ। यह भ्रष्टाचार का जमाना है, 'काजल की कोठरी पे कैसे हूँ सयानो जाए, एक रेख लागिहे पे लागिहे'।

शुभचिंतक

ल .ला. मिश्र

प्रिय दाऊ, बाबूजी ने विस्तार से तुम्हें सब लिख ही दिया है। मैं 23 तारीख से यहीं हूँ। 30 तारीख को जाऊँगा। बाबूजी को बुखार आ रहा था। अब ठीक हैं। काफी कमजोर हो गए हैं। कमर में दर्द है। सहारे से उठते हैं। ट्यूब अभी नहीं निकला है। तुम्हारी भाभी तुम्हारे लिए नया स्वेटर बनाई है, आते-जाते भेजूँगा।

तुम्हारा ज्ञानू

**इस पत्र में यथास्थान अत्यंत निजी अंश हटा दिए गए हैं।*
इसकी मूल प्रतियाँ पृष्ठ संख्या 190-193 पर देखें।

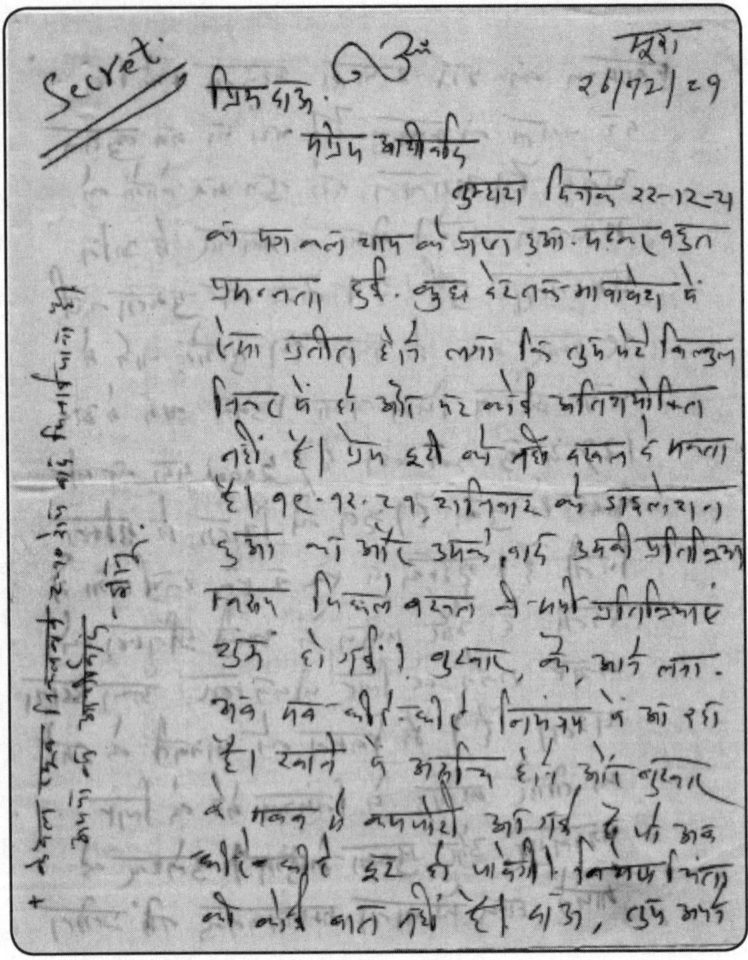

Secret

ॐ

मुंगेर
26/12/29

प्रिय भाऊ,

सप्रेम आशीर्वाद

कृपया दिनांक 22-12-29 को पत्र कल याद को [illegible] हुआ। इससे बहुत प्रसन्नता हुई। कुछ देर तक भावावेश में ऐसा प्रतीत होने लगा कि तुम मेरे बिल्कुल निकट में हो और यह कोई अतिशयोक्ति नहीं है। प्रेम इसी को नहीं कहते [illegible] है। 19-12-29, शनिवार को [illegible] हुआ था और उसके बाद उसकी प्रतिक्रिया स्वरूप पिछले बरस की सभी प्रतिक्रियाएं शुरू हो गईं। बुखार, [illegible], और [illegible]। अब तक थोड़ी-थोड़ी [illegible] में आ रही है। खाने में अरुचि होती और बुखार के सबब से कमजोरी आ गई है पर अब थोड़े-थोड़े दूर हो जायेगी। विशेष चिंता की कोई बात नहीं है। भाऊ, तुम अपने

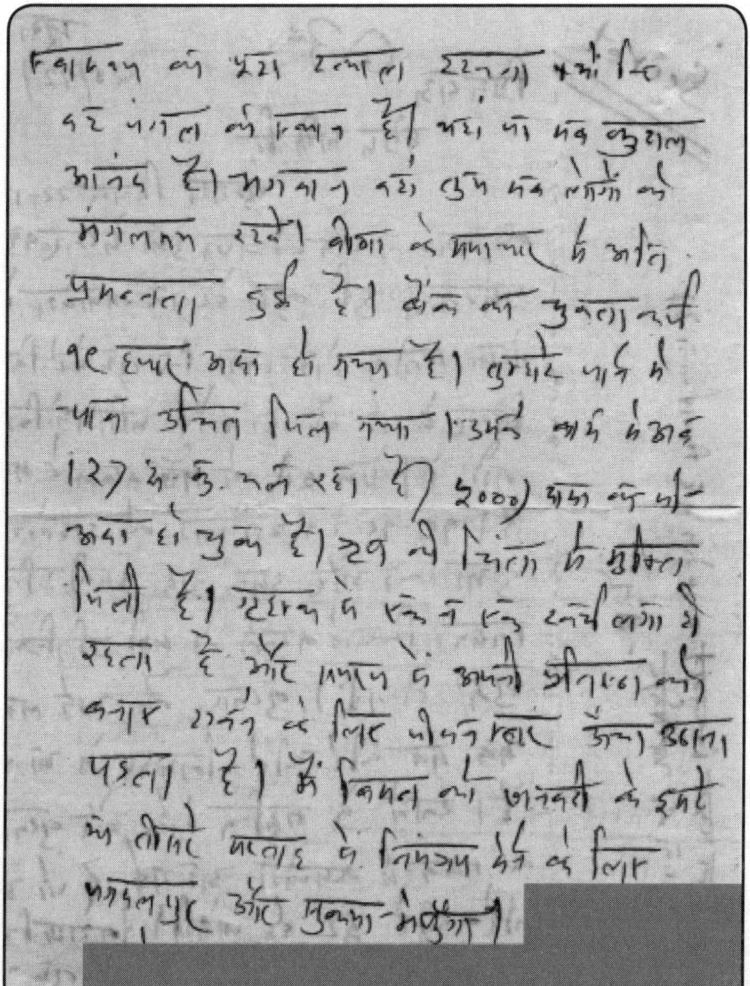

[illegible] का पत्र [illegible] मिला।
पढ़ मंगल की कामना है। यहाँ भी सब कुशल
आनंद है। भगवान वहाँ तुम सब लोगों को
मंगलमय रखें। बीमा के भुगतान से अति
प्रसन्नता हुई है। लोन की कुल राशि
१८ हजार अदा हो गया है। तुम्हारे पापा के
पास [illegible] बिल गया। [illegible]
127 के रु. [illegible] रहा है 2000) [illegible]
अदा हो चुका है। इस भी चिंता से मुक्ति
मिली है। ग्रहस्थ के रूप में कुछ खर्च लगा ही
रहता है और समाज में अपनी प्रतिष्ठा को
बनाए रखने के लिए [illegible] ऊँचा उठाना
पड़ता है। मैं [illegible] की जानकारी के [illegible]
से तीसरे सप्ताह के निमंत्रण देने के लिए
भागलपुर और मुजफ्फरपुर-[illegible] जाऊँगा।

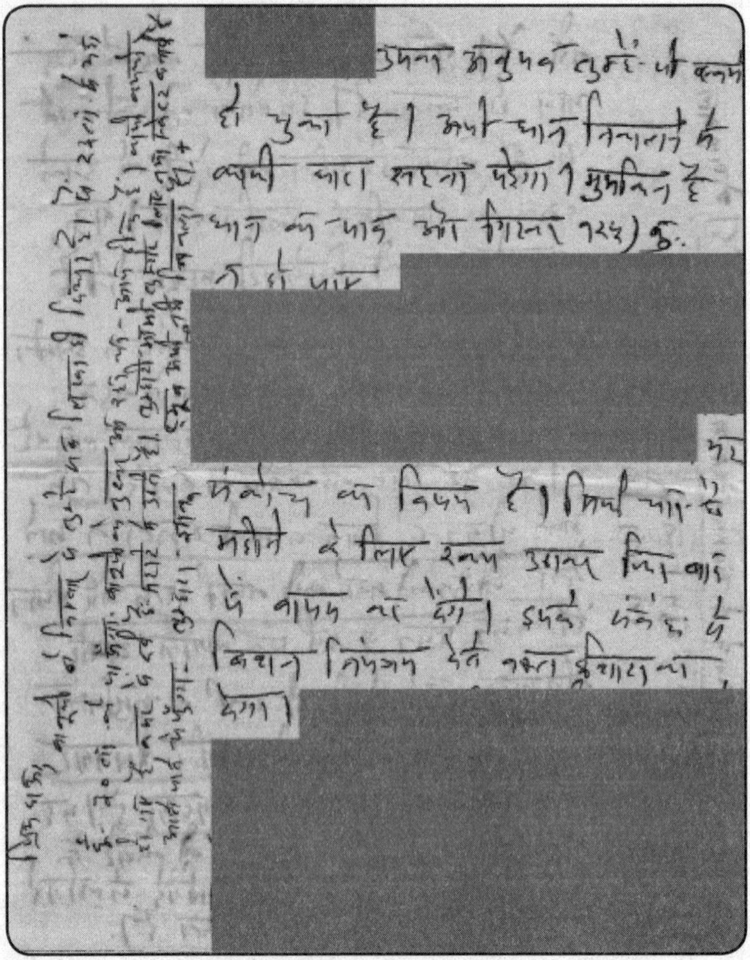

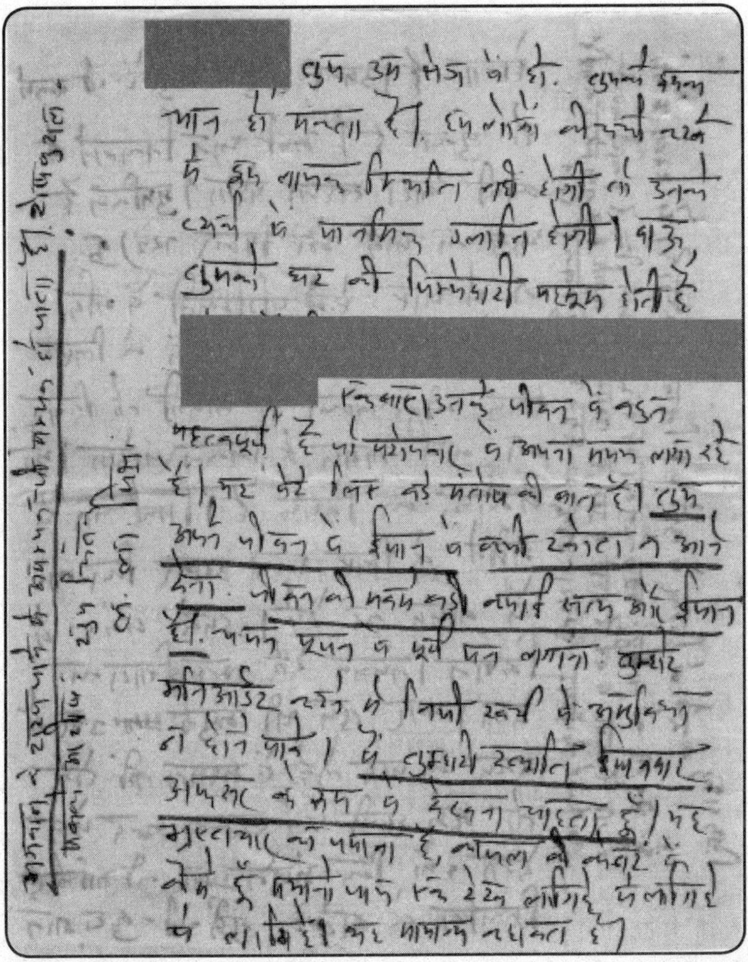
तुम उस उम्र में हो. तुम्हें इतना ज्ञान हो सकता है. इन लोगों की समझ में ठीक वातावरण मिलता नहीं होगा तो उनका स्वयं के प्रति प्रलोभन होगा। पर तुमको घर की जिम्मेदारी महसूस होती है [illegible]

[illegible] अपने जीवन के ईमान में कभी खोटापन न आने देना. जीवन की सबसे बड़ी कमाई सत्य और ईमान है. [illegible]

5

ॐ

मूरा

9-1-83

प्रिय दाऊ,

सप्रेम आशीष!

आज तुम्हारे यहाँ से प्रस्थान के बाद एकदम मन में उदासी छा गई। मेरे अल्प आयु में ही मेरे पूज्य पिताजी के स्वर्गवास करने के बाद से परिवार की पूरी जिम्मेदारी मेरे कंधों पर आ गई। ज्यों-त्यों अपनी बहन कुमारी बाई तथा जामा बाई के पाणिग्रहण के पश्चात् कुछ राहत की साँस लेने भी नहीं पाया था। प्रिय दाऊ एक वक्त मेरे जीवन में ऐसा भी समय आया था कि झूठ-मूठ एक मामले में षड्यंत्र करके मुझे छह माह की एक अदालत से सजा भी आखिर में सुना ही दी थी, जो कि अपील में तुम्हारे जन्म के साथ बाइज्जत मैं बरी हुआ, जिससे तुम्हारा एक नाम रणजीत भी मैंने रखा था, जो कि रिकॉर्ड में अभी भी कायम है। गरज यह कि मेरा सारा जीवन संघर्षमय बीता है। तुम सब भाइयों ने अपने प्रकाश से मेरे जीवन को आलोकित किया है। बीच में मेरे लाड़ले बबला ने मेरा असमय में साथ छोड़ दिया, जिससे मेरी कमर ही टूट गई; लेकिन बिशन के बाबू के रूप में बबला को पाकर मैं निहाल हो गया और तुमने तो बबला की कमी को पूर्ण Compensate किया है। इस वक्त मुझे ऐसा महसूस होता है कि तुम्हारे अकस्मात भोपाल जाने से आर्थिक संकट का सामना करना पड़ा होगा। मेरा कर्तव्य था कि तुम्हें कुछ भोपाल जाने के पूर्व आर्थिक सहायता करता। वहाँ जाने का कार्यक्रम अनिश्चित होने से तुम्हारे जाते वक्त मुलाकात नहीं हो सकी। इस पत्र को पाते ही तुम जल्द-से-जल्द नि:संकोच मुझे सूचित करना, ताकि मैं यहाँ से आर्थिक मदद कर सकूँ। ऐसे ही क्षणों में कभी-कभी आदमी की नीयत बदल जाती है, क्योंकि 'Necessity is the mother of invention'.

अब जब दोबारा भोपाल के लिए प्रस्थान करो, कम-से-कम एक दिन

के लिए मुझसे अवश्य मिलकर जाना, ताकि तुम वहाँ पूर्ण उदारतापूर्वक समय गुजार सको।

मैं श्री रामगोपाल तिवारी के स्वागत समारोह से विशेष प्रभावित हुआ हूँ और मेरी बेटी 'मिली' को बहू रूप में पाकर महसूस करता हूँ कि वह मेरे घर की लक्ष्मी बनकर आई है। मैं अब शक्ति से असमर्थ हो गया हूँ। अब मुझमें कोई सामर्थ्य नहीं रहा है। मेरे एक-एक रोम-रोम से तुम्हारे तथा मेरी लक्ष्मी बहू मिली के लिए आशीष निकल रहा है। यही तुम्हारे लिए एक धरोहर है। मेरा मन अब तुम लोगों को सुखी देखकर संतुष्ट होता है।

दाऊ तुम जल्दी-जल्दी पत्र लिखते रहना। अगर नजदीक में स्थानांतरण कराकर आ सको तो बेहतर होगा। तुम्हारी अम्मा का आशीष।

शु.चि.

ल.ला. मिश्र

6

ॐ

केबिन नं. 7
भिलाई अस्पताल
14-3-83

चिरंजीव प्रिय दाऊ,

सप्रेम आशीष!

मैंने एक पत्र मूरा से यहाँ आने के पूर्व लिखा था। तदानुसार दिनांक 18-3-83 को डॉ. चौबे ने मेरे फिसटुला का सफल ऑपरेशन किया। ऑपरेशन के वक्त और बाद में भी कोई पीड़ा का अनुभव नहीं हुआ। यह एक चमत्कार ही है। इस वक्त अस्पताल में Constipation की भी शिकायत नहीं है, अभी तक निभ रहा है। घाव की हालत अच्छी है। आगे भगवान् मालिक है। ऑपरेशन के दिन ज्ञानू भी आया था। बिशन यहीं रह रहा है। तुम्हारी अम्मा छन्नू के यहाँ से आना-जाना करती है। भगवान् तुम्हें कुशल-आनंद रखे। बाबू अनिल कुमार को मेरा आशीष। अनिल का समाचार देना। पुष्पा बाई, विरेंद्र तथा संजू यहाँ आए थे। शायद एक हफ्ता लग जाएगा, 31 मार्च तक छुट्टी होने की संभावना है।

दाऊ तुम U.P.S.C. के लिए एक माह की छुट्टी लिये हो, उसका पूर्ण उपयोग करो तो सफलता की आशा है। Prelim U.P.S.C. में उत्तीर्ण होने के बाद दोबारा छुट्टी लेने की आवश्यकता होगी। यह फिर कलेक्टर साहब छोटे काम देकर जगदलपुर बुला लेंगे तो अध्ययन का पूरा अवकाश मिलेगा। हतोत्साह होने की आवश्यकता नहीं है। हिम्मते मर्दा, मदद दे खुदा।

शेष शुभ। तुम्हारी अम्मा का तुम्हें और अनिल को आशीष।

शु.चि.
ल.ला. मिश्र

7

ॐ

मूरा

15-3-83

प्रिय दाऊ,

सप्रेम आशीष!

कल बिशन रायपुर से यहाँ आया तो तुम्हारा दिनांक 06.03.83 का गीदम से 11 बजे रात्रि को लिखा पत्र लाया। सब समाचार विदित हुआ। यह पत्र बहुत दिनों के बाद प्राप्त हुआ है। सब कोई पत्र के अभाव से चिंतित थे। तुम्हारी अम्मा कभी-कभी रात्रि को दाऊ-दाऊ कहकर बेचैन हो जाती थीं। मुझे उसके प्रेम की थाह नहीं मिलती है। माँ का हृदय बड़ा नरम होता है, जिसकी कल्पना माँ ही कर सकती है। तुम उसके संतोष के लिए पत्र जल्दी लिख दिया करो।

मैं कल तुम्हारी अम्मा के साथ रायपुर जा रहा हूँ। 18.3.83 को डॉ. चौबे ने एक Minor Operation मेरे फोड़े का करने का तय किया है। लगभग एक हफ्ता वहाँ लग सकता है। 13 जून को Pre U.P.S.C. की परीक्षा में बैठे हो, यह अच्छी बात है, लेकिन इसके लिए पूर्ण तैयारी करना आवश्यक है। यह सहज कार्य नहीं है। It is a hard nut to crack. इसके लिए तुम्हें पूर्ण तैयारी की जरूरत है। चौबीस घंटे में 16-17 घंटा अध्ययन करने की आवश्यकता है। भगवान् तुमको शक्ति दे ताकि तुम पूर्ण अध्ययन कर उत्तीर्ण हो सको, मैं तुम्हारे लिए चावल रायपुर में बिशन के पास छोड़ रहा हूँ, ताकि वह तुम्हारे पास ले जा सके।

मेरे स्वास्थ्य की मजबूरी से अब मेरा आना-जाना असुविधाजनक प्रतीत होता है। अब मेरे जीवन में बबला लाड़ला स्वर्गीय का गंगाजल रामेश्वरम में चढ़ाना अति आवश्यक है, जिसे मैं इस ग्रीष्म ऋतु में पूरा करना चाहता हूँ। यह मेरे जीवन की एक Liability है, जिसे पूरा करना है। बबला मेरी सेवा करते-करते अपना प्राण गँवा दिया है तो उतना कार्य करना मेरे लिए अनिवार्य है। दाऊ मेरी उम्र 70 वर्ष चालू है। मातेश्वरी दंतेश्वरी की दर्शन की इच्छा है,

लेकिन गरमी में यात्रा करना संभव प्रतीत नहीं होता है। मैं राजू के विवाह में रायपुर में शरीक होना चाहता हूँ। तुम U.P.S.C. की परीक्षा की तैयारी करो, लेकिन दो तहसील के चार्ज में होने से संभव कैसे होगा, यह एक समस्या है। इस परीक्षा के पूर्व हम लोगों को वहाँ जाना ठीक नहीं है। तुमको सब शक्ति समेटकर एकजुट होकर तैयारी करनी होगी। तभी सफलता तुम्हारा पैर चूमेगी। किसी चीज को प्राप्त करने के लिए पूर्ण दाम चुकाना पड़ता है। एक चांस लेने से कोई मतलब नहीं होता है। अतः मैं तुम्हें अभी से रास्ता निकालकर सब कार्य एक तरफ रखकर उसमें जुटने की सलाह देता हूँ, ताकि तुम अपने जीवन में इस महान् कार्य में सफल हो सको। दुनिया में कोई कार्य असंभव नहीं है, केवल लगन की आवश्यकता है। Where there is a will, there is a way. तुम्हारी अम्मा का

आशीष, शेष शुभ

शु.चि.

ल.ला. मिश्र

□□□